Brigitte Neill

Rabenaas

Die Macht der Vergangenheit

Brigitte Neill

RABENAAS

Die Macht der Vergangenheit

Stuttgart 2012
Edition Noëma

Bibliografische Information der Deutschen Nationalbibliothek
Die Deutsche Nationalbibliothek verzeichnet diese Publikation in der Deutschen Nationalbibliografie; detaillierte bibliografische Daten sind im Internet über http://dnb.d-nb.de abrufbar.

Bibliographic information published by the Deutsche Nationalbibliothek
Die Deutsche Nationalbibliothek lists this publication in the Deutsche Nationalbibliografie; detailed bibliographic data are available in the Internet at http://dnb.d-nb.de.

∞

Gedruckt auf alterungsbeständigem, säurefreien Papier
Printed on acid-free paper

ISBN-13: 978-3-8382-0381-2

Edition Noëma

Stuttgart 2012

Printed in Germany

Die Geschichte meiner Familie ist geprägt durch die schrecklichen Nachwirkungen des letzten Weltkrieges. Mein drei Jahre jüngerer Bruder und ich, beide stark traumatisiert, werden viel zu früh unserer behüteten Kindheit beraubt und schließlich auseinander gerissen. Jeder geht seinen eigenen Lebensweg, doch die Sehnsucht nacheinander lässt uns beide nicht los. Erst über 40 Jahre später gibt es ein Wiedersehen, das sich nach anfänglicher Euphorie schleichend in einen Alptraum verwandelt.

Für Nicole
und
Paula

Gliederung

Alptraum

„Komm, Iris, wir gehen!“, rief Werner aggressiv. Er stand abrupt auf und stürmte aus der Tür.

Als die Haustüre ins Schloss fiel, spürte ich eine ungeheure Erleichterung. Mein kleiner Bruder Werner, den ich nach über 40 Jahren endlich wieder gefunden hatte, war fort.

Wir konnten es anfänglich gar nicht fassen, dass wir wieder zusammen waren, dass wir uns nach so vielen Jahren wiederhatten. Wir lachten und weinten, klebten förmlich aneinander. Der Eine konnte nicht ohne den Anderen. Es waren sehr intensive fünfeinhalb Wochen. Die anfängliche Euphorie kehrte sich schleichend um in einen absoluten Alptraum, der mit dem heutigen Abgang seinen Höhepunkt erreicht hatte. Mit jedem Tag, an dem Werner sich nicht meldete, stieg meine Erleichterung.

Es sind jetzt einige Wochen vergangen, Wochen, in denen ich nach und nach das Geschehene verarbeiten konnte. In dieser Zeit verschwand auch langsam die Angst um meine Familie und mich. Er würde nicht mehr wiederkommen. Es war vorbei.

In mir ist in den letzten Tagen der Entschluss gereift, meine Geschichte aufzuschreiben. Die Geschichte meiner Familie.

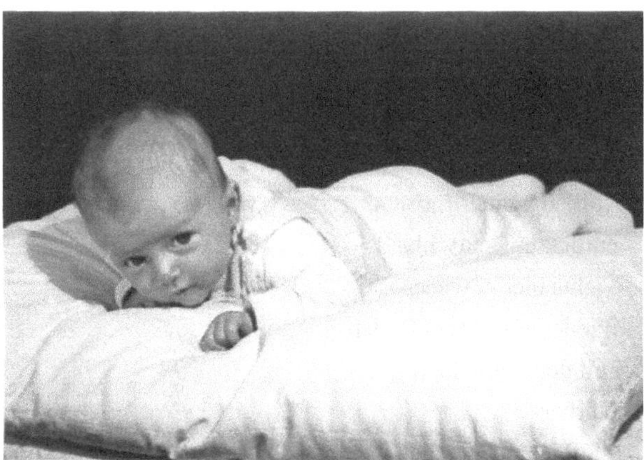

Die Autorin als Baby.

Der 28. August 1946 war ein unglaublich heißer Tag, der wärmste in diesem Sommer. Meine Mutter Margarete brachte mich an diesem Tag im Knappschaftskrankenhaus im Essener Stadtteil Steele zur Welt. Ich war ein Frühchen, ein Siebenmonatskind, in der damaligen Zeit mit wenigen Überlebenschancen. Sechs Wochen lag ich in einem Brutkasten. Meine Lebensretterin, eine junge Krankenschwester, fütterte mich mit einer Pipette tropfenweise. Ich wollte nichts bei mir behalten, verweigerte mich, indem ich alles wieder hoch brachte, was mehr als ein Tropfen alle paar Minuten war. Ich bin voller Liebe für diese unbekannte junge Frau, die ausdauernd, noch über ihre Arbeitsstunden hinaus, so mein Leben rettete. Ich habe in meiner Hilflosigkeit etwas in ihr angerührt. Sie ist meine Heldin. Danke dafür.

Meine Mutter hatte vor meiner Geburt bereits Wochen vorher nur gelegen, um eine erneute Fehlgeburt zu vermeiden, sechsmal ist es passiert, aber sie hatte die Hoffnung nie aufgegeben, Kinder zu haben.

Sie konnte es kaum erwarten, bis sie mich endlich nach Hause holen konnte, bis ich über den Berg war, wie man so schön sagt. Aus dem Brutkasten, einem geschützten, aber auch isolierten Raum, ins normale Leben der harten Nachkriegszeit.

Wir wohnten alle in einer Dachgeschosswohnung in Essen-Steele, Auf dem Holleter – mit Oma Maria und Opa Rudolf Kaufmann, den Eltern meiner Mutter. Die Toilette war eine halbe Treppe tiefer im Treppenhaus, die wir mit anderen Hausbewohnern teilen mussten.

Werner ist drei Jahre jünger als ich. Er war der kleine Süße mit den dunklen Locken und dem treuen Blick, ein knuddeliges kleines Kerlchen. Oma hatte ihn vollkommen in Beschlag genommen, wog ihn in ihren Armen an ihrem großen Busen. Ich erinnere mich schmerzlich daran, wie ungeliebt und zurückgesetzt ich mich damals gefühlt habe.

Oma Maria und Opa Rudolf hatten in einer furchtbaren Nacht ihre beiden Söhne verloren. Sie waren zwei und drei Jahre alt und starben an Diphtherie oder Scharlach in ihren Armen. Oma ist bestimmt nie über diesen Verlust hinweggekommen, mein Vater Hermann und mein kleiner Bruder wurden von ihr absolut vergöttert.

Ich war blond wie mein Vater, ganz leicht ins Rötliche gehend, dürr und wissbegierig, sehr sensibel aber auch leicht aufsässig. Alles in allem ein recht schwieriges Kind. Dagegen wickelte mein Bruder alle mit seinem Charme um den kleinen Finger. Ich glaube, ich war ziemlich eifersüchtig auf ihn. Er stand immer im Mittelpunkt. Oma und Mutti hatten mich ganz vergessen, so kam es mir jedenfalls vor. Nur Opa Rudolf und ich waren ein Herz und eine Seele, das ist immer so geblieben. Meine Mutter hat nie eine innige Beziehung zu mir aufbauen können. Ich kann mich nicht daran erinnern, von ihr jemals gestreichelt oder sogar in den Arm genommen worden zu sein.

Eine meiner ersten Erinnerungen war, dass mich meine Mutter eines Morgens in den Kindergarten brachte, der nicht weit von uns entfernt um die Ecke war. Sie hatte mich dort angemeldet und mir erst an diesem Morgen gesagt, wohin es ging. Als meine Mutter mich da ließ, kann ich heute noch das Gefühl von Verlassensein spüren, das ich da hatte. Ich kannte weder die anderen Kinder noch wurde ich von einer der erwachsenen Frauen, die mir auch fremd waren, an die Hand genommen. Die anderen Kinder befestigten in Papier eingewickelte Bonbons mit Wäscheklammern an eine niedrige Wäscheleine. Sie durften sich dann jeder eins wegnehmen. Ich guckte mir das eine Zeitlang an und traute mich schließlich, mit meiner Hand eins zu greifen, aber meine Hand wurde gepackt und weggezogen, und die Frau sagte zu mir: „Du nicht!"

Das hat mich in diesem Moment so gekränkt und auch beschämt, weil ich auch eins nehmen wollte ohne dazu ermutigt worden zu sein. Ich hätte so losweinen können, aber mein Stolz ließ das nicht zu. In einem unbeobachteten Moment verließ ich den Kindergarten und ging nach Hause. Ich stand so lange draußen vor der Haustüre, bis eine Hausbewohnerin mich mit ins Haus nahm. Ich war noch zu klein, um die obere Klingel zu erreichen.

Meine Mutter war ganz erstaunt und auch erschrocken, als ich so alleine dort ankam.

Ich weiß noch, dass meine Eltern sich über das Geschehen fürchterlich aufgeregt haben. Mein Vater ist sogar in den Kindergarten gegangen und hat sich über das Verhalten der Erzieherinnen beschwert. Von da ab brauchte ich nicht mehr hin.

Ich weiß noch ganz gut, wie groß eines Abends die Aufregung war bei meiner Mutter und den Großeltern. Mein Vater kam und kam nicht nach Hause. Er war längst überfällig. Da schellte ein Nachbar an unserer Tür und sagte, dass mein Vater unten bewusstlos vor dem Haus liegen würde. Alle liefen runter und schleppten mit vereinten Kräften einige Minuten später Vater die Treppen hoch und schleiften ihn in unsere Wohnung. Schnell wurde er ins Schlafzimmer bugsiert und ich musste mit Opa in die Küche. Vater war sturztrunken, was ich aus dem Schimpfen meiner Mutter entnehmen konnte. Ich war höchstens drei Jahre alt, aber das war meine allererste Begegnung mit meinem besoffenen Vater.

Schräg gegenüber unserer Wohnung auf dem Holleter war eine Schule. Mein Opa nahm mich manchmal mit in die dortige Turnhalle. Da trainierten viele Sportler, denn durch den Krieg waren einige Sporthallen durch die Bombenangriffe zerstört worden. Die Ringkämpfer, die auf einer dicken Gummimatte trainierten, begeisterten mich am meisten. Mein Opa kannte sie alle, kommentierte ihre Leistungen und feuerte sie an. Er war früher selber Ringkämpfer und mehrfacher Meister. Zusammen mit dem Gewichtheber Theo Aaldering war er Gründungsmitglied des Schwerathletenklubs Essen. Er blieb sein Leben lang sehr sportbegeistert und konnte stundenlang über spannende Wettkämpfe erzählen.

Mein Vater hat sich eines Tages vor lauter Not, weil die Toilette besetzt war, in meine Spielzeug-Kiste erleichtert. Er hatte schlimmen Durchfall und ich möchte nicht weiter beschreiben, wie der Inhalt meiner Kiste aussah. Nur wenige Sachen konnten noch gerettet werden. Ich weiß noch, dass ich das sehr komisch, aber auch ein bisschen eklig fand. Einige Jahre später, die Erwachsenen waren lustig und gaben einige Dönekes zum Besten, als ich, animiert von der Ausgelassenheit, die bei dem Familientreffen in Bad Honnef herrschte, die ganze Geschichte zum Besten gab. Meine Eltern versuchten vergebens, mich zum Schweigen zu bringen. Doch Tante Berta und Tante Mathilde, die Schwestern von Opa Rudolf, sagten: „Lass doch das Kind, guckt mal, die will doch auch mal was erzählen!"

Das Gelächter war sehr groß, meinem Vater war das superpeinlich, meine Mutter war wütend, aber ich fühlte mich als Star der Familienfeier. Ich kann immer noch die betroffenen Gesichter meiner Eltern vor meinem geistigen Auge sehen, nur Opa Rudolf schmunzelte. Dass er meinen Vater, das liebe Hermännchen (O-

Ton Oma Maria) nicht leiden konnte, wusste ich damals noch nicht. Das erfuhr ich erst Jahre später und auch den schockierenden Grund dazu.

Bad Honnef

Die Erinnerungen an meine drei Tanten, Tante Hilde war die Tochter von Tante Berta, die in dem für meine Kinderaugen uralten kleinen Bauernhaus wohnten, zählen zu den schönsten meiner frühen Kindheit.

Ich verbrachte unbeschwerte Ferientage dort. Mein Vater fuhr mich mit dem Auto dorthin, mir wurde auch auf diesen Fahrten nie übel, wie sonst üblicherweise auf unseren Familienausflügen sonntags. Ich freute mich einfach so sehr auf den wunderschönen großen Bauerngarten mit den alten knorrigen Obstbäumen, Beerensträuchern und verwunschenen Ecken, den beiden frechen Dackeln und nicht zuletzt auf meine Tanten.

Dort gab es einen maroden Hühnerstall, schon lange unbewohnt und etliche kleine Schuppen, in denen es immer wieder neues zu entdecken gab. Das Beste war, dort konnte ich mich ganz meiner Phantasie hingeben und stundenlang in meiner eigenen Welt leben.

Besonders faszinierte mich, dass Tante Hilde alle paar Wochen hinter dem Haus den großen Deckel von einer tiefen Grube zog, aus dem es ganz fürchterlich roch. Dann schüppte sie die Jauche mit einem dafür vorgesehenen trichterförmigen Blecheimer an einem langen Stiel aus der Grube auf das hohe Gras in dem verwilderten Teil des Gartens, der fast völlig zugewachsen war. Dort ging auch sonst niemand hin, Unkraut und Büsche waren so dicht und die Bäume so hoch, dass kaum ein Sonnenstrahl auf den Boden traf. Ich stand immer ganz fasziniert daneben und hielt mir die Nase zu.

Nach Bad Honnef durfte ich meistens in den „kleinen“ Ferien, Pfingsten oder auch im Herbst, in den so genannten Kartoffelferien. Ich freute mich schon tagelang vorher riesig. Meine Tanten waren sehr herzlich zu mir. Ich schlief dann mit Tante Hilde zusammen in einem großen Bett. Es war sehr warm und gemütlich. Wenn ich noch wach war, wenn sie ins Bett kam, erzählten wir uns noch Geschichten, manchmal sogar Witze. Es war auf jeden Fall sehr schön.

Tante Hilde hat nie geheiratet. Ihr Verlobter ist nicht aus dem Krieg wieder nach Hause gekommen. Er blieb vermisst. Sie hat irgendwie immer auf ihn gewartet. Tante Hilde war Sekretärin des Chefs eines kleinen Familienunternehmens. Sie fuhr auch mit ihm und seiner Frau in den Urlaub, und auch sonst verbrachte sie viel Freizeit mit ihnen. Das hat mich sehr gefreut, weil sie ja sonst ziemlich zurückgezogen lebte.

Einmal habe ich gehört wie meine Mutter zu meinem Vater sagte: „Sie hat was mit ihm, ganz bestimmt!“ Das hat mich damals sehr fasziniert, meine Phantasie angeregt, aber geglaubt habe ich es nicht.

Bei einem der vielen Ausflüge, die ich mit Tante Hilde unternahm, lernte ich eine besondere Köstlichkeit kennen: Fürst-Pückler-Eis! Wir machten Rast in einem gehobenen gutbürgerlichen Restaurant direkt am Rhein und meine Tante empfahl mir eben dieses Eis.

Die ganze Atmosphäre und der wunderbare Geschmack sind mir immer in Erinnerung geblieben. Beim Bezahlen stellte Tante Hilde fest, dass sie nicht genug Geld dabei hatte, das Eis war wohl recht teuer. Tante Hilde war dies sehr peinlich, aber man kannte sie dort, und es war kein Problem.

Es war bei einer großen Familienfeier in Bad Honnef, bei der auch Tante Bertas zweite Tochter aus München mit ihrem Verlobten, einem Freiherrn von und zu, erwartet wurde, bei der mein Bruder Werner und ich für großes Erstaunen und viel Gelächter gesorgt haben. Es war ein wunderschöner Sommertag. Große Tische wurden aneinandergereiht, unter die Obstbäume gestellt und festlich gedeckt. Keiner kannte den Verlobten von Margret. Alle waren voller Erwartung, sie hatten sich bereits etwas verspätet. Werner und ich quengelten. Wir waren hungrig und scharwenzelten schon die ganze Zeit um die in der Küche aufgebauten Torten herum. Tante Berta und Mutti erlaubten uns dann (die armen Kinder, die haben Hunger) schon vorab, in der Küche von dem Kuchen zu essen.

Es war ein wunderbares Zusammentreffen mit dem zukünftigen Gatten von Tante Margret. Er war wirklich sehr nett, etwas scheu und auch recht klein und schmal. Dass er verarmter Adel war, wie alle sagten, hat mich nicht gestört. Ich hatte Mitleid mit ihm. Verarmt zu sein, ist ja eigentlich recht traurig. Aber er war ganz fröhlich und spielte auch mit uns und Racker, dem Langhaardackel.

Wir ließen es uns gut gehen und die Kuchen waren köstlich. Wo ist denn die Sauerkirschtorte, hat die jemand gesehen? Die war doch eben noch in der Küche!

Die haben wir gegessen, ihr habt doch gesagt, wir dürften schon Kuchen essen, sagten Werner und ich kleinlaut. Da war das Gelächter und Erstaunen wirklich sehr groß, und keiner hat geschimpft.

Tante Berta und Tante Mathilde hatten ein Putzmacher-Geschäft auf der Sülzburgstraße in Köln, schräg gegenüber der Manderscheider Schule, in der zuerst ich und dann Werner eingeschult wurde. Es war ein faszinierender Ort für mich, die Hüte, einer schöner und ausgefallener als der andere. Besonders der Schrank mit den vielen Schubladen hatte es mir angetan. Dort befanden sich die Bänder, Sträußchen, einzelne Blumen, glitzernde Steine und Perlen, alles, was meine Tanten brauchten, um jeden Kundenwunsch zufrieden zu stellen. Manchmal ging ich direkt nach der Schule zu ihnen in den Laden und schaute ihnen zu, wie sie mit großer Hingabe die Hüte verarbeiteten und die passenden Schleier oder Blüten dazu aussuchten. Das wollte ich später auch mal machen; denn wenn die Damen ihre Hüte abholten, waren sie immer ganz begeistert und freuten sich.

Vater

Wenn ich an meinen Vater denke, kommen mir zuerst unsere Weihnachtsfeste in Köln ins Gedächtnis. Bei uns wurde immer sehr traditionell gefeiert. Wir Kinder mussten ein auswendig gelerntes Gedicht vortragen. Ich lernte sehr gewissenhaft und hatte schon Tage vorher Bauchkneifen. Am Heiligen Abend bin ich bestimmt sechsmal vor der Bescherung vor lauter Nervosität auf die Toilette gegangen. Aber es hat dann auch immer gut geklappt.

Das Wohnzimmer war an diesem Tage für uns Kinder tabu. Hinter der Tür war geschäftiges Treiben. Wir hörten gedämpfte Stimmen und emsiges Hin- und Herlaufen. Es war sehr spannend für uns, und wir konnten es kaum abwarten, dass sich die Türe öffnet und das kleine silberne Glöckchen am Weihnachtsbaum erklingt. Aber vorher musste das Christkind ja noch den Baum schmücken und auch unsere Geschenke bringen. Opa befestigte den Tannenbaum in den Ständer, es dauerte immer, bis er zufrieden und der Baum schön gerade war. Vater konnte so etwas nicht, er hatte zwei linke Hände, wie Opa immer meinte.

Ganz langsam und feierlich, im Sonntagsstaat bekleidet, traten Werner und ich ins Weihnachtszimmer. Ich traute mich kaum einen Blick auf den Gabentisch zu werfen. Der große Baum mit den flackernden Kerzen, der wunderbare warme Duft und die festliche Dekoration, das war so etwas wie heilig, eine zauberhafte Stimmung.

Traditionell trat dann Vater mit feierlicher Miene an den Tannenbaum, um im Schein der Kerzen die Weihnachtsgeschichte vorzulesen: „Es begab sich aber zu der Zeit ...“ – wir wussten alle schon, was jetzt geschehen würde, ich hatte da jedes Mal bereits einen Kloß im Hals. Er blinzelte immer zuerst und hielt die Bibel seitlich näher an das Kerzenlicht heran, rieb sich die Augen und sagte: „Ich kann in dem Licht nicht so gut sehen“, und blickte mich an.

Ich stand auf, nahm mit zitternden Händen die Bibel und las die Weihnachtsgeschichte vor. Vater versuchte krampfhaft, seine Tränen zurückzuhalten, und wir taten alle so, als hätten wir nichts gemerkt. Ich brauchte die Bibel zum Vorlesen eigentlich gar nicht. Noch heute kann ich die Weihnachtsgeschichte auswendig.

Wenn Vater in dieser sentimentalen Stimmung war, erzählte er manchmal von früher und vom Krieg. Dabei liefen ihm sehr oft die Tränen die Wangen runter, aber er schämte sich dessen nicht. Er hatte nie seinen richtigen Vater kennen gelernt, der war am 28. März 1916 in Frankreich gefallen. Da war mein Vater gerade mal ein Jahr und vier Monate alt.

Als mein Vater selber nach Frankreich in den Krieg ziehen musste, beschrieb meine Oma genau, wo er beerdigt war, auf dem deutschen Soldatenfriedhof 1914/18 Brieulles-sur-Meuse. Mein Opa war Metzger und hatte mit seiner Frau zusammen eine Metzgerei in Elberfeld. Auf dem Schlachtfeld hat er für das leibliche Wohl seiner Kameraden gesorgt, gekocht, so gut es ging. Er trug einen großen Kessel vom Feuer, als er von hinten erschossen wurde.

Sein Name war Hermann Paul H., und er wurde am 10. April 1885 in Freywalde im Kreis Mohrungen geboren.

Meine Oma machte sehr detaillierte Angaben, wo mein Vater das Grab finden würde, obwohl sie nie da gewesen war. Sie hatte die Gabe des zweiten Gesichts und hat das Grab und die Umgebung vor ihrem geistigen Auge gesehen. In der Todesnacht meines Großvaters erschien er ihr ganz klar am Bett in ihrem

Schlafzimmer und hielt sich eine Zeit bei ihr auf, bevor er verschwand. Da wusste meine Oma, dass er tot war, lange bevor die offizielle Nachricht kam.

Nostalgie in Kriegszeiten. Dritter von rechts: Opa H. – mein „richtiger" Opa, der Vater meines Vaters, der im Ersten Weltkrieg fiel.

Mein Vater kam mit seiner Einheit tatsächlich in die Nähe von Brieulles-sur-Meuse und fand anhand der Beschreibung seiner Mutter tatsächlich das Grab seines Vaters. Für ihn war diese unfassbare Begebenheit sehr emotional, er brach weinend am Grab zusammen.

Sein Stiefvater wurde der jüngere Bruder seines Vaters, Paul H., der vorher schon heimlich in Oma verliebt gewesen ist. Das war damals nicht unüblich, die verwitweten jungen Frauen mit ihren Kindern auf diese Weise zu versorgen und auch die Familien so zusammenzuhalten. Opa war auch sehr religiös, er hatte eine lutherische Erziehung genossen. Meine Oma war reformiert. Opa las jeden Morgen aus der Familienbibel vor und machte sich auch viele Randnotizen. Er war ein fröhlicher, positiv denkender Mensch und sah in allem nur das Gute. Heutzutage würde man ihn naiv nennen, weil diese großzügige Haltung nicht so recht in unsere Zeit passt. Oma hat sich oft darüber aufgeregt, dass Opa auch armen Menschen finanziell half, obwohl er selber auch keine Reichtümer besaß. Er war ehrenamtlicher Küster in der Kirche in Essen-Frillendorf und sehr beliebt. Er hatte für jeden ein aufmunterndes, freundliches Wort. Ich mochte ihn sehr gerne. Opa arbeitete im Bergbau. Bei einem Unfall untertage verlor er ein Auge. Man bemerkte dies kaum, denn er trug ein Glasauge, das sehr natürlich aussah.

Hier Opa H., der zweite Mann meiner Oma, der Vater von Klara, Friedchen und Alfred, stehend in der Mitte.

Opa erhielt nach dem Unfall eine Abfindung, die es meinen Großeltern ermöglichte, ein Haus zu kaufen, das einen großen Garten hatte, wo Obst und Gemüse angebaut wurde. Um die Familie gut durch die schlechte Zeit zu bringen, hatten sie auch Hühner. Oma hielt auch ein Schwein. Tante Friedchen, das Nesthäkchen, erzählte mir, dass Oma sie zu den Nachbarn schickte, um Kartoffelschalen und Gemüseabfälle für das Schwein einzusammeln. Sie hat sich dabei sehr geschämt. Aber die Nachbarn taten es gern, denn sie erhielten von Oma dafür nach dem Schlachten einige Stücke von dem begehrten Fleisch.

Oma dirigierte die Familie mit sehr strenger Hand. Friedchen erzählte uns, dass sie eine Klopppeitsche in der Küche hinter der Tür griffbereit aufbewahrte. Da gab's dann Saures, wenn ihre Regeln nicht befolgt wurden. Werner und ich haben sie allerdings nie so streng erlebt. Wir waren aber auch immer ganz artig, wenn wir dort zu Besuch waren. Unsere Essener Großeltern waren für uns Kinder immer Oma und Opa H., Mutters Eltern nannten wir immer nur Oma und Opa.

Oma H. ist nie so ganz über den Verlust ihres ersten Mannes hinweggekommen, er war die große Liebe ihres Lebens. Sie hatten auch ihren gemeinsamen Traum von einer eigenen Metzgerei verwirklicht. Oma war dabei die treibende Kraft, ermutigte ihren Mann bei diesem Vorhaben. Sie selber hatte vorher noch nie in einer Metzgerei gearbeitet, aber mit großem Selbstvertrauen bewarb sie sich als Verkäuferin in einer Metzgerei, um alles Erforderliche zu erlernen. Für die fehlenden Unterlagen erfand sie eine passende Ausrede. Sie stellte sich so gut an, dass diese Täuschung nicht auffiel. Als Oma dann diese Arbeit aufgab, wollte ihr Chef sie gar nicht gehen lassen. Sie war bei den Kunden äußerst beliebt und hatte mit ihrer Art, Menschen für sich einzunehmen und zu überzeugen, den Verkauf gesteigert. Ich weiß nicht, ob die Wahrheit jemals ans Licht gekommen ist.

Nach der Schule ging Oma in Stellung, wie man so schön sagte. Sie erzählte immer voller Stolz, dass sie als einzige Angestellte, als Erzieherin der Kinder, mit der Familie am Tisch sitzen durfte. Sie war einige Jahre in einem Essener Fabrikantenhaushalt tätig, sehr wohlhabende Leute mit mehreren Bediensteten.

Aus dieser Zeit stammte auch ihre Liebe zu Antiquitäten und wertvollen Einrichtungsgegenständen. Sie erwarb viele schöne Stücke auf Auktionen für die Ausstattung ihres Zuhauses, anstatt neue Möbel zu kaufen. Diese Neigung hat sich auf mich vererbt. Ein kleines Sofa mit einem Sessel aus Frankreich, wohl so um das 18. Jahrhundert, Stücke, mit denen mein Vater aufgewachsen ist, sind mir durch Tante Klara, der ältesten Tochter von Oma und Opa H., übergeben worden. Diese Stücke hatten bis dahin auf ihrem Dachboden gestanden, und nur weil sie einen Ausbau vornehmen wollte und ihr die Sachen im Wege waren, kamen sie in meinen Besitz. Klaras Tochter Annette fand die ollen Sachen scheußlich, gut für mich.

← *Oma H.*

Wilhelmine Pauline Smolenski wurde am 27. September 1891 in Caternberg im Kreis Essen geboren. Ihr Vater, Christian Smolenski, ist damals im Zuge der großen Völkerwanderung von Smolensk in Russland ins Ruhrgebiet ausgewandert, wo es Arbeit gab, überwiegend im Bergbau. Wo er ihre Mutter, Charlotte Skrzseba, kennen gelernt hat, ist mir nicht bekannt.

Mein Urgroßvater Christian Smolenski ist der unehelich gezeugte Sohn des damaligen Fürsten von Smolensk. Über seine Mutter ist nur bekannt, dass sie als Angestellte im Fürstenhaushalt gearbeitet hat. Er wuchs im Hause des damaligen Popen auf und erhielt eine ausgezeichnete Erziehung. Er absolvierte ein Studium der Rechtswissenschaften, er wurde Advokat.

Mein Urgroßvater war auf Grund seiner Ausbildung in der Lage, seine Landsleute in rechtlichen Fragen zu unterstützen, machte mit ihnen Behördengänge, schrieb Briefe für sie und stand ihnen in allen Lebenslagen als Berater zur Seite. Er wurde dafür meistens mit Naturalien entlohnt, Eier, ein Huhn, Eingewecktes, manchmal sogar Bargeld.

Meine Urgroßmutter, so wurde erzählt, hatte Geldscheine zwischen den Bibelseiten, die sie gegen Zinsen verlieh. Sie war eine äußerst geschäftstüchtige, respektierte Persönlichkeit.

Meine Oma hatte zusammen mit ihrem zweiten Mann drei Kinder. Tante Klara, meine Patentante, war die älteste und auch die cleverste und geschäftstüchtigste. Sie war meinem Vater am ähnlichsten. Dann kamen Onkel Alfred und Tante Elfriede, „Friedchen“ wurde sie von allen genannt, die als Nachzüglerin 12 Jahre jünger war als ihre Schwester Klara.

Vaters Familie.

Mein Vater aber blieb Omas absoluter Liebling, ihr Erstgeborener, der Sohn ihrer großen Liebe. Er wurde zum Anwaltsgehilfen bei dem bekannten Essener Strafverteidiger Dr. Victor Niemeyer (1863-1949) ausgebildet. Er konnte so schnell stenographieren und Schreibmaschine schreiben, dass er als Bester seines Jahrgangs die Lehre beendete und danach als Büroleiter noch einige Zeit bei ihm tätig war. Dr. Niemeyer stellte einige Jahre später meine Tante Klara als ersten weiblichen Lehrling in seiner Kanzlei ein mit den Worten: „Wenn du nur halb so gut bist wie dein Bruder, bin ich zufrieden." Er war es.

Einmal, als Tante Klara uns besuchen kam, brachte sie mir ein Hühnerbein als Geschenk mit. Sie hatten an dem Tag ein Huhn geschlachtet, und sie meinte, das wäre doch für mich lustig, an den oben herausschauenden Sehnen zu ziehen und so die Krallen zu bewegen. Ich fand das sehr eklig, weil auch Schleim und Blut noch daran waren. Vater hat sehr mit Klara geschimpft und ihr gesagt, wenn sie zu geizig wäre, mir etwas Nettes mitzubringen, solle sie es lieber ganz lassen.

Meine Patentante war dafür bekannt, dass sie sehr sparsam war, um es charmant auszudrücken. Annette, ihre Tochter, schlief im hinteren Teil des Wohnzimmers auf einer Klappcouch, weil sie einen Teil des Hauses vermietet hatte. Tagsüber wurde dieser Teil wieder von allen als Wohnraum genutzt, Annette hatte keinen eigenen Bereich. Sie hatten das finanziell überhaupt nicht nötig. Klara arbeitete, und Onkel Bernhard hatte auch eine gut bezahlte Stelle im Holzhandel. Er war auch viel beruflich unterwegs. Ich mochte meinen Onkel sehr. Er war ein großer, kräftiger Mann und recht wortkarg. Er sagte immer genau das, was er dachte. Tante Klara meinte immer, man müsse erst einen Sack Salz mit ihm fressen, bevor man mit ihm warm würde.

In späteren Jahren verbrachte ich einige Ferientage dort, kam aber mit meiner Kusine nicht besonders gut aus. Tante Klara stellte mich immer als Vorbild hin, weil ich zu der Zeit noch gut in der Schule war. Das trug dazu bei, dass Annette mich nicht leiden konnte und eifersüchtig auf mich war. Meine Tante war auch sehr neugierig, ich musste bei ihr immer auf der Hut sein, nicht versehentlich etwas zu erzählen, wovon sie nichts wissen durfte. Vor jedem Besuch gab es von Vater immer genaue Instruktionen, da er seine Schwester kannte.

Links: Klara, Friedchen, Oma, Werner, ich. Rechts: Opa, Klara, Friedchen, Inge und ich.

Friedchen erlernte keinen Beruf. „Du bleibst hier bei mir und hilfst mir im Haushalt", soll Oma gesagt haben. Das tat sie auch, bis sie mit 18 Jahren von einem jungen Mann schwanger wurde. Oma befand, dass dieser auf keinen Fall in die Familie passen würde, und befahl, erst einmal zu heiraten, damit keine Schande über die Familie käme. Nach der Geburt musste Friedchen sich wieder scheiden lassen und lebte mit dem kleinen Jungen weiter zu Hause.

Alfred fing bei einem großen Weinhandel eine Lehre an. Er wurde dabei erwischt, wie er Geld aus der Kasse stahl, worauf er fristlos entlassen wurde. Sein Verhalten sorgte in der Familie für große Empörung, er war der Versager, ein Außenseiter. Selbst später im Leben, als er es zum Oberstadtdirektor in Essen geschafft hatte, blieb ein gewisser Makel an ihm haften.

Vater war ein charismatischer Mann mit sehr viel Charme und einer hohen Intelligenz. Er hatte zu Hause immer einen Sonderstatus, seine Mutter vergötterte ihn und stellte ihn seinen Geschwistern, besonders den beiden älteren, Klara und Alfred, als Vorbild hin. Friedchen war da noch viel zu jung, um diese Eifersucht auf den Bruder selber zu spüren, berichtete mir viel später im Leben aber davon. Besonders Onkel Alfred war von Neid- und sogar Hassgefühlen auf seinen Bruder bis ins hohe Alter erfüllt. Aber davon später.

Nachdem Vater einige Jahre bei Dr. Niemeyer tätig gewesen war, bekam er die große Chance, eine gute und für die damalige Zeit hoch dotierte Anstellung beim Kohlensyndikat in Essen zu bekommen. Meine Oma war darüber sehr erfreut und begleitete ihren Hermann als Unterstützung zum Bewerbungsgespräch und wartete in der Nähe auf einer Bank auf ihn. Er wurde eingestellt und arbeitete dort, bis er in den Krieg eingezogen wurde.

Es war zur damaligen Zeit üblich, dass alle Mitarbeiter in die Gewerkschaft eintraten, mein Vater weigerte sich, und es gab ziemlichen Aufruhr deswegen. Er wurde zum höchsten Chef beordert, auf seine Frage warum er dies nicht täte, sagte mein Vater, dass er mit diesem Geld lieber seine Mutter unterstützen würde. Im Übrigen bräuchte er auch niemanden, der für ihn kämpfe, das könne er alleine. Seinem Chef gefiel diese Antwort so gut, dass er ihm den Betrag für die Gewerkschaft zum Gehalt dazu tat. Mein Vater trat in die Gewerkschaft ein, um weiteren Streit zu vermeiden. Der Chef hat meinen Vater auf seinem Berufsweg sehr gefördert und unterstützt.

Während des Krieges brach sich Vater beide Fersen und musste daher nicht direkt an die Front zum Kämpfen. Er arbeitete auf einer Schreibstube und war verantwortlich für den Nachschub an Lebensmitteln und Getränken, inklusive feinstem Cognac und Champagner „für die Herren Offiziere“, wie er sagte.

Vater.

Onkel Alfred nahm am Russlandfeldzug teil. Er wurde im Kessel von Stalingrad durch einen Bauchdurchschuss sehr schwer verwundet. Über einen Feldflughafen wurde er als einer der letzten überlebenden Soldaten in ein Lazarett ausgeflogen. Er konnte nie eigene Kinder haben.

Später erfuhr ich durch Onkel Alfred, dass Vater aus dem ersten Stock eines Gebäudes gesprungen war, um sich die Beine zu brechen, und so nicht an die Front zu müssen.

Ich kenne die Wahrheit nicht, jedenfalls überlebte er den Krieg und wurde Kriegsgefangener auf den Rhein-Wiesen, zusammen mit vielen hunderttausend anderen Soldaten. Total ausgemergelt und fast verhungert war er, als das Wunder geschah. Mein Vater stand an einen Baum gelehnt in der Nähe der Baracke, in der die Kommandantur untergebracht war. Zwei amerikanische Militärfahrzeuge stoppten, und eine Delegation von einigen Offizieren ging auf die Baracke zu. In diesem Moment erkannte mein Vater einen davon, den Sohn von Dr. Niemeyer, seinem ehemaligen Lehrherrn. Der schaute auch in seine Richtung. Mein Vater sagte immer: „Er guckte mir direkt in die Augen“, gab aber durch keine Regung zu erkennen, dass er meinen Vater erkannt hatte. Zwei Stunden später wurde mein Vater aus der Kriegsgefangenschaft entlassen.

Mein Vater war ein sehr geschäftstüchtiger Mann mit großem Verhandlungsgeschick. Er verstand es, Menschen zu begeistern und für seine geschäftlichen Erfolge zu aktivieren. Nach der Rückkehr aus dem Krieg nutzte Vater seine früheren Kontakte und schaffte es, die für die Großindustrie so notwendige Kohle aus dem Ausland in Güterzügen nach Deutschland, überwiegend aber ins Ruhrgebiet, zu schaffen. Das war dann für ihn die Grundlage, ein nicht unbeträchtliches Vermögen zu erwirtschaften und sich als Mitinhaber einer renommierten Kölner Firma eine Existenz aufzubauen. Diese Firma war in einem großen Bürohaus auf der Gereonstraße in Köln angesiedelt, auf der linken Seite Richtung Dom.

Die erste Zeit fuhr Vater jeden Tag von Essen nach Köln ins Büro und abends wieder zurück. Anfang der 50er Jahre siedelten wir nach Köln um, auf den Klettenberggürtel, wir bezogen die geräumige Wohnung im Erdgeschoss, die einen sehr großen Garten hatte.

Das erste Jahr über blieben Oma und Opa in unserer Wohnung in Essen. Aber Mutter überredete Vater, sie nach Köln nachkommen zu lassen. Ich glaube, sie war mit der anfallenden Arbeit und uns Kindern überfordert. Zwei Häuser neben unserem wurde eine Dachgeschosswohnung mit zwei kleinen Zimmern gefunden, und Oma und Opa zogen zu uns. Tagsüber waren sie sowieso bei uns, wir aßen auch immer zusammen. Es war wieder wie früher in Essen. Wir Kinder freuten uns besonders, dass Opa Rudolf wieder bei uns war.

Inge, Alfred und Mutter.

Weil mein Vater an den meisten Wochentagen seine Kunden besuchte, fuhr er sonntags sehr oft ins Büro und nahm uns Kinder auch ab und zu mit. Das war immer ein besonderes Erlebnis. Seine Sekretärin ließ uns auf der Schreibmaschine tippen, während Vater die ihm vorgelegten Briefe las und unterschrieb. Danach wurden wir belohnt, weil wir so lieb gewartet hatten. Es ging dann zu Café Eigel, wo wir uns etwas aussuchen durften. Vater war dabei immer sehr geduldig, er hat uns nie gedrängt, uns zu beeilen. Die Dekoration der Auslagen war wunderbar, und die Freundlichkeit der Angestellten, die uns wie Prinz und Prinzessin behandelten, ist mir noch immer in Erinnerung. Ich schaute mir zwar alles genau an, aber entschied mich letztendlich immer für das Gleiche: kleine Florentiner mit Milchschokolade in einer durchsichtigen Tüte mit einem kleinen Schleifchen verpackt. Das war Luxus!

Mutter

Meine Mutter war eine sehr schöne Frau, sie hatte schwarze, glatte Haare, die sie zu einem Knoten gebunden, streng zurückgekämmt trug, blaue, leicht mandelförmige Augen und eine sehr feminine Ausstrahlung. Sie arbeitete einige Jahre als Serviererin im vornehmen Post Café in Essen. Meine Tanten erzählten mir, wenn Mutter einen Raum betrat, drehten sich alle nach ihr um. Sie war allerdings auch sehr mit sich selber beschäftigt. Ich kann mich nicht daran erinnern, jemals von ihr in den Arm genommen worden zu sein. Ich hatte ein sehr distanziertes Verhältnis zu meiner Mutter. Sie wurde von meiner Oma allerdings auch regelrecht abgeschirmt: „Lasst eure Mutter doch in Ruhe“, hörten wir sehr oft.

Manchmal las sie uns Kindern etwas vor. Das mochte ich besonders gerne, ich hing dann wie gebannt an ihren Lippen. Mein Lieblingsbuch war „Stiefelmanns Kinder“, da konnte ich nicht genug von bekommen. Es war so herzzerreißend traurig, dass ich unweigerlich anfing zu weinen. Mir liefen dann die dicken Tränen das Gesicht herunter, aber ich liebte die Geschichte und ich wusste ja, dass sie versöhnlich endete. Mutter sagte dann aber zu mir: „Wenn du nicht aufhörst mit dem Geheule, dann lese ich dir nicht mehr vor.“ Ich versprach es, und danach habe ich mich immer ganz fest gekniffen, dann klappte das mit dem nicht weinen.

Zu meinem 60. Geburtstag bekam ich von meiner Tochter Nicole das Buch geschenkt, sie wusste, dass ich auf Trödel- und Antikmärkten danach Ausschau gehalten hatte. Es ist das Wertvollste, was ich jemals geschenkt bekommen habe, ich bewahre es wie einen Schatz. An einem besonderen Nachmittag setzten wir uns beide gemütlich auf die Couch, Paula, meine kleine Enkelin, krabbelte um uns herum, und ich las Nicole die Geschichte vor. Wir weinten beide zusammen.

Meine Oma organisierte den gesamten Haushalt, kochte, putzte und machte die große Wäsche alle vier bis sechs Wochen. Wir hatten eine Waschküche, in der dann der große Kessel angeheizt wurde, und Oma verbrachte die nächsten zwei Tage dort. Sie trug meiner Mutter den Hintern nach, wie man so schön sagt. Nachdem Omas Söhne in einer schrecklichen Nacht gestorben waren, kam Margarete, meine Mutter, zur Welt. Meine Oma hat sie nie zur Selbstständigkeit erzogen, hat alles für sie getan und war bis zu ihrem Tode immer um meine Mutter herum.

Ein ganz einschneidendes Erlebnis mit beiden ist fest auf meiner Seele eingebrannt. Ich besaß einen großen Steiff-Teddy, den ich heiß und innig liebte. Ohne ihn ging ich nie ins Bett. Er lag immer fest in meinen Armen auf meinem Bauch. Ich klemmte seine Beine dann immer zwischen meine Beinchen, er war ganz nah bei mir. Nur so schlief ich ein.

Eines Tages spürte ich, hier stimmt was nicht. Meine Oma stand vor der Wohnzimmertüre, hinter der ich meine Mutter hörte. Sie hielt die Türe mit einer Hand fest geschlossen. Ich erinnere mich sehr genau daran, dass ich plötzlich fürchterlich zu schreien anfing, mit großer Kraft meine Oma wegstieß und die Tür aufdrückte. Meine Mutter stand vor dem offenen Ofen, aus dem die Flammen hervorloderten. Sie riss in diesem Moment meinen Teddy, an beide Beine gepackt, auseinander und warf seine Teile in die Flammen. Ich war damals vier Jahre alt, dieses Erlebnis hat mich so sehr geschockt, dass ich nie wieder Vertrauen zu meiner Mutter und meiner Oma haben konnte. Auch die Erklärung, dass mein Teddy stark nach Pipi gerochen hat, war mir egal, ich liebte ihn.

Viele Jahrzehnte später schlenderte ich durch die Stadt und sah im Schaufenster eines neu eröffneten Steiff-Spezialgeschäfts meinen Teddy. Der Anblick hat mich wie ein Blitzschlag getroffen. Wie von Sinnen ging ich in Richtung Auto die Tränen liefen mir übers Gesicht. Mit jedem Schritt wurden meine Beine schwerer. Das Gefühl der Erleichterung war unbeschreiblich, als ich mich umdrehte und zurück zu meinem Teddy ging. Ich musste mich erst sammeln, bevor ich es schaffte, einigermaßen gefasst das Geschäft zu betreten. Die Wochen darauf kam er überall mit hin, wir waren unzertrennlich. Wenn ich meinen Teddy heute ansehe, erkenne ich einen leicht traurigen Gesichtsausdruck an ihm, es ist meiner.

Meine Mutter ist in meiner Erinnerung nur sehr schemenhaft vorhanden. Sie tritt erst später, als sie schon krank war, aus diesem Nebel heraus und wird dann schmerzlich präsent. Oma hingegen hatte das Heft fest in der Hand, sie war eine resolute Frau, die selber eine sehr strenge Erziehung genossen hatte. Ihr Vater war Beamter und die Kinder mussten bei Tisch stehen und durften kein Wort reden. Das bekamen Werner und ich auch oft genug zu hören, wenn wir uns bei Tisch wieder stritten oder auch sonst immer dazwischen redeten. Insbesondere auf mich war sie sehr oft böse, dann nannte sie mich Rabenaas. Eines Tages schaute ich völlig in Gedanken versunken in meinem Zimmer auf den Klettenberggürtel. Dabei lehnte ich mich, den Kopf auf beide Hände auf der Fensterbank aufgestützt leicht aus dem Fenster hinaus, als meine Oma, von mir unbemerkt, hinter mich trat. Sie versetzte mir einen derart harten Schlag auf meinen Po, dass ich später blaue Flecke an meinen Hüftknochen hatte. Ich habe mir die Tränen kaum verkneifen können, es hat so wehgetan, nicht nur körperlich. Darüber hinaus habe ich mich fürchterlich erschrocken. Sie sagte dann streng zu mir: „Das macht man nicht, sich so aus dem Fenster zu lehnen und rauszugucken! Was sollen die Leute denken?"

Einmal, ich glaube, ich war neun oder zehn Jahre alt, zeigte mir Mutter einen grauen Persianer Pelzmantel und einen Muff mit einer Kordel daran. Man hängte ihn sich um den Hals, um sich die Hände darin zu wärmen. Sie hatte die beiden Sachen getragen, als sie 15 Jahre alt war. Ich fand die Sachen wunderschön. Mutter und ich setzten uns aufs Bett. Ich habe mich ihr noch nie so nah gefühlt. Mutter erzählte mir dann wie ich auf die Welt gekommen bin und wie froh sie war, endlich ein Kind zu haben. Sie erklärte mir, dass sie vorher sechs Fehlgeburten hatte. Sie hat es einem jüdischen Arzt, der als Oberarzt im Essener Knappschafts-Krankenhaus tätig war, zu verdanken, überhaupt Kinder austragen zu können.

Es hat mich sehr berührt, dass Mutter soviel auf sich genommen hat, Werner und mir das Leben zu schenken. Sie sagte auch, dass sie, sobald sie merkte, mit Werner schwanger zu sein, zum Arzt gegangen sei wegen einer Schwangerschaftsbescheinigung. Damals, in der Nachkriegszeit, bekamen Schwangere höhere Rationen, das heißt mehr Essenmarken, die sie dann gegen Lebensmittel eintauschen konnten. Das wäre ein Glück gewesen, meinte sie. Der Arzt stellte bei der Untersuchung bei ihr eine Krankheit fest, die ohne Behandlung das Leben des werdenden Kindes in große Gefahr gebracht hätte. Ich wollte mehr darüber wissen, aber in dem Moment kam Oma dazu und schimpfte mit meiner Mutter, dass sie mit mir über dieses Thema sprach. Sie schickte mich in mein Zimmer.

Oma und Mutter waren beide katholisch, Werner und ich sind aber evangelisch getauft worden, wie Vater und seine Seite der Familie. Mutter wollte nicht, dass wir die gleichen Ängste haben sollten, die sie als Kind erleiden musste, damals wurde ihr mit fürchterlichen Schreckensbildern die Furcht Gottes beigebracht. Das fand ich damals als kleines Mädchen sehr nett von ihr. Ich ging aber gerne in die katholische Kirche St. Bruno, die auf unserer Seite der Straße war. Wir brauchten nur die Petersbergstraße zu überqueren, so nah war es. Dort war in der Weihnachtszeit die schönste Krippe, die man sich vorstellen kann, aufgebaut. Ich ging sehr oft dorthin, um ganz gedankenverloren davor zu stehen und die wunderbaren großen Figuren zu betrachten. Der Klang der Kirchenglocken von St. Bruno, die Samstagabend feierlich den Sonntag einläuteten, geben mir in der Erinnerung noch immer dieses wunderbare Gefühl von Zugehörigkeit und auch Geborgenheit.

Opa

Opa Rudolf war der gute Geist in unserer Familie, besonders für uns Kinder. Er war Zimmermann von Beruf und auch zwei Jahre auf der Walz. Er faszinierte uns Kinder mit seinen zahlreichen Geschichten von seiner Wanderschaft, und er sang uns sehr viele Lieder vor, die er aus früheren Zeiten kannte. Ich suchte sehr gerne seine Nähe, und er wurde nicht müde, alle meine Fragen über früher zu beantworten. Über den alten Knipperdolling wusste ich bestens Bescheid, wie es auf Holzauktionen zuging und worauf man beim Pferdekauf achten musste und das ein Handschlag den Kauf besiegelt. Bei all seinen Erzählungen war ich mit dem Herzen dabei. Ich erlebte all diese Geschichten mit meinem Opa förmlich mit. Oft sangen wir gemeinsam seine Lieder, wie zum Beispiel das „Lied vom Sperling“:

Ihr kleinen Schreier,
für euch sorgt der Herr,
ach wenn ich doch nur
ein Vögelein wär.
Doch bin ich Mensch nur
und hab kaum satt,
am Baume der Großstadt
ein verhungerndes Blatt.

Er kannte viele Lieder, die das damalige Zeitgefühl widerspiegeln. Seine Erzählungen haben mein Leben bereichert. Ich sehe ihn noch in unserer großen Wohnküche am Holztisch auf seinem Armlehnstuhl sitzen und Kartoffeln für die ganze Familie schälen oder Gemüse putzen. Im Sommer fand das alles auf der Terrasse statt, die eine Treppe hinunter in den großen Garten hatte. Er holte dann Körbe voller Schattenmorellen, Birnen, Äpfel und Pfirsiche nach oben, die Mutter und Oma dann einweckten oder Marmelade daraus kochten. Er entsteinte, schälte, schnibbelte, dabei sang er oder erzählte.

Werner und ich saßen in seiner Nähe und hingen an seinen Lippen. Er kannte auch komische Worte wie *fieule schieben, maloche, Schickse*, in der Schule lachten die anderen Kinder mich aus, wenn mir die mal rausrutschten. Oma hat uns auch erzählt, dass Opa in der Reichskristallnacht verhaftet worden war, aber sie hat ihn nach zwei Tagen wieder frei bekommen. Mehr wurde nie darüber gesprochen, ich hörte Mutter nur einmal sagen, dass sie Reparationsansprüche hätte und diese geltend machen wolle. Es wurde jedenfalls ein großes Geheimnis daraus gemacht.

Opa war früher in einer Loge, den Freimaurern. Leider gab er keine Einzelheiten preis, soviel wir Kinder auch bohrten und nachfragten, das Geheimnisvolle daran hat uns sehr fasziniert. Er erzählte nur, dass unter Hitler die Freimaurer verboten waren. Das machte es in unseren Augen noch viel spannender.

Morgens früh stand Opa immer als Erster auf, weckte uns und bereitete das Frühstück vor. Wir aßen immer einen tiefen Teller voll mit einer dicken Milchsuppe aus Kölln-Schmelzflocken, oben drauf eine Schicht Zucker, und Opa bröckelte dann ein bis zwei Brandt-Zwiebacke darüber. Einmal in der Woche rührte er zusätzlich noch ein Eigelb hinein. „Das ist eine gute Grundlage für den Tag", sagte er dann. Danach ging es ans Zähneputzen, Opa hatte dafür bereits die Zahnpasta auf die Zahnbürsten gedrückt und die Becher mit Wasser gefüllt. Er achtete auch sehr darauf, dass wir uns nicht nur das Gesicht, sondern auch den Hals gründlich wuschen. Besonders Werner behielt er dabei im Auge. Er war ziemlich wasserscheu. Dann sagte er zu ihm: „Du willst doch kein Schmuddel-Lieschen sein!"

Sehr oft ließ er sich von uns überreden, jedem von uns fünf oder zehn Pfennig mit auf den Schulweg zu geben. Davon kaufte ich mir ein Stück Brause und auch noch ein Tütchen Salmiakpastillen, wenn ich Glück hatte. Oma und Mutter durften davon nichts wissen, wir sollten nicht so verwöhnt werden.

Bei uns zu Hause ging es auch bei Tisch recht lebhaft zu. Wir Kinder wurden ermutigt, an den Gesprächen teilzunehmen. Sonntagmorgens war es besonders gemütlich. Vater war dann ja auch dabei, nach dem Frühstück blieb man einfach sitzen wenn man wollte, erzählte, hatte Spaß und Mutter und Oma fingen mit den Vorbereitungen für das Mittagessen an, das immer aus Vorsuppe, Hauptgericht und Nachtisch bestand. Opa schälte die Kartoffeln und bereitete das Gemüse vor. Ich blieb meistens freiwillig mit in der Küche, es gefiel mir so gut.

Ich war ein sehr schlechter Esser, nach der Suppe war ich meistens schon satt. Meine Eltern haben deshalb auch schon mit mir einen Arzt aufgesucht, weil ich so dürr war, unterernährt, wie man so sagte. Mir wurde dann geschlagene Banane vorgesetzt, auch sollte ich Sahne trinken. Das hatte zur Folge, dass ich jahrelang Banane noch nicht mal riechen mochte. Es half alles nichts, mir war der Magen sehr oft wie zugeschnürt, ich aß einfach nur wie ein Spatz. Ich fühlte mich auch immer unter Beobachtung, jeder Bissen, den ich zu mir nahm, wurde mit aufmunternden Blicken begleitet, es wurde fast applaudiert. Nur Opa blieb gelassen, wenn wieder einiges auf meinem Teller blieb, sagte er: „Wenn ihr mich nicht hättet, müsstet ihr ein Schwein halten." Er aß dann immer die Reste. Es wurden bei uns keine Lebensmittel weggeworfen. Das Elend der Kriegs- und Nachkriegszeit hat dieses Verhalten sehr geprägt. Egal, wie trocken ein Stück Brot war, es wurde noch gegessen.

Während des Ersten Weltkriegs war Opa in einem preußischen Dragoner-Regiment mitverantwortlich für den Nachschub der Pferde, die für die Kampfeinsätze gebraucht wurden. Pferde haben ihn sein ganzes Leben lang regelrecht begeistert, er hatte einen großen Sachverstand und eine innige Zuneigung zu diesen edlen Geschöpfen. Er ging sehr oft in Köln zum Pferderennen und hatte bei seinen Wetten einigen Erfolg, von dem Werner und ich profitierten. Er sagte dann: „Schön *stickum* sein, Oma soll das nicht wissen!" Die schimpfte nämlich, wenn Opa sein Geld bei Pferdewetten riskierte. So hatten wir mit Opa immer unsere kleinen Geheimnisse.

Wangerooge

Seit Anfang der 50er Jahre verbrachten wir jedes Jahr die großen Ferien auf der autofreien Nordseeinsel Wangerooge. Mutti hatte es mit den Bronchien zu tun, und das Reizklima war sehr gut für sie. Für uns Kinder war es das Paradies. Wir konnten frei und ohne dass sich jemand um uns Sorgen gemacht hat, die Insel erobern. Wir trafen auch jedes Jahr viele Freunde vom Vorjahr wieder, sodass die Insel unser zweites Zuhause war.

Da Vater aus geschäftlichen Gründen nicht die vollen sechs Wochen mitkommen konnte, brachte er uns hin und blieb meistens die erste Woche bei uns. Dann kam er die letzten 14 Tage, und gemeinsam ging es dann wieder zurück nach Köln.

Schon Tage vor der Abfahrt hatten Werner und ich Reisefieber, konnten es gar nicht erwarten, dass es endlich losging. Ich wachte nachts voller Vorfreude auf und konnte nur schwer wieder einschlafen. Ich war ganz „jibbelig", wie Opa meinte.

Werner und ich teilten uns ein Zimmer. Das war das Beste überhaupt. Wir planten dann schon voller Tatendrang, was wir alles unternehmen würden. Das ging meistens bis spät in die Nacht.

Wir fuhren immer mitten in der Nacht los, um das erste Schiff zu erreichen, das uns an diesem Tag zur Insel bringen sollte. Für uns Kinder war das natürlich ein riesiges Abenteuer. Als Werner noch klein war, bekam er davon nichts mit. Oma, die die ersten Male mit uns fuhr, trug ihn schlafend auf den Rücksitz des Wagens, wo er in ihren Armen selig weiterschlief. Opa blieb zu Hause, er versorgte dann Haus und Garten. Ich glaube, er freute sich, dass er auch mal seine Ruhe hatte. Gesagt hat er es aber nicht.

Unsere Bleibe auf Wangerooge war zunächst eine gemütliche Pension, in der man die Küche mitbenutzen konnte. Da bereitete Oma Frühstück und Abendbrot zu. Mittags wurde warm gegessen. Wir testeten zuerst einige Restaurants aus. Da wo es Vater und Mutter am besten schmeckte, wurde ein Abonnement genommen. Wir bekamen dann das Essen preiswerter. Oma schlief mit uns im Zimmer. Wenn Vater wieder abgereist war, zog sie zu Mutter ins Zimmer. Wir hatten dann unser eigenes Reich, wie in Köln.

Die Jahre darauf mieteten die Eltern eine große Wohnung, die dem Metzger auf der Insel gehörte. Die letzten beiden Jahre, die wir auf der Insel verbrachten, wohnten wir im Hotel Hanken an der Zedeliusstraße, nicht weit vom Café Pudding entfernt. Das hat mir besonders gut gefallen. Mein Geburtstag am 28. August fiel immer in die Ferienzeit. Dann brachten die Angestellten mir eine Geburtstagstorte und alle sangen mir ein Geburtstagsständchen. Ich habe mich dabei immer etwas geniert, aber trotzdem war es sehr schön, so im Mittelpunkt zu stehen.

Es war auch in einem dieser beiden Jahre, zum Ende unseres Urlaubs, Vater war auch bereits wieder bei uns, als Werner mit einem anderen Jungen, der auch in unserem Hotel wohnte, leere Flaschen klaute, die hinter einem Laden in Kisten aufbewahrt wurden. Der Bretterzaun war für die beiden kein großes Hindernis, sie machten hinten reichlich Beute und bekamen vorne im Laden dafür das Geld. Werner kaufte sich davon eine sehr schöne Anstecknadel mit einem Boot darauf, und unten stand dann WANGEROOGE. Er hatte schon lange ein Auge darauf geworfen, konnte Mutter aber nicht zum Kauf überreden. Vater wollte von ihm natürlich wissen, woher er das Geld dafür hatte. Er ließ nicht locker, glaubte Werner auch nicht, das Geld gefunden zu haben.

Letztendlich gab Werner alles zu. Er musste zusammen mit dem anderen Jungen das Geld in den Laden zurückbringen und sich entschuldigen.

Es war Tradition, dass wir uns am Ende des Urlaubs im Café Pudding einen Eisbecher aussuchen durften. Darauf freuten wir uns schon den ganzen Urlaub. Wir entschieden uns immer für den größten und teuersten von allen, das war der „Leuchtbecher". Um den verspeisen zu können, knieten wir uns auf unsere Stühle, so groß war er, und reichlich dekoriert mit glitzernden Figuren an einem Stab, die wir jahrelang aufhoben. Es war einfach köstlich, aber ich habe nie den ganzen Becher aufessen können, Mutter half mir dabei. Diesen Höhepunkt verpasste Werner in diesem Jahr. Zur Strafe für sein Verhalten durfte er nicht mit.

Das Leben auf der Insel spielte sich am Strand ab. Um den Strandkorb herum wurde jede Menge Sand ausgehoben und zu einem Wall ringsherum aufgetürmt. Das gab einem ein geborgenes, gemütliches Gefühl wenn man im Strandkorb saß, was bei uns Kindern selten genug vorkam. Nur wenn wir lange in der Nordsee den hohen Wellen entgegengesprungen waren, mit blauen Lippen und eiskalten Händen und Füßen, dann war es im Bademantel, im Strandkorb aneinandergekuschelt, unheimlich gemütlich.

Nachmittags besorgte Mutter beim Bäcker immer eine große Tüte voller Hefe Teilchen und Amerikanern. Die Luft und das Meer machten hungrig, und so fraßen wir ihr fast die Haare vom Kopf, wie sie manchmal lachend sagte.

Meine Erinnerungen an Wangerooge sind fest mit Herrn Ungermann, dem Fotografen, verbunden. Er lief mit seiner Kamera oft am Strand auf und ab und rief mit lachender Miene: „Hallo, ein Foto von Ungermann, der alles kann!!“ Manchmal liefen wir mit einer Horde Kinder hinterher und alberten herum: „von Ungermann, der gar nix kann!“ Das war sehr ausgelassen und lustig, und Herr Ungermann hat mitgelacht.

Mutter ging jeden Vormittag zum Kurhaus, um dort gereinigtes Meerwasser zu trinken, das taten die meisten Urlauber, es sollte sehr gesund sein. Für Kinder gab es Meerwasser mit Orangenzusatz, das schmeckte aber trotzdem sehr salzig und wir waren schwer zu überreden, von dem gesunden Wasser zu trinken. Mutti schaffte es manchmal, uns zu überreden, dann musste sie uns aber eine Belohnung in Aussicht stellen. So war es auch dieses Mal, wir würgten uns das Wasser hinunter, denn am Nachmittag gab es ein Eis, so richtig mit Hinsetzen, in einem Café. Auf dem Wege dorthin, Mutti trug offene Sandalen, blieb sie mit dem kleinen Zeh auf dem beschädigten Klinker Weg an einem spitzen Stein hängen und verletzte sich. Sie hatte große Schmerzen, konnte nur noch humpeln. Sie wollte wieder zurückkehren, denn ihr war nicht mehr nach Eisessen zumute. Aber Werner und ich ließen nicht locker. Wir redeten so lange auf sie ein, bis sie mit uns zum Eiscafé ging.

Später haben wir es bereut, so lieblos gewesen zu sein, denn der Zeh schwoll sehr stark an, und der Arzt stellte einen Bruch fest. Mutti hat uns unser Verhalten auch sehr übel genommen und Vater davon erzählt, als er uns abholen kam. Der hat gesagt, wir sollten Muttis Schwäche, uns nichts ausschlagen zu können, nicht so ausnutzen.

Es gab eine sehr gefährliche Begebenheit, die Werner fast das Leben gekostet hat. Wir waren ziemlich weit vom Ort und Hauptstrand entfernt, kein Mensch in Sicht, als wir gedankenverloren und nach schönen Muscheln suchend bei Ebbe eine lange Strecke auf das Meer zuliefen, das weit zurück am Horizont zu sehen war, durch einen Priel gefüllt mit Wasser hindurch auf einer Sandbank entlang. Ich sah irgendwann, dass das Meer wieder auf uns zurollte. Es umspielte schon unsere Knöchel. Ich schaute mich um und sah mit Schrecken, dass wir bereits vom Meer eingeschlossen waren. Rings um uns herum war nur Wasser. Wir standen auf einer Anhöhe im Meer. Ich schrie: „Werner, schnell, wir müssen sofort zurück!“ Der kleine Kerl erkannte den Ernst der Lage überhaupt nicht. Er wollte weiterspielen. Ich war mir meiner Verantwortung als große Schwester sehr bewusst. Ich musste uns in Sicherheit bringen. Nichts wie zurück!

Das Meer zog uns mit gewaltiger Kraft nach jeder Welle wieder zurück. Wir konnten uns kaum auf den Beinen halten. Ich zerrte Werner mit all meiner Kraft hinter mir her. Er weinte und schrie vor Angst. Er erkannte plötzlich auch die Gefahr und geriet in Panik. Er verlor immer wieder den Boden unter den kleinen Füßen, aber ich ließ ihn nicht los, ich kämpfte verzweifelt um jeden Schritt nach vorne. Wir gelangten wieder in den tieferen Teil, wo vorher der Priel war, Werner stand das Wasser bis zum Hals. Ich weiß nicht mehr, wie ich es geschafft habe, ihn an Land in Sicherheit zu bringen. Wir lagen lange im Sand, bis wir uns wieder beruhigt hatten. Unseren Eltern haben wir nie davon erzählt. Das blieb unser Geheimnis.

Werner hatte eine besondere Gabe, er konnte jeden Dialekt, den er hörte, sofort originalgetreu nachmachen. Uns war es nicht erlaubt, den Kölner Dialekt zu sprechen. Das war strengstens verboten. Wir mussten Hochdeutsch reden. Im Urlaub kamen die anderen Kinder aus den unterschiedlichsten Regionen Deutschlands. Das war für meinen Bruder eine richtige Fundgrube. Er machte die Dialekte alle so gut und auch sehr lustig nach, dass selbst mein Vater lachen musste. Aber so etwas war eine Ausnahme.

Manchmal durften wir uns auch Fahrräder ausleihen und alleine Radtouren machen. Einmal, es war da schon etwas windig, fuhren wir auf der roten verklinkerten Straße in westliche Richtung davon. Wir bekamen zusehends immer mehr Rückenwind, wir hatten großen Spaß und lachten ausgelassen, wir waren so schnell und brauchten selber nicht mehr in die Pedale zu treten. In kürzester Zeit verwandelte sich der starke Wind in einen regelrechten Sturm.

Ich bekam es mit der Angst zu tun, wir stiegen von den Fahrrädern und drehten uns um. Es verschlug uns fast die Sprache, mit wie viel Kraft der Sturm uns entgegenkam. Werner konnte sich kaum selber auf den Beinen halten, geschweige denn sein Fahrrad schieben. So nahm ich es und Werner hielt sich daran fest, ich schob und zog, mir wurde vor Anstrengung richtig schlecht, aber ich konnte ja nicht aufgeben, ich war verantwortlich. Wir brauchten zwei Stunden, den relativ kurzen Weg zurückzulegen. Werner und ich waren am Ende unserer Kräfte, aber heilfroh, es geschafft zu haben.

Ich liebte es, alleine am Strand entlangzulaufen, den Wind zu spüren, meinen Gedanken freien Lauf zu lassen und ungestört nach kleinen Schätzen, die das Meer freigab, zu suchen.

Ich habe mich mein weiteres Leben lang sehr oft nach Wangerooge und diesem Gefühl von Freiheit zurückgesehnt. Aber bisher bin ich noch nicht wieder da gewesen. Vielleicht ist es auch die Angst vor meinen Gefühlen, die mich dort einholen würden.

Klettenberg

Unsere Eltern hatten häufig Geschäftsfreunde von Vater zu Besuch. Wir Kinder bekamen vorher regelrecht Regieanweisungen. Wir wussten genau, worauf es ankam, und wie wir uns zu benehmen hatten. An einem bestimmten Punkt wurden wir beide von Oma ins Wohnzimmer geleitet und begrüßten dann recht artig und wohlerzogen die Gäste, die sehr begeistert von uns waren. Wir beantworteten dann Fragen über Schule oder was wir mal werden wollen, wenn wir groß sind. Ich war bei diesen Aktionen innerlich wie gelähmt, fühlte mich schrecklich unwohl in diesen Situationen. Werner allerdings nahm das alles nicht so ernst, lachte und sprühte vor kindlichem Charme. Ich war immer heilfroh wenn es hieß: „So, ihr Kinder, jetzt aber ab ins Bett!“

Eine dieser Begegnungen ist mir ganz besonders in Erinnerung geblieben. Vater erwartete abends Geschäftsbesuch, einen Herrn Ungeheuer. Den Eltern war es besonders wichtig, dass wir bei der Vorstellung des Gastes ja nicht über den Namen grinsen oder sogar lachen mussten. Das wurde uns sehr ernsthaft klar gemacht. Werner und ich kicherten den ganzen Nachmittag und rätselten darüber, wie dieser Gast wohl aussehen würde. Der Abend kam, und wir wurden ins Wohnzimmer gebeten. Ein großer, schlanker Herr kam lächelnd auf uns zu, gab uns die Hand und sagte: „Ich bin das Ungeheuer.“ Das war so herzerfrischend, und wir lachten alle zusammen.

In der Vorweihnachtszeit, eigentlich fing es schon immer im Oktober an, verwandelte sich ein Teil unserer Wohnung regelrecht in einen Lagerraum. Vater und Mutter fuhren auf Einkaufstouren. Sie besorgte sehr geschmackvolle und teilweise auch sehr wertvolle Geschenke für Vaters wichtige Kunden: Perserbrücken, alte orientalische Vasen, Bilder, Kisten mit Champagner, edlem Wein, Cognac, und vieles mehr. Auch für die Sekretärinnen kaufte Mutter begehrte Dinge, wie Parfum, schöne Strümpfe, große Schachteln mit Pralinen. Vater fuhr dann kurz vor Weihnachten tagelang mit diesen Dingen zu seinen Geschäftsfreunden und bedankte sich damit für die gute Zusammenarbeit.

Manchmal durften Werner und ich auch mit, wenn die Eltern Einladungen von Geschäftsfreunden erhielten. Darauf wurden wir sehr gewissenhaft vorbereitet. Wir erhielten genaue Anweisungen, wie wir uns zu verhalten hatten, was wir sagen, und vor allen Dingen, worüber wir auf gar keinen Fall sprechen durften. Auch wurde uns klar gemacht, dass wir auf Fragen sehr höflich antworten, aber bei bestimmten Dingen sagen sollten, „das wissen wir nicht, da müssen Sie Vater fragen“. Manche Leute, die wir besuchten, wohnten in großen Villen. Manche hatten sogar Schwimmbecken im Haus. Wir waren dazu angehalten, das als Normalität zu betrachten, nicht eingeschüchtert zu sein, alles in allem, so zu tun, als wäre das für uns etwas ganz Alltägliches. Dieses Verhalten ist irgendwann für uns Kinder ganz selbstverständlich geworden. Es ist in Fleisch und Blut übergegangen. Wir wussten genau, was von uns erwartet wurde.

Vater kaufte Mutter sehr viel teuren Schmuck, den sie sehr liebte. Sie trug immer zum Kollier das entsprechende Armband und die passenden Ohrringe. Sie hatte wunderschöne Ringe, sie lackierte ihre Fingernägel immer rot, es passte alles zusammen. Vater kannte einen Kölner Juwelier, der öfters mit einer Auswahl an erlesenen Stücken zu uns nach Hause kam, dann wurde gemeinsam entschieden. Mutter zog manchmal die entsprechende Garderobe dazu an, um besser auswählen zu können. Vater schenkte den Schmuck niemals selber, das durften wir machen. Es erfüllte uns mit großem Stolz, wenn wir Mutter die hübschen Schachteln mit dem kostbaren Inhalt überreichten. Mutter sagte auch immer, wenn sie den Schmuck trug: „Das hat mir Werner geschenkt“ oder auch: „Diese Kette ist von Brigitte.“ Das freute uns sehr.

Unsere Eltern waren öfters auf offiziellen Veranstaltungen, gingen in den Gürzenich und speisten in den besten Restaurants, wie zum Beispiel in der Bastei, die damals Herrn Blatzheim, Romy Schneiders Stiefvater, gehörte. Sie waren ein Teil der Kölner Gesellschaft und verkehrten in eben diesen Kreisen. Wir hatten auch ein Theaterabonnement. Da Vater meistens keine Zeit hatte, gingen Werner und ich oft mit hin.

Wenn Vater zu Hause war, drehte sich alles um ihn, Mutti und Oma verwöhnten ihn nach Strich und Faden. Er bekam sein gewünschtes Essen serviert, er rief, wenn er etwas brauchte. Er machte selber keinen Handschlag. Er war dann auch recht gut gelaunt, wenn alle nach seiner Pfeife tanzten. Er sagte dann sehr oft lachend im Befehlston: „Alles hört auf mein Kommando!" Das alles war für uns ganz normal, und wir Kinder fühlten uns wohl, wenn Vater da war. Manchmal durften wir uns an seinen ausgestreckten Arm hängen, und er ließ uns beide zusammen so lange in der Luft, bis wir uns nicht mehr festhalten konnten. Er hatte früher viel Sport getrieben, er war Handballer und Bogenschütze und immer noch bärenstark, wie er selber von sich sagte.

Es wurde oft und ausgiebig gefeiert, auf dem Balkon stand dann eine kleine Blechwanne gefüllt mit Eis, die mit Flaschen alkoholischer Getränke gefüllt war. Es wurde dann auch viel gesungen und erzählt. Das Lieblingslied meines Vaters war das wachsame Hähnchen:

Wer kaufet, wer kaufet
ein wachsames Hähnchen?
Wer kaufet, wer kaufet einen wachsamen Hahn?
Er krähet so lustig seine kikerikikikiki,

Er schmetterte dieses Lied aus voller Brust, und alle fielen in den Refrain ein:

seine rucketucketucketuktuk, seine falderallallallalah!
Er krähet so lustig seine kikerikikikiki,
seine rucketucketucketuktuk, seine falderallallallalah!

Schräg gegenüber unserem Haus stand ein Kiosk, Büdchen, wie die Kölner dazu sagen. Da wurde ich öfter hingeschickt, Zigaretten oder auch Getränke zu holen. Mutter rauchte „Finas" und Vater „Senoussi". Sehr oft gab es dann für uns Kinder ein Eis von Langnese oder auch eine Flasche Malzbier, die wir uns teilten. Der Kiosk-Besitzer hatte immer einen Vorrat an Flaschen mit POTT-Rum, den trank Vater am liebsten mit Coca Cola. Manchmal ging er morgens schon zum Kühlschrank, um sich die Cola zu holen. Ich wusste dann genau, was er dann in sein Glas dazutun würde.

Vater rauchte auch gerne dicke Zigarren, einmal zündete er eine mit einem Hundert-Mark-Schein an. Mutter wurde sehr böse, und wir Kinder wurden aus dem Zimmer geschickt.

Abends, wenn wir Kinder im Bett waren, saßen die Erwachsenen im Wohnzimmer um den großen runden Esstisch herum, der an Festtagen mit einer Einlegeplatte zu einem Oval erweitert wurde, und spielten „Mensch ärgere dich nicht". Dabei hatten sie viel Spaß, lachten und erzählten auch über die Sachen, von denen wir nichts erfahren durften. Das wussten wir sehr genau, denn einmal, als alle dachten, wir lägen bereits im Bett, hatten wir uns in der Sitzecke im Erker des Wohnzimmers hinter dem Sofa versteckt. Ich lugte ganz vorsichtig hervor und sah, wie Oma dem Vater einen richtigen langen Kuss auf den Mund gab. Das war mir sehr unangenehm und peinlich. Kurze Zeit später machten wir einige Geräusche, so dass wir entdeckt wurden. Oma sagte dann ziemlich erschrocken zu allen: „Gut, dass wir nicht über bestimmte Dinge gesprochen haben."

Unser Zimmer war recht groß und wurde durch eine dünne tapezierte Holzwand vom Elternschlafzimmer getrennt. Die beiden Räume waren ursprünglich mit einer breiten Flügeltüre verbunden. Mein Bett passte genau in diesen ehemaligen Türrahmen. Werners Schlafcouch war auf der gegenüberliegenden Seite und dazwischen stand ein großer Holztisch, wie man ihn auch in Küchen hat, an dem wir auch meistens unsere Hausaufgaben erledigten.

Im Elternschlafzimmer stand der große dunkle Kleiderschrank mit Spiegeltüren vor der Trennwand. Mutter hatte wunderschöne Kleider, Kostüme und Mäntel darin. Vater besaß 10 oder 11 Maßanzüge aus feinstem Zwirn. Er hatte auch einen niedrigen Schrank speziell für seine Hemden, Krawatten und Einstecktücher. Vater legte sehr viel Wert auf sein Äußeres, er sagte immer: „Wie du kommst gegangen, so wirst du auch empfangen."

Am Schwimmbecken: Vater (rechts), Werner und ich.

Nur an Wochenenden trug er „Räuberzivil", wie er sich ausdrückte. Auch rasierte er sich dann nicht. Bis sonntags, an denen wir sehr oft Ausflüge ins Siebengebirge oder die Eifel unternahmen, wuchsen ziemlich sichtbar rötliche Stoppeln in seinem Gesicht. Mit seinem verbeulten, speckigen Hut, dem alten kurzärmeligen Hemd, den Hosenträgern an der alten Kordhose sah er sehr abenteuerlich aus. Opa nannte ihn dann „Fuzzy, der Banditenschreck". Mutter war der Aufzug recht peinlich, aber uns Kindern gefiel es. Vater schien uns dann wie ausgewechselt.

Familienfoto mit Tante Inge (links).

Mutter hatte immer ein Fläschchen Underberg in ihrer Handtasche, denn mir wurde auf den Fahrten regelmäßig übel. Manchmal musste ich mich sogar übergeben, so schlecht ging es mir. Ich nippte dann winzige Tropfen davon und roch daran, dann ging es wieder so einigermaßen.

Wir kehrten auf unseren Fahrten auch regelmäßig irgendwo ein. Vater und wir Kinder warteten im Wagen und Mutter schaute nach, ob es auch das Richtige für uns war. Vater war darin sehr anspruchsvoll, er wollte schließlich nur das Beste für uns, wie er sagte. Ich erinnere mich noch sehr gut an eine Begebenheit. Wir waren abends in der Kölner Innenstadt in einem bekannten Brauhaus, das Essen wurde bestellt, und ich ging zur Toilette, wo eine Frau an einem Tischchen saß und mich nach Geld fragte. Ich sagte ihr, ich würde es anschließend bringen, müsse aber sehr nötig erst einmal aufs Klo. Die Frau ließ mich nicht auf die Toilette und schickte mich erst das Geld holen. Mein Vater war so empört, er ließ den Geschäftsführer kommen, der ihn als guten Kunden kannte, stornierte das Essen und verließ mit uns das Lokal.

In Köln gab es zu dieser Zeit ein sehr berühmt-berüchtigtes Gefängnis, das „Klingelpütz", wo so mancher schwere Junge seine Strafe abgesessen hat. Zu den Insassen gehörte auch mein Vater, wenn auch nur für ein Wochenende. Er musste Freitagmittag antreten und wurde Sonntagnachmittag wieder entlassen. Der damalige Kölner Oberbürgermeister ging zu der Zeit mit Verkehrssündern sehr scharf ins Gericht, besonders Trunkenheit am Steuer, gepaart mit viel zu schnellem Fahren, wurde sehr hart bestraft. Er führte diese Wochenendmaßnahme ein. Das sollte abschreckende Wirkung haben. Bei meinem Vater war es ein wirkliches Schockerlebnis. Ich sehe ihn noch vor mir auf dem Sofa sitzen. Er wirkte wie ein gebrochener Mann und ließ sich von uns allen gebührend bedauern. Es hatte ihn wirklich empfindlich getroffen, als die Türe ins Schloss fiel und der Schlüssel herumgedreht wurde. Er musste zudem auch seinen Führerschein für ein Jahr abgeben. Vater nahm sich für diese Zeit einen Chauffeur, einen sehr netten jungen Mann. Wenn Vater an bestimmten Tagen nur im Büro war, wurden wir von ihm herumkutschiert. Im Sommer fuhr er mit uns recht oft nach Bad Honnef ins Schwimmbad. Das haben wir alle sehr genossen.

So lange ich mich zurückerinnern kann, hatte ich einen recht empfindlichen Magen. Wenn ich mir über irgendetwas Sorgen machte, was recht oft geschah, oder vor einer Klassenarbeit oder auch sogar vor einem Besuch bei Freunden und Familie mit den Eltern, hatte ich Bauchgrummeln und Magendrücken. Ich verbrachte auch stundenlang auf der Toilette, weil ich meistens Verstopfung hatte. Es war eine richtige Qual und manchmal so schlimm, dass mir Oma einen Einlauf gab. Dafür wurde eine Decke auf den Küchentisch gelegt, und ich musste mich dann darauf legen. Ich wäre am liebsten weggelaufen, so peinlich und erniedrigend war das für mich. Mutter stand daneben und hielt mich fest, weil ich mich dagegen wehrte, weinte und schrie, aber es nutzte alles nichts, es musste sein.

In der Schule durfte ich die ersten Jahre nicht am Sport teilnehmen. Die Ärzte stellten bei mir einen Herzklappen-Fehler fest, auch litt ich unter Anämie und meine inneren Organe waren unterentwickelt. Das Schlimmste aber waren die Erstickungsgefühle, an denen ich sehr oft litt. Ich bin sogar in meiner Not zu unserem Zahnarzt gegangen, damit er nachschaut, ob mir etwas im Hals steckt. Werner hat mich dahin begleitet und vor der Haustür gewartet. Der Arzt konnte mich beruhigen, geholfen hat es allerdings nicht. Den Zahnarzt mochte ich recht gern, er ging sehr auf meine Ängste ein. Aufgrund einer Behandlung mit Radiumstrahlen, mir wurde ein Blutschwamm auf meiner rechten Gesichtshälfte entfernt, verlor ich schon mit acht Jahren zwei obere Vorderzähne, hatte ständig Kiefervereiterungen. Ich erinnere mich, einmal hatte ich ein Gesicht dick wie ein Osterei.

Werner war ein sehr kränklicher Junge. Er hatte immer irgendetwas. Er bekam Mundfäule, was sehr schmerzhaft für ihn war, er konnte kaum essen und trinken, alles brannte fürchterlich in seiner Mundhöhle. Er bekam auch die Polypen gekappt, weil er kaum Luft durch die Nase bekam. Ich habe ihn aber darum ein wenig beneidet, denn er durfte drei Tage nur Eis essen. Als Werner sieben oder acht Jahre alt war, diagnostizierten die Ärzte bei ihm Osteomyelitis, eine Knochenhautentzündung im rechten Oberschenkel. Er kam in die Uni-Klinik in Köln, wo man ihm einen Teil des Knochens entfernte und ein Stahlstück an Stelle des Knochens einnagelte. Der arme Kerl bekam einen Gips bis zur Hüfte. Beide Beine wurden durch eine Verstrebung voneinander gespreizt. Das gesunde Bein wurde bis zum Knie, das kranke bis über die Wade eingegipst, mit einer Öffnung zwischen seinen Beinen und an der Wunde, damit sie versorgt werden konnte. Die Narbe war fast so lang wie sein ganzer Oberschenkel.

Er musste neun Monate im Krankenhaus verbleiben, und Mutti und Oma waren in der Zeit täglich mehrere Stunden an seinem Bett.

Im Krankenhaus bekam er dann auch noch eine nasse Rippenfellentzündung. Es stand so schlecht um ihn, dass er zweimal die letzte Ölung erhielt. Er konnte auf Befragen nicht mehr sagen, ob er evangelisch oder katholisch war, so hat der katholische Geistliche ihn vorsichtshalber geölt. Er überlebte, aber mein Vater, der von diesem Vorgang erfuhr, hat sich fürchterlich aufgeregt und sich beschwert, weil man in seinen Augen einem Kind so etwas nicht antut.

Werner wurde von den Schwestern sehr verwöhnt. Er war der Liebling der Station. Er thronte förmlich in seinem Bett. Als er wieder zu Hause war, hatte er nicht nur etliche Kilo zugenommen, er erwartete auch, dass alle Handreichungen für ihn gemacht wurden, kurz gesagt, es drehte sich alles nur um ihn und seine Bedürfnisse.

Ich zog mich, wie ich es vor Werners Krankheit auch manchmal gemacht hatte, immer mehr in meine Ecke unseres Zimmers zurück und las. Ich verschlang förmlich die Bücher. Ich durfte auch alles lesen. Der große Bücherschrank stand mir offen. Ich tauchte ein in bislang unbekannte Welten, dadurch konnte ich meine Situation ganz gut ertragen. Du bist ja die Vernünftige, du verstehst das schon. Das war der Spruch, der immer dann von Oma und Mutter kam, wenn ich mich zurückgesetzt fühlte und mich darüber beschwerte.

Selbst als ich mit einem Blinddarmdurchbruch acht Tage lang im Krankenhaus lag, war es Vater, der mich hinfuhr und auch dafür sorgte, dass ich nicht auf die Kinderstation musste. Ich wollte mit meinen zehn Jahren um jeden Preis auf die Frauenstation. Ich fühlte mich nicht als Kind. In dieser Zeit hatte ich dreimal Besuch, ich verstand das ja, sie hatten mit Werner viel Arbeit und machten sich seinetwegen auch große Sorgen. Ich war ja vernünftig.

Mr. Piller war nicht nur unser Kater, er war eine Persönlichkeit. Vater brachte ihn eines Tages mit. Er versteckte ihn im Kohlenfach unseres Küchenherdes und forderte mich auf, nachzuschauen, ob noch genug Kohle darin war. Ich fand das zwar ein bisschen komisch, weil Vater sich um solche Dinge sonst nie kümmerte. Die Freude war riesengroß als ich den kleinen schwarz-weißen Kater sah. Er wuchs zu einem großen stämmigen Kerl heran, stolz und unabhängig. An den beiden Markttagen, mittwochs und samstags, war auf dem mittleren und unteren Teil des Klettenberggürtels Wochenmarkt. Dann versuchten wir immer, ihn im Hause zu halten; denn er hatte bereits einmal von einem Fischstand eine große Makrele gestohlen. Die Marktfrau kam zu uns nach Hause und erzählte uns, wie Mr. Piller auf die Theke sprang und blitzschnell mit der Beute abhaute. Vater bezahlte den Schaden, war aber sehr stolz auf den kleinen Räuber.

Manchmal war er zu unserem Kummer tagelang verschwunden, wir suchten dann überall nach ihm, ohne Erfolg. Aber dann war er plötzlich wieder da, völlig abgekämpft, ein Ohr halb abgerissen. Einmal hat er bei einem Kampf sogar ein Auge verloren. Dann wollte er nur noch schlafen. Er ließ es dann auch zu, dass wir Kinder ihm dann manchmal Puppen-Sachen anzogen und ihn in meinem Puppenwagen durch den Klettenbergpark fuhren. Sogar das Mützchen durften wir ihm aufsetzen, er ließ sich das alles gefallen und schlief selig weiter.

In der Nonnenstrombergstraße gab es in einem Souterrain ein Obst- und Gemüsegeschäft, in dem ich ab und zu einige Besorgungen machte. Ich erinnere mich, dass ich Rosenkohl und Blumenkohl immer verwechselte, ich konnte nie behalten, was ich mitbringen sollte. Alle Eselsbrücken, die ich mir im Kopf baute, halfen nichts. Ich bekam es einfach nicht auf die Reihe. Rosen waren ja Blumen, und Blumenkohl bestand aus kleinen Rosen, einmal musste ich dreimal wieder nach Hause gehen, weil ich es wieder vergessen hatte. Mutter und Oma glaubten, ich hätte das extra gemacht, so blöd könne ja kein Mensch sein. Aber es war so. Ich konnte nichts dafür.

Werner und ich stritten uns sehr oft, wie die Kesselflicker wurde dann geschimpft. Ich muss gestehen, dass ich ihn mit Vergnügen bis zur Weißglut getrietzt habe. Besonders gefiel es mir, Werner zu ärgern, wenn wir alle zusammen am Küchentisch saßen. Er war ja sonst immer der Liebe und ich das Rabenaas, aber ich hatte so meine Methode. Ich saß ganz unschuldig da und guckte scheinheilig, aber summte ganz unauffällig und leise: „Hm hm hm hm" – das war das Erkennungszeichen für Schmuddel Lieschen, das wusste Werner ganz genau, ich brauchte ihn dabei nur noch leicht spöttisch anzusehen, dann wurde er richtig wild. Er schrie mich an und tobte lauthals. Dann wurde er ermahnt und zurechtgewiesen. Dann sagte sogar Oma: „Brigitte hat doch gar nichts gemacht, sei jetzt ruhig!"

Wenn es drauf ankam, hielten Werner und ich zusammen, auch wenn wir draußen mit anderen Kindern spielten, meinem kleinen Bruder durfte keiner was tun. Das besorgte ich schon selber, wenn es nötig war.

Ich musste daran denken, dass Werner als kleiner Junge ständig irgendeinen Mist baute. Als er in der 2. Schulklasse war, schrieb seine Lehrerin in sein Zeugnis: „Ihr Sohn Werner ist um keine Ausrede verlegen."

Ich weiß noch genau, dass unser Vater sich zwar bemühte, ihm ins Gewissen zu reden, aber alle waren über seine Eskapaden eher amüsiert, und auch ein gewisser Stolz war bei ihnen zu spüren. Werner, mit seinem Charme und unbändigem Selbstvertrauen, hatte nie ein schlechtes Gewissen oder Einsicht, er war eben so.

Ich erinnere mich an den Geburtstag eines kleinen Jungen, der Sohn eines Geschäftsfreundes unseres Vaters. Werner war dort mit einigen anderen Kindern eingeladen.

In den 50er Jahren war „Mecki" eine absolute Kultfigur, und Werner war ganz verrückt nach allem, was mit Mecki zu tun hatte. Wir hatten alle Mecki-Bücher, die Mecki-Figuren, und Werner trug sogar die Mecki-Frisur.

Das Geburtstagskind kam aus sehr wohlhabendem Hause und es wurde auch sehr großzügig und ausgelassen gefeiert. Bis zu dem Moment, wo der große Schokoladenmecki des kleinen Gastgebers vermisst wurde, der eine besondere Geburtstagsüberraschung war. Werner wurde dabei erwischt, wie er sich die letzten Reste in den Mund schob. Das fürchterliche Geschrei begann, das Geburtstagskind war nicht mehr zu beruhigen, und die Party war vorbei.

Wir verbrachten unsere freie Zeit sehr oft im Klettenbergpark, wo wir gerne mit anderen Kindern „Räuber und Schanditz" spielten. Wir heckten immer etwas aus, fühlten uns frei und unbeschwert. Im Winter, wenn der Weiher endlich zugefroren war, liefen wir stundenlang mit Schlittschuhen über das Eis. Wir bekamen nicht genug. Wenn es dann auch endlich schneite, fuhren wir mit Begeisterung mit unserem Holzschlitten die Hügel dort hinunter, sie kamen uns Kindern ganz schön hoch vor. Oben an der Luxemburger Straße war ein Kiosk, dort konnten wir uns heißen Kakao in kleinen Flaschen kaufen. Das war köstlich, und die Flaschen erwärmten unsere kalten Hände.

Zu Hause hatten wir einen sehr großen Garten, sogar mit Schwimmbecken, den Opa noch mit Beton höher gemacht hat, damit er auch eine vernünftige Tiefe hatte. Wir mussten auf einer Betontreppe hochsteigen, wenn wir hinein wollten. Da gab es auch eine Brause, wo wir uns vor- und nachher abduschen konnten.

Allerdings nur mit kaltem Wasser, was nicht so angenehm war. Es gab viele Obstbäume und Johannisbeersträucher, aber ich kann mich nicht daran erinnern, dass wir Kinder oft dort gespielt haben.

Meine ersten vier Jahre auf der Manderscheider Schule verliefen recht unspektakulär, ich ging gerne hin und brauchte auch nicht viel zu lernen. Vater war sehr stolz auf mich, er sagte oft: „Brigitte hat meine Intelligenz geerbt." Tatsächlich brachte ich nur Einsen und Zweien im Zeugnis mit nach Hause. Mein Vater entschied dann, mich auf die Realschule in Köln-Sülz zu schicken. Meine damalige Lehrerin kam zu uns nach Hause, um Vater zu überreden, mich doch aufs Gymnasium gehen zu lassen. Doch Vater stand auf dem Standpunkt, ich würde mal Sekretärin werden und dann sowieso auch heiraten und Kinder bekommen. Da meine beste Freundin Marion auch auf die Realschule gehen sollte, war ich mit Vaters Entscheidung ganz zufrieden.

Veränderung

Uns Kindern wurde regelrecht eingebläut, nichts darüber nach außen zu tragen, was sich bei uns zu Hause abspielte. Wir durften auf keinen Fall etwas darüber erzählen, was wir von den Erwachsenen gehört hatten. „Man beschmutzt nicht das eigene Nest", bekamen wir immer wieder zu hören.

Ich weiß nicht mehr, wann es damit anfing, dass sich die Eltern immer mehr stritten. So lange ich denken kann, hat Vater immer mal wieder herumgebrüllt, wenn ihm etwas nicht passte. Es gingen auch schon mal Gegenstände zu Bruch. Ich hatte dann auch immer Angst, aber jetzt geschah es immer öfters. Besonders nachts wachte ich oft auf. Durch die dünne Wand bekam ich alles mit. Ich rollte mich dann auf die andere Seite, mit dem Rücken zur Wand und presste ein Ohr ganz tief ins Kopfkissen, ins andere Ohr steckte ich ganz fest einen Finger rein. Wenn ich dann immer noch was hörte, summte ich leise, dann bekam ich nichts mehr mit.

Es traten auch schleichend andere Veränderungen ein, die Stimmung zu Hause war gedrückt. Ich spürte, dass etwas Schlimmes geschah, konnte aber nicht genau benennen, was es war. Ich machte mir große Sorgen.

Auch ging es Mutter manchmal gar nicht so gut, sie schien sich verändert zu haben. Manchmal war sie so aufgedreht, lachte und war ausgelassen und laut, dann wieder sehr traurig und in sich gekehrt, saß nur da, rauchte und starrte vor sich hin. Es wurde so schlimm mit ihr, dass sie sogar ihr Äußeres vernachlässigte, ihre Haare hingen strähnig herunter, und ihre Haut war ganz blass und sah aus wie glänzender Teig. Sie nahm auch sehr stark zu und wirkte aufgedunsen. Sie blieb auch manchmal tagelang im Bett, Oma versorgte sie dann, wir Kinder durften nicht zu ihr. Wenn sie dann aufstand, blieb sie meistens den ganzen Tag über im Bademantel, der gleiche, den sie auch am Strand auf Wangerooge getragen hatte. Sie konnte sich nicht aufraffen, sich anzuziehen. Mutter musste dann in ein Sanatorium, zu Hause ging es so nicht mehr weiter. Vater erklärte mir, Mutter sei manisch depressiv. Das läge möglicherweise an den Wechseljahren. Sie bekäme jetzt die beste Behandlung, und es würde alles wieder gut werden.

Oma und Opa waren für uns da, sorgten für uns, es kehrte wieder eine gewisse Normalität ein. Aber es lag ein Schleier über allem. Vater war kaum präsent. Er arbeitete viel, wie er sagte. Er trank aber auch immer mehr. Das fand ich furchtbar. Er hatte sich sehr verändert. Die Großeltern saßen öfters in der Küche zusammen und wirkten sehr niedergedrückt. Ich verstand die Welt nicht mehr.

Als Mutter endlich aus dem Sanatorium wieder nach Hause kam, wirkte sie viel selbstbewusster und nahm auch wieder teil an unserem Leben. Eine gewisse Normalität trat wieder ein. Ich war glücklich, glaubte, es würde alles wieder gut. Aber die Stimmung in unserer Familie blieb verändert, nichts war mehr wie früher. Oma sorgte dafür, dass wir Kinder Mutter nicht mit „dummem Zeug" belasteten und sie ihre Ruhe hatte.

Wenn wir von der Schule nach Hause kamen, hatte Oma das Essen für uns gekocht, danach legte Mutti sich ins Wohnzimmer auf ihren bequemen Sessel, die Beine auf einen Hocker mit einer Decke zugedeckt, und schlief oder ruhte ungefähr zwei Stunden. Wir mussten dann ganz stickum sein, um Mutter nicht zu stören. Einmal zeigte Opa uns dann, wie man Toffee selber zubereitet. Butter und Zucker in der Pfanne zerschmelzen und bräunen, dann zum richtigen Zeitpunkt Büchsenmilch dazurühren. Es schmeckte köstlich. Opa hat uns damit manch bittere Zeiten versüßt. Noch heute überkommt es mich manchmal, dann muss ich mir einfach Toffee machen, so wie früher, dann ist Opa mir wieder ganz nah.

Im März 1960, ich war 13 Jahre alt, feierte ich meine Konfirmation. Im Tersteegenhaus an der Emmastraße fand der feierliche Akt statt. Selbst mein Vater ging mit in die Kirche. Meine Patentante Klara kam wie immer zu spät und verpasste fast den wichtigsten Teil. Ich habe mich sehr über meinen Konfirmationsspruch gefreut, der Pfarrer hat mir vorher schon gesagt, dass er für mich einen besonders passenden gefunden hätte.

„Selig sind die reinen Herzens sind, denn sie werden Gott schauen."

Ich fühlte mich sehr unwohl in dem schwarzen Moiré-Kleid, das zu allem Überfluss auch noch eine dicke Blume aus schwarz-weißem Stoff auf der linken Brust hatte. Lang und dünn, wie ich war, kam ich mir richtig verkleidet vor und zupfte ständig an mir herum. Vater hatte einen separaten Raum in der Gaststätte Unkelbach an der Luxemburger Straße für Familie und Gäste reserviert. Dort speisten wir dann an einem festlich gedeckten Tisch. Es war sehr ungewohnt, so im Mittelpunkt zu stehen, und auch sehr anstrengend.

Am Tag vorher klingelte es mehrfach an der Haustüre, und es wurden große Blumengebinde, Präsentkörbe und andere Geschenke gebracht. In den Briefumschlägen der Grußkarten lagen Geldscheine mit dabei. Es war wie in einem Schauspiel. Ich hatte zu all dem keinen Bezug. Vaters Geschäftsfreunde hatten es sich nicht nehmen lassen, mich reich zu beschenken.

Von Oma und Opa bekam ich einen wunderschönen goldenen Armreif, mein Lieblingsgeschenk. Über viele Sachen, die schon für meine Aussteuer gedacht waren, habe ich mich überhaupt nicht gefreut, ich habe mich höflich bedankt und so getan als ob.

Es muss zu dieser Zeit in der Firma meines Vaters schon gekrieselt haben, denn Mutter ließ einige Sprüche los. Die wollen dich billig abspeisen, die haben dich übers Ohr gehauen, dir steht doch noch viel zu, mein Vater wehrte ab. Vater war an der Gründung der Montanunion beteiligt und hat sich dadurch, wie er sagte, das Wasser selber abgedreht. Die Umstellung der Großkonzerne auf Öl anstelle von Kohle hat auch dazu beigetragen, dass die Geschäfte bergab gingen.

Einmal, als die Erwachsenen sich unterhielten, habe ich mitbekommen, dass Vater die Kunden nicht nur groß zum Essen ausführte, sondern auch in Bordelle mit ihnen ging und es dort so richtig krachen ließ. Dadurch hätte er aber das Tagesgeschäft aus den Augen verloren. Mutti meinte, „die" hätten ihn beschissen.

Hinter verschlossenen Türen wurde in dieser Zeit von den Erwachsenen viel Geheimniskrämerei getrieben. Wir bekamen manche Dinge im Ansatz natürlich mit, versuchten auch, uns aus den Bruchstücken alles zusammenzureimen. Das hatte zur Folge, dass ich mir große Sorgen machte und sehr verunsichert war. Vater, der eigentlich immer sehr großspurig aufgetreten war und uns selbst zu Hause das Gefühl gab, er sei der Herrscher aller Reußen, erschien uns nunmehr abwesend und bedrückt.

Mit Mutter war es ein ständiges Auf und Ab. Ich wollte jetzt auch nicht mehr mit ihr Einkaufen gehen. Das habe ich sonst sehr oft nachmittags gemacht. Ich ging so gerne mit ihr in das Delikatessengeschäft an der Luxemburger Straße, nicht weit vom Klettenberggürtel. Meine Eltern waren Stammkunden dort, und ich durfte immer etwas Leckeres probieren. Doch Mutter benahm sich sehr merkwürdig. Sie erzählte von Familienangelegenheiten, auch Sachen, die mich schockierten, und war nicht mehr wieder zu erkennen. Ihre feine, eher zurückhaltende Art war völlig ins Gegenteil umgeschlagen. Ich schämte mich und wäre am liebsten in den Boden versunken.

Manchmal war Mutter richtig euphorisch, lachte viel und war wie aufgedreht, was uns Kindern auch irgendwie unheimlich vorkam. Ihr Lieblingsspruch ist mir immer noch in Erinnerung: „Kacke am Stöckchen ist auch ein Regenschirm!", sagte sie oft, und wir Kinder fanden das lustig und lachten. „Oma was not amused!"

Eines Nachmittags saß ich mit Mutter im Wohnzimmer, Oma war einkaufen, als es förmlich aus ihr heraus brach. Sie schien sehr verzweifelt zu sein und weinte. Sie beschwerte sich über Vater, wie brutal und herzlos er sich ihr gegenüber verhalten würde. Ich hatte großes Mitgefühl mit ihr, denn ich litt ja selber sehr unter den Wutausbrüchen und seinem aggressiven Verhalten. Dann erzählte sie mir über Vaters Wünsche im Bett, seine sexuellen Vorlieben und was er alles von ihr verlangte. Über seine sadistische Veranlagung und dass er meistens Analsex von ihr verlangen würde, was ihr überhaupt nicht gefiel. Sie ging mit ihrer Schilderung bis ins kleinste Detail, erzählte mir sogar von den Einläufen, mit denen sie sich vorher aus hygienischen Gründen reinigen müsse.

Ich war bis ins tiefste Mark erschüttert. Ich hatte bis dahin nur sehr romantische und ungenaue Vorstellungen über das, was zwei Menschen miteinander im Bett machen. Ich hatte auch gedacht, meine Eltern würden „so was" überhaupt nicht mehr tun. Sie waren doch schließlich schon recht alt.

Dann erfuhr ich auch, warum Opa Vater nicht mochte. Vor deren Verlobung kaufte er Vater einen sehr teuren Anzug mit zwei Hosen, einer normalen und einem Knickerbocker, wie man das damals so trug. Vater unterstützte zu der Zeit noch seine Mutter finanziell, deshalb zeigte sich Opa, der damals als Polier viel Geld verdiente, sehr großzügig. Ich konnte es gar nicht fassen, was Mutter mir dann an den Kopf warf. „Dein Herr Vater hat dann eine Andere geheiratet, in dem Anzug!“ Mutter war außer sich und schrie: „Der hat die nur wegen dem Geld geheiratet, die erbte doch mal die Brauerei.“

Ich erfuhr, dass Vater die Erbin einer bekannten Dortmunder Brauerei damals ein halbes Jahr kannte. Er war wohl ihre große Liebe. Dann wurde geheiratet. Vater hielt das Leben mit dieser Frau aber nicht lange aus. Es ging in diesem großen Haushalt mit vielen Angestellten sehr förmlich zu. Seine damalige Ehefrau bestand auch darauf, dass er beim gemeinsamen Essen das Jackett anbehielt, der Bediensteten wegen. Er fühlte sich in dieser Welt auf Dauer nicht wohl und wollte sich nicht anpassen. Die Ehe wurde geschieden, und Vater heiratete dann Mutter. Die beiden kannten sich schon seit ihrer frühen Jugend.

Nachdem ich diese schockierenden Tatsachen über Vater erfahren musste, war ich innerlich wie gelähmt, ich konnte dies alles nicht verarbeiten.

In diesem Jahr ging Mutter noch zweimal ins Sanatorium. Im Herbst feierten Opa Rudolf und Oma Maria ihren 45. Hochzeitstag. Mutter war zu dieser Zeit wieder einmal zu Hause, wir feierten ganz ruhig und für unsere sonstigen Verhältnisse auch recht bescheiden im kleinsten Familienkreis. Seitdem es Mutter schlecht ging, hatten wir die sonst regen Kontakte zu Vaters Seite der Familie in Essen und Opas Schwestern in Bad Honnef völlig eingestellt. Vater wollte nicht, dass das Ausmaß von Mutters Krankheit die Runde machte.

In diesem Jahr fuhren wir das letzte Mal gemeinsam nach Wangerooge, dieses Mal nur für drei Wochen, und Vater blieb die ganze Zeit über da.

Wir verbrachten den Urlaub im Hotel Hanken. Die Eltern gingen, wenn wir Kinder im Bett waren, meistens unten an die Bar und machten sich dort mit anderen Urlaubern einen schönen Abend. Ich erinnere mich noch ganz genau daran, dass ich eines Nachts mitten auf der Treppe zum Foyer aufgewacht bin. Ich war umringt von Angestellten und sah in dem Moment Vater und Mutter mit verdutzten Minen aus der Bar kommen. Ich stand da in meinem langen Nachthemd, war aber wie gelähmt und konnte keinen Schritt laufen. Vater trug mich zurück ins Zimmer und ich schlief sofort wieder ein.

Als kleines Kind bin ich oft Schlaf gewandelt. Ich habe sogar nachts im Schlaf die Holzrollläden in der Küche hochgezogen und bin im Garten herumgewandert. Meine Mutter, die zufällig zur Toilette musste, sah mich im hellen Mondschein auf dem schmalen Rand unseres Schwimmbeckens, den Opa erhöht hatte, herumlaufen. Im Becken befand sich zu dieser Zeit kein Wasser. Mutter hatte furchtbare Angst, ich würde mich beim Fallen schwer verletzen, sie weckte Vater auf. Sie holten mich behutsam wieder ins Haus und legten mich ins Bett. Von all dem habe ich nichts mitbekommen. Auf Wangerooge bin ich das letzte Mal schlafgewandelt, soviel ich weiß.

Vater musste sich beruflich umorientieren und arbeitete jetzt wieder im Angestelltenverhältnis. Er sprach nie zu uns Kindern über seine Tätigkeit, aber es war schon spürbar, dass wir bescheidener leben mussten. Wenn Oma und ich auf dem Markt einkaufen gingen, wurde sehr auf die Preise geachtet. Das war bis dato völlig unbekannt. Mir machte das nichts aus. Das Wichtigste war, dass endlich mit Mutter wieder alles in Ordnung kam.

Das nächste Mal, als Mutter wieder stationär behandelt werden musste, kam sie ins Landeskrankenhaus nach Bonn, in die Psychiatrie. Sie war bisher durch meinen Vater in einer privaten Krankenversicherung gewesen, dadurch konnte sie auch in einem Sanatorium untergebracht werden. Diese Versicherungsgesellschaft steuerte meinen Vater aus. Die Krankheit meiner Mutter war ihr auf Dauer zu kostspielig.

So kam es, dass durch die damals üblichen Aufnahmeuntersuchungen, wie den Wassermannschen Test, festgestellt wurde, dass Mutter an Syphilis im fortgeschrittenen Stadium litt.

Diese schockierende Diagnose wurde vor uns Kindern zu der Zeit geheim gehalten.

Schulzeit

In der Schule war ich eigentlich immer ein fröhliches, kommunikatives Mädchen. Ich gehörte keiner speziellen Gruppe an, ich kam mit den meisten ganz gut aus. Auf der Realschule war ich anfänglich eine sehr gute Schülerin. Eine meiner Lehrerinnen, ich kann mich nicht mehr an sie oder das Fach erinnern, sagte mir einmal sehr ernsthaft etwas, das ich nie vergessen habe. Vor der ganzen Klasse sagte sie zu mir: „Brigitte, aus dir wird noch einmal etwas ganz Großes werden." Mein Vater, dem ich das ganz stolz erzählte, meinte, meine Lehrerin hätte groß mit lang verwechselt. Aber seinem Gesicht war anzusehen, dass er doch stolz auf mich war.

Marion blieb meine beste Freundin, wir sahen uns auch oft nach der Schule bei ihr zu Hause. Bis ihre Eltern bauten, wohnte sie in einer Seitenstraße direkt am Gottesweg, wo ihre Eltern ein Elektrogeschäft hatten. Ihr Vater war Elektrikermeister, und ihre Mutter stand im Laden und verkaufte. Ihre Oma versorgte den Haushalt, wir Kinder spielten oder machten Hausaufgaben. Es war sehr harmonisch dort.

Aber auch mit Marion habe ich über die häuslichen Vorkommnisse und meine Gefühle und Ängste nie gesprochen. Erst viel später, ich war schon um die 50, habe ich mich öffnen können. Ich war ein Meister im Verdrängen. Rückblickend muss ich allerdings auch sagen, dass diese Haltung die Rettung für mich war. So bin ich immer nach vorne gegangen, anders hätte ich mein Leben nicht in den Griff bekommen. Nach einem Burnout mit 55 machte ich eine Psychotherapie, die mir geholfen hat, mich an viele Dinge wieder zu erinnern und sie gleichzeitig auch zu verarbeiten.

An einem Tag, an dem ich Marion besuchte, bemerkte ich aus dem Augenwinkel, wie ein Mann mir folgte. Er blieb etwas entfernt hinter mir stehen, als ich an Marions Haustüre klingelte. In dem Moment, als die Türe durch einen automatischen Drücker geöffnet wurde, meine Freundin wohnte in der zweiten Etage, sprang der Mann hinter mir schnell ins Haus und hielt mich am Arm fest. Ich riss mich los und rannte ein Stück die Treppe hinauf, als er mir zurief: „Bleib doch stehen, du sollst doch nur mal gucken!“ Da ich gut erzogen war, blieb ich stehen, drehte mich herum und erblickte ihn, die Hose hing um seine Knie, sein Penis war groß und steif, ich war total geschockt und erschrocken. Ich drehte mich blitzschnell um und rannte zu Marion in die Wohnung.

Es zieht sich wie ein roter Faden durch mein Leben, dass ich alles Erlebte erst einmal mit mir selber ausmachen muss. Erst viel später kann ich darüber sprechen, wenn überhaupt. So war es auch dieses Mal, Marion hat mir nichts angemerkt, erst im Erwachsenenalter habe ich ihr von der Episode erzählt. Sie konnte es nicht fassen, dass ich so etwas für mich behalten habe.

Ich weiß heute nicht mehr, wann es angefangen hat, doch langsam aber sicher entwickelte ich mich zur größten Freude meiner Mitschülerinnen zum Klassenclown. Meine Lehrer waren weniger begeistert, konnten sich mein verändertes Benehmen nicht erklären und waren ratlos. Meinem Vater gegenüber äußerten sie sich wohl recht diplomatisch. Sie wollten ihn wohl bei Laune halten. Er zeigte sich nämlich finanziell recht großzügig. Er schüchterte sie wohl durch sein weltmännisches Auftreten auch ein.

So hatte ich meinen Sonderstatus bei meinen Klassenkameradinnen und habe mir so meine Nische geschaffen, in der ich unantastbar war. Ich wurde sogar beneidet, denn ich konnte etwas, was sonst keiner schaffte. Ich trug eine Gaumenplatte oben im Mund, an der zwei Zähne befestigt waren, also eine richtige Prothese. Die konnte ich blitzschnell vor- und zurückschnellen, unbemerkt von den Lehrern, aber zur größten Freude der ganzen Klasse. Auch guckte ich manchmal unschuldig mit geschlossenem Mund und die beiden Zähne sichtbar, fast drakulös.

Nur die schulischen Leistungen ließen langsam aber merklich nach. Ich lernte nicht mehr. In vielen Fächern konnte ich mich so ganz gut durchlavieren. Nur in Mathe nicht, dieses Fach gehörte auch in besten Zeiten nicht zu meinen Favoriten. Dafür musste ich immer schon lernen. Im letzten Schuljahr hatte ich überhaupt keinen blassen Schimmer mehr, um was es eigentlich ging. Ich hatte schon lange den Anschluss an den Lehrstoff verpasst. Die Mauer, die ich um mich aufgebaut hatte, konnte niemand mehr durchdringen. Ich hatte mich jeglichem Leistungsdruck total verweigert.

Ich weiß heute, dass ich zu diesem Zeitpunkt bereits traumatisiert war, ich ließ niemanden mehr an mich heran. Zu Hause spitzte sich die Situation dramatisch zu, und ich machte alle Schotten dicht.

Mit Dorothea verband mich etwas, das ich nicht so recht in Worte fassen kann. Wir brauchten nämlich keine. Wir verstanden uns einfach. Dass sie zu Hause einen sehr schwierigen Stand hatte, erfuhr ich erst später auf einem Klassentreffen. Das war kurz vor ihrem Tod.

Doros Vater hatte zu Hause einen Weinkeller. Sie schmuggelte eine Flasche Wein mit in die Schule, die wir nach der 5. Stunde heimlich verließen, um uns im Beethoven-Park ein geeignetes Plätzchen für unsere kleine Feier zu suchen. Ich klaute zu Hause vier Zigaretten. Es war abenteuerlich, wir kicherten und tranken den Wein, der uns eigentlich gar nicht schmeckte, aber wir fühlten uns großartig und richtig erwachsen. Ich machte meinen ersten und für lange Zeit auch letzten Lungenzug. Nach langem Husten und gleichzeitigem Gelächter war ich plötzlich wieder Nichtraucher, die starke filterfreie Finas schmeckte scheußlich. Auf dem Heimweg konnte ich nur mit großer Anstrengung gerade gehen, ich schrammte öfter mit der rechten Hand die Häuserwand entlang, sie blutete, aber ich spürte keinen Schmerz. Zu Hause hat Gott sei Dank niemand meinen Zustand bemerkt.

Da ich zu Hause uneingeschränkten Zugang zur Bibliothek hatte, fiel mir auf, dass einige Bücher hinter den aufgestellten Buchreihen lagen. Das waren die interessantesten. Wahrscheinlich kann man einige Stellen darin mit den heutigen Pornoclips auf den Handys der heutigen Jugendlichen vergleichen. Ein Buch, welches es war, weiß ich heute nicht mehr, lieh ich Doro, die entsprechenden Seiten bereits mit Lesezeichen versehen.

Eines Abends klingelte es an der Haustüre. Ich machte auf und zu meinem Entsetzen stand dort Doros Vater mit dem Buch in seiner Hand und wollte meinen Vater sprechen. Er war sehr empört, dass ich seiner Tochter so eine Schweinerei zu lesen mitgebracht hatte. Ich werde nie vergessen, was mein Vater zu ihm sagte. „Das ist Weltliteratur. Meine Tochter hat dazu freien Zugang, ich verstehe Sie nicht.“

Als Doros Vater wieder weg war, erwartete ich ein Donnerwetter, aber er sagte nur zu mir: „Nächstes Mal fragst du, ob du ein Buch verleihen darfst, das nicht dir gehört.“

Bis zu unserem 45. Klassentreffen hatten Doro und ich uns vollkommen aus den Augen verloren. Sie lebte mit ihrem Mann in der Schweiz und war zur großen Überraschung aller ehemaligen Klassenkameradinnen das erste Mal dabei. Die Freude war riesig. Wir knüpften an alte Zeiten an, und zu meinem großen Erstaunen erzählte sie mir, sie hätte ein schönes Bild von meiner Konfirmation, aufgenommen in unserem Garten zusammen mit Werner und einem Freund. Sie versprach, es mir zu schicken. Ich hatte ganz vergessen, dass Doro auf meiner Konfirmation war, und endlich auch ein Bild von Werner zu bekommen, war der reinste Wahnsinn, denn ich besaß keins.

Einige Tage später erhielt ich das heiß ersehnte Bild mit der Post, und noch bevor ich einen Abzug für mich machen konnte, kam die Nachricht von ihrem Tode. Von ihrem Mann erfuhr ich, dass sie unheilbar an Krebs erkrankt gewesen war. Es war ihr letzter Wunsch, uns alle noch einmal wieder sehen zu wollen.

Im März 1960 zu Hause: Dorothea, Freund, Werner.

In der Pubertät war ich voller Unsicherheiten, für meinen Geschmack war ich viel zu dünn und auch zu groß. Ich beneidete die kleinen, niedlichen Püppchen, wie Evelyn, die sich vor Verehrern, die mit ihr „gehen" wollten, gar nicht retten konnte. Ich hatte zwar auch zwei Jungs, die mich gut fanden, aber die wollte ich nicht. Wenn ich auf dem Schulweg an einer Gruppe Jungs vorbeigehen musste, bin ich vor lauter Unsicherheit lieber auf die andere Straßenseite gegangen, weil ich mir sicher war, dass sie über meine langen dünnen Beine lachen würden.

Es war als wäre ich zwei unterschiedliche Personen. Auf unseren Klassenfahrten war ich unbeschwert und lustig, nahm begierig alles Neue auf und genoss das Zusammengehörigkeitsgefühl. Ich war Weltmeister im Verdrängen. Im letzten Schuljahr machten wir eine Klassenfahrt nach Holland. Wir wohnten auf einem Schiff mit kleinen Kajüten für vier Personen, und es ging eine Woche lang durch Hollands Grachten. Wir wohnten in dem schwimmenden Haus, das wunderbar sachte ständig hin- und herschwankte, Tag und Nacht. Immer unterwegs. Jeden Tag machten wir woanders Halt, gab es etwas Neues zu entdecken. Wir waren alle zusammen in Moses, den Schiffsjungen, verliebt, und jede meinte, die Auserwählte zu sein. Er war jedoch wirklich zu uns allen gleich nett.

Wieder zu Hause, überfiel mich eine tiefe Traurigkeit. Drei Tage lang spürte ich immer noch das leichte Schwanken des Schiffes, und ich musste über den Verlust dieses unwiederbringlichen, schönen gemeinsamen Erlebens tagelang immer wieder weinen.

Zusammenbruch

Im Landeskrankenhaus wurde meine Mutter das erste Mal nicht mehr nur wegen einer manisch-depressiven Verstimmung, sondern jetzt auch endlich ursächlich medizinisch behandelt. Sie kam auch nach längerer Zeit wieder nach Hause, und alles nahm wieder etwas Normalität an.

Im Sommer buchten die Eltern Urlaub mit dem Jugend-Fahrtendienst in einem Jugendhotel in Knokke Zoute, Belgien, für uns. Weil wir uns zu dieser Zeit sehr oft furchtbar stritten, fuhren Werner die ersten drei Wochen und ich anschließend, damit wir dort nicht aneinander gerieten. Ich arbeitete die Zeit vorher in einem Co-Op-Supermarkt, Regale auffüllen, um mir noch zusätzliches Taschengeld zu verdienen.

Bereits nach einer Woche rief der Gruppenleiter meinen Vater an, um ihm mitzuteilen, dass mein Bruder noch am gleichen Abend mit einem Erzieher mit dem Bus zurück nach Köln geschickt würde. Er habe dort gestohlen.

Wieder zu Hause, wurde Werner, zu meiner völligen Überraschung, recht verständnisvoll, ja, in meinen Augen sogar liebevoll, empfangen. Ich muss ehrlich gestehen, dass ich ein Donnerwetter erwartet hatte. Erst viel später erfuhr ich, dass Werner aus dem Jackett des Jugendleiters Geldscheine, die in einer Brieftasche in der Innenseite steckten, herausgenommen hatte. Und das mehrfach. Auch Kleingeld in der Seitentasche war für ihn schnelle Beute. Er fiel dadurch auf, dass er andere Jungs einlud, sich also sehr spendabel zeigte.

Kurz nach den Sommerferien wurde Oma sehr schwer krank. Die Ärzte diagnostizierten Unterleibskrebs, und sie kam in die Uni-Klinik und wurde operiert. Sie litt sehr große Schmerzen, die Ärzte machten meine Eltern auf das Schlimmste gefasst. Es gab keine Hoffnung. Das erfuhren Werner und ich zu diesem Zeitpunkt aber nicht.

Mutter ging es wieder sehr schlecht und blieb die meiste Zeit über im Bett. Ich übernahm viele Pflichten, die sonst von Oma gemacht wurden, Einkaufen, Aufräumen, Saubermachen, alles so gut ich es konnte. Die meiste Zeit fühlte ich mich selber wie ausgelaugt, ich hätte mich am liebsten irgendwo verkrochen.

Opa wurde zusehends schwächer, hatte all seinen Lebensmut verloren. Es war für mich erschütternd zu sehen, wie mein geliebter Opa abbaute. Ich hatte Angst um ihn. Er war 75 Jahre alt, zehn Jahre älter als Oma.

Einmal, Opa saß in seinem Armlehnsessel und döste etwas, als sein Kopf nach vorne fiel. Ich schrie vor Angst, weil ich dachte, er sei gestorben. Gott sei dank war er nur eingenickt. Aber meine Anspannung war so groß, dass ich bei allem, was geschah, das Schlimmste erwartete. Ich hatte das Gefühl, dass Opa sich regelrecht selber aufgegeben hatte, seitdem Oma im Krankenhaus war. Der Tag kam, dass unser Hausarzt es ablehnte, ihn weiter zu Hause zu behandeln. Er wurde ins Krankenhaus eingeliefert. Die Ärzte diagnostizierten akutes Nierenversagen, er hatte Bauchwasser. Das sei Altersschwäche meinten sie.

Vater trank immer mehr. Nachts, wenn er nach Hause kam, war es ganz schrecklich, wie er mit Mutti schimpfte. Er schlug sie auch manchmal, das konnte ich hören, obwohl ich mir die Ohren zuhielt. Ich fühlte mich völlig ausgeliefert und machtlos, konnte vor Angst kaum noch schlafen und war ein einziges Nervenbündel. In dieser Zeit erkrankte ich an Gürtelrose. Ich hatte sehr starke Schmerzen, konnte mich kaum bewegen, jede auch nur leichte Berührung mit Bekleidung an den erkrankten Stellen war eine Qual. Dazu kam, dass meine Erstickungsängste immer öfter auftraten.

Seitdem die Großeltern im Krankenhaus waren, ließ Vater sich völlig gehen. Er hatte sich überhaupt nicht mehr im Griff und kannte keine Grenzen mehr. Zu dieser Zeit hat er mich das erste Mal wegen einer Nichtigkeit zusammengeschlagen. Es war furchtbar, er schrie und tobte und schlug immer wieder kraftvoll auf mich ein. Als Mutter ihn festzuhalten versuchte, konnte ich entkommen. Ich war geschockt, bin deshalb meinem Vater von da an immer ausgewichen, hatte Angst, in seiner Nähe zu sein.

Es war sehr tröstlich in dieser Zeit, dass Werner und ich uns hatten. Abends im Bett sprachen wir über alles, was uns beschäftigte. Ich konnte ihm meine Verzweiflung anvertrauen. Er blieb von Vaters Wut verschont, weil er ja nicht derjenige war, von dem er Verantwortung und Einsatz erwartete. Aber Werner hatte Mitgefühl mit mir. Er bekam ja alles mit. Er verstand auch meine große Angst.

In der Wohnung über uns wohnte eine ältere Dame, Fräulein Jokisch, mit ihrer alten Mutter und ihrem Freund, Paul Großmann, einem theaterbegeisterten älteren Herrn, der als Vertreter arbeitete. Wir durften sie besuchen, wann immer wir wollten. Das habe ich oft getan, denn sie war eine herzliche Person, die wusste, dass wir Kinder es schwer hatten. Sie vermietete ein Zimmer an Studenten, um ihren Etat etwas aufzubessern. Sie arbeitete als Platzanweiserin in einem Kölner Kino und verdiente dort nicht viel. Eines Nachmittags nahm sie Werner und mich mit zu einer Vorführung von Ben Hur und schleuste uns auf zwei frei gebliebene Plätze. Das war ein unbeschreiblich schönes Erlebnis.

Der Tag kam, an dem Oma starb. Mutter und Vater waren sehr gefasst, ja sachlich. Es wurde keine Träne geweint. Mir wurde am Morgen der Beerdigung mitgeteilt, dass ich am Nachmittag Opa im Krankenhaus besuchen sollte. Wenn an diesem Tag keiner von uns zu ihm gehen würde, könnte er etwas merken, denn von Omas Tod sollte er nichts erfahren. Man wollte ihn schonen. „Du kannst das, du bist vernünftig", hieß es. Vater hatte sich schon immer vor allen Dingen gedrückt, die ihm unangenehm waren, sich allem entzogen, was ihm nicht passte. Ich war entsetzt, wollte das alleine nicht durchstehen. Mein Herz war schwer, aber Mutter war ja innerlich nicht gefestigt, sie würde zusammenbrechen und Opa doch alles erzählen. Werner kam nicht in Frage, er war zu klein. Also wusste ich, was ich zu tun hatte.

Es war eine kleine Beerdigung, nur wir vier und wenige Nachbarn. Wir gingen hinter dem Sarg her, um Oma zu ihrer letzten Ruhestätte zu begleiten, als uns ein Herr auf dem Weg entgegenkam. Er zog mit einer tiefen Verbeugung seinen Hut. Es war für mich eine anrührende Geste, ein völlig Fremder zollte Oma so viel Respekt. Ich konnte meine Tränen nicht mehr zurückhalten, es hat mich tief im Herzen berührt.

Nach der Beerdigung fuhr ich mit der Straßenbahn zu Opa in die Klinik. Es war der schwerste Gang meines Lebens. Ich wäre am liebsten weggelaufen und hätte mich irgendwo versteckt. Ich fühlte mich völlig allein gelassen und war wütend auf meinen Vater. Aber ich wollte meinen geliebten Opa nicht im Stich lassen. Er durfte nichts merken. Auf der Station begegnete mir eine Schwester, die mich kannte. Sie sagte, dass es Opa nicht gut ginge, die Ärzte hätten ihm erlaubt, jetzt auch sein geliebtes Malz-Bier zu trinken, das durfte er bisher nicht. Da stieg in mir eine entsetzliche Ahnung auf. Ich war einer Ohnmacht nahe.

Ich blieb unten am Fußende des Bettes stehen, denn Opa sollte auf keinen Fall meine Tränen sehen, die Krankenschwester kam Gott sei Dank mit ins Zimmer und redete munter auf Opa ein und zupfte das Bett zurecht. So konnte ich mich wieder ein wenig fangen. Opa freute sich über meinen Besuch, stützte sich etwas auf und sagte, er wolle mit dem Bett auf die Frauenstation zu Oma geschoben werden. „Ich will sie sehen da stimmt doch was nicht!"

Mir gelang es mit aller Kraft, meinen Opa zu beruhigen, ihm zu sagen, Oma ginge es sehr gut, aber er brauche jetzt seine Ruhe, wenn er dann wieder etwas bei Kräften wäre, würde ich ihn mit einem Rollstuhl zu ihr schieben. Die Krankenschwester sah mich sehr mitfühlend an und nahm meine Hand und geleitete mich nach draußen auf den Flur. Ich konnte vor lauter Tränen nichts mehr sehen. Das Wichtigste war, Opa hat nichts gemerkt.

Am nächsten Morgen kam der Anruf aus der Klinik, Opa war in der Nacht gestorben. Ich erinnere mich nur an wenige Bruchstücke aus diesen Tagen. Es war eine Bemerkung, die Vater zu meiner Mutter machte, die mich sehr empörte. „Hätte er nicht noch drei Tage länger leben können? Dann hätten wir die Rente noch gehabt." Ich schrie Vater förmlich an und nannte ihn gefühllos. „Das verstehst du nicht, wir sind ja auch traurig", bekam ich dann zu hören.

Zu Opas Beerdigung wurden auch seine Geschwister nicht benachrichtigt. Vater wollte niemanden von der Verwandtschaft dahaben. Möglicherweise wollte er vermeiden, dass wir Kinder uns in unserer Not doch jemandem anvertrauen. Er wollte mit aller Macht die heile Familie nach außen repräsentieren. Wenn ich jetzt zurückblicke, hätten wir sowieso niemandem etwas gesagt, denn wir hatten schon viel zu oft gehört, dass man das eigene Nest nicht beschmutzt, alles Negative würde auf einen selbst zurückfallen.

Opa wurde fünf Gräber entfernt von Oma beigesetzt. Darüber war ich sehr traurig, sie gehörten doch zusammen.

Fräulein Jokisch fuhr mit Werner und mir am Totensonntag zum Melaten-Friedhof, um die Gräber ihrer zwischenzeitlich verstorbenen Mutter und die von Oma und Opa zu besuchen und um ein Licht darauf zu stellen. Danach lud sie uns in ein Café in der Nähe des Friedhofs ein, um einen heißen Kakao zu trinken und uns aufzuwärmen. Es war ein nass-kalter deprimierender Novembertag, aber wir waren froh, nicht mit unserer kranken Mutter und unserem unberechenbaren Vater den ganzen Tag verbringen zu müssen.

Als wir den Hausflur betraten, sah ich, dass unsere Wohnungstüre einen Spalt breit geöffnet war. Mit einer schlimmen Vorahnung betrat ich unsere Diele und machte das Licht an. Mutter lag blutüberströmt im Nachthemd zusammengekrümmt auf dem Boden und wimmerte leise. Ich kniete mich neben sie und sah mit Entsetzen in ihr völlig zerschlagenes Gesicht. Ein Auge war kaum noch sichtbar. Es ist nicht zu beschreiben. Ich hätte Mutter beinahe nicht erkannt, so schlimm war es. Fräulein Jokisch kam mit ihrem Untermieter wieder, einem Medizinstudenten. Er untersuchte Mutter, meinte aber, wir müssten einen Arzt hinzuziehen, der in so einem Falle auch die Polizei benachrichtigen würde. Mutter weinte und schrie: „Nein, nein, ich will das nicht, es wird dann nur schlimmer!“ Auch wir Kinder bettelten, doch nicht die Polizei zu rufen. Wir zogen Mutter einen Bademantel an und gingen mit ihr nach oben in die Wohnung von Fräulein Jokisch, Vater lag zwischenzeitlich volltrunken im Tiefschlaf im Bett.

Der junge Mann untersuchte die Wunden meiner Mutter, die am ganzen Leibe zitterte. Sie hatte überall am Körper Prellungen, Vater muss vollkommen die Beherrschung verloren haben. Mutter sträubte sich mit Händen und Füßen dagegen, sich ins Krankenhaus zu begeben, so blieben wir alle betroffen oben in der Küche sitzen. Es dauerte bis spät abends, bis wir uns so einigermaßen beruhigt hatten. Werner und ich stützten Mutter und gingen vorsichtig mit ihr nach unten, jeder Schritt tat ihr weh.

Voller Angst und Beklemmungen betraten wir unsere Wohnung. Jeden Augenblick könnte Vater ja wütend vor uns stehen. Alles war totenstill. Ich war irgendwie erleichtert, das bedeutete Aufschub vor der Konfrontation. Wir legten Mutter in mein Bett und blieben bei ihr sitzen. Ich war so unglaublich wütend auf meinen Vater. Ich war bereit, meine Mutter gegen ihn zu beschützen.

Spät nachts, Mutter und Werner schliefen, hörte ich Vater hustend und vor sich hinschimpfend aus dem Schlafzimmer kommen. Er suchte Mutter. „Was machst du denn hier, komm sofort mit!“, schrie er meine zitternde Mutter an, als er die Türe aufstieß. Ich vergaß alle Angst, stellte mich aber sicherheitshalber trotzdem hinter den großen Tisch, beschimpfte ihn als altes versoffenes Schwein und dass er Mutter fast umgebracht hätte. Ich weiß nicht, woher ich den Mut genommen habe. Er guckte mich hasserfüllt an und wollte den Tisch umwerfen, um mich zu packen, aber er war noch viel zu betrunken, und ich entwickelte in meiner Rage unglaubliche Kräfte – er schaffte es nicht, an mich heranzukommen.

Werner rief: „Vater, lass doch, was tust du da!“ Werner schaffte es, Vater etwas zu beruhigen, er ließ von mir ab und verließ den Raum. Er drohte nur noch in meine Richtung: „Warte, wenn ich dich zu packen kriege, ich schlag dich kurz und klein!“ Diese Drohung war durchaus ernst zu nehmen.

Nach diesem Vorfall ging es mit Mutter sehr stark bergab. Wenn ich aus der Schule kam, lag Mutter noch im Bett. Sie fing auch an, ins Bett zu machen, sie wollte oder konnte nicht mehr aufstehen, um auf die Toilette zu gehen. Einmal war sie so stark mit Kot beschmiert, ich musste sie in die Badewanne stellen und abwaschen. Es war ganz schrecklich, meine Mutter in diesem Zustand zu sehen. Mutter wollte nicht wieder in die Psychiatrie, lehnte eine Einweisung ab. Meinem Vater rieten die Ärzte, sie entmündigen zu lassen, was er aber nicht tat. So blieb die Pflege der Mutter mir überlassen, Werner half, so gut er konnte.

Eines Nachts, wir waren im Tiefschlaf, kam Vater in seinem üblichen Zustand nach Hause. Ich hatte im Haushalt wieder mal etwas nicht richtig gemacht. Ich wachte auf, er stand wütend über mir, zerrte mich aus dem Bett und verprügelte mich, ich konnte mich nur befreien, weil er stolperte und mich dabei losließ.

Danach schlief ich jede Nacht im Wohnzimmer hinter der großen Couch, die in einem Erker stand. Da fühlte ich mich sicherer. Je nachdem, von welcher Seite Vater mich packen wollte, ich konnte zur anderen Seite fliehen. Auf der rechten Seite gab es eine Türe, die auf die Terrasse führte, von der man in den Garten gelangte. Abends zog ich dort die Rollladen nur bis kurz unter den Fensterteil der Türe herunter, sodass ich notfalls schnell durch den unteren Teil nach draußen entwischen konnte, ich brauchte nur noch die Türe zu öffnen.

Werner und ich hassten Vater. Wir wünschten uns, er wäre tot. Wir überlegten sogar, wie wir uns von ihm befreien konnten. Er war meistens sturztrunken, wenn er nachts nach Hause kam. Er könnte dann zum Beispiel über ein aufgespanntes Seil stürzen und die steile Kellertreppe runter fallen. Mit etwas Glück würde er sich dabei das Genick brechen, oder gelähmt sein, dann wären wir ihn los. Wir hatten auch irgendwo gehört, dass geriebenes Glas im Essen für innere Blutungen sorgen würde. Wir malten uns alles haarklein aus. Das half uns doch irgendwie, unsere Wut und Angst beim Schmieden dieser grausamen und hinterlistigen Pläne etwas loszuwerden.

Eines Nachts kam es zum Eklat. Vater fand mich nicht in meinem Bett vor, als er mich wieder einmal für etwas, worüber er sich fürchterlich aufgeregt hatte, bestrafen wollte. Ich hörte ihn schreien. Er brachte Werner dazu, ihm zu sagen, dass ich aus Angst vor ihm seit einigen Tagen hinterm Sofa schlafen würde. Das steigerte seine Wut noch, denn er stürmte ins Wohnzimmer und befahl mir, herauszukommen. Ich machte mir fast in die Hose vor Angst und blieb, wo ich mich in Sicherheit wähnte. Vater schob das Sofa an die linke Wand und zog es mit einem Ruck an der anderen Seite nach vorne, ich hatte nicht damit gerechnet, dass das so einfach war. Ich schrie in Panik, ich war gefangen und Vater ausgeliefert.

Selbst jetzt, wo ich dies alles nach so vielen Jahren niederschreibe, habe ich einen bitteren Geschmack im Mund. Aber da kam Werner mir zur Hilfe, er zog Vater mit aller Kraft nach hinten. Ich erkannte blitzschnell meine Chance, wie ich mich retten konnte. Ich kroch schnell auf allen Vieren zur rettenden Terrassentür, öffnete sie. Bevor Vater, der Werner abgeschüttelt hatte, mich erreichen konnte, war ich mit einem Satz draußen. Vater sah, wie ich meinen Fluchtweg vorbereitet hatte und schrie hinter mir her: „Das wird dir auch nichts nutzen, draußen kannste erfrieren!“ Es war eine bitterkalte Winternacht, weit unter -10 Grad. Er schloss die Türe hinter sich zu, und ich stand unten im Hof, barfuß und nur mit einem Schlafanzug bekleidet.

Um keinen Preis wollte ich zurück in die Wohnung gehen, ich überlegte schnell, wie ich mich retten konnte. Als erstes musste ich versuchen, durch die Außentüre in die Waschküche zu gelangen, Gott sei Dank, sie war nicht abgeschlossen. Dort war es fast so kalt wie draußen, aber ich fand dort unsere Schmutzwäsche liegen. Ich machte mir daraus ein Nest und deckte mich mit der Bettwäsche zu. Aber es half nicht viel. Die Kälte kroch in Windeseile an mir hoch. Ich war fast erstarrt, hatte blaue Hände und Füße und war verzweifelt. Ich lief noch mehrmals zurück auf die Terrasse, vielleicht hat Werner ja die Tür zum Wohnzimmer oder zur Küche wieder für mich aufgemacht? Ich wurde enttäuscht, beide Türen blieben die Nacht über geschlossen. Auch die Innentüre zum Hausflur war verschlossen, es blieb mir nichts anderes übrig, als auszuharren, mich viel zu bewegen und mich die ganze Zeit über mit den Händen am ganzen Körper abzureiben. Das hatte Opa mir erzählt, das half gegen Erfrierungen, im Krieg hat er das mit Schnee gemacht. Ich hatte keinen Schnee, aber es hat mir in dieser Nacht wohl trotzdem das Leben gerettet.

Ende mit Schrecken

Kurz vor Ende des letzten Schuljahres kam erneut ein „Blauer Brief". Vater wütete und drohte, mich in eine Erziehungsanstalt zu stecken, weil ich nicht spurte, wie er sich ausdrückte. „Ich sorge dafür, dass du einen Fensterplatz im Heim bekommst", war seine zynische Drohung. Auch vor meinen heiß geliebten Gegenständen machte er nicht halt. In einem Tobsuchtsanfall zerriss er mein Poesiealbum und zerdrückte das wunderschöne Armband von Oma und Opa.

Ich verhielt mich ihm gegenüber immer aufmüpfiger, provozierte ihn sogar bewusst, indem ich ihm mit meiner Körperhaltung, ein Fuß nach vorne, rechte Hand in die Hüfte gestemmt, Kopf in den Nacken, meine Verachtung entgegenbrachte. In solchen Momenten schäumte er vor Wut und sagte eiskalt und drohend: „Wenn du in der Gosse liegst, werde ich einfach über dich hinweggehen." Ich habe ihm nie gezeigt, dass er mich damit zutiefst verletzt hat, mehr noch als mit seinen Prügel-Attacken.

Vater aber ließ Mutter jetzt in Ruhe, er wusste, ich ließ mich nicht mehr einschüchtern und war vorsichtiger geworden.

Mutter rauchte ununterbrochen, zündete sich, wenn keine Zigaretten mehr da waren, die Stummeln aus den Aschenbechern erneut an. Ihre Lippen waren voller Brandblasen, die die Flamme beim Anzünden der kurzen filterfreien Zigaretten-Enden hinterließen. Es war fürchterlich und grotesk zugleich. Irgendwie auch nicht mehr menschlich, völlig abartig. In meiner Angst schlug ich jedes Mal vor Abscheu die Flamme aus, die den Mund von Mutter verbrannte. Es war wie eine Art von Selbstverstümmelung, denn Mutter schien keine Schmerzen zu spüren, versuchte es immer wieder.

Eine entsetzliche Szene habe ich noch genau vor meinem geistigen Auge. Mutter kam aus dem Badezimmer und saugte an ihrer blutdurchtränkten Damenbinde. Ihr Gesicht war bis zu den Ohren mit Blut verschmiert. In diesem Moment gab ich meiner Mutter eine Ohrfeige, für die ich mich noch heute zutiefst schäme. „Du bist genauso kalt wie dein Vater", warf Mutter mir entgegen. Das sitzt heute noch sehr tief.

In der Zeit erfuhren wir von Mutter, dass Vater Syphilis aus dem Krieg „mitgebracht" und sie damit infiziert hatte. Ich schaute im Lexikon nach der Bedeutung, ich konnte es nicht fassen! Vater hatte eine Geschlechtskrankheit auf Mutter übertragen.

Mutter erklärte, das wäre dem Arzt aufgefallen, der damals die Schwangerschaft mit Werner festgestellt hatte. Sie hatte sich auch einer Behandlung unterzogen, genau wie Vater auch, aber bei ihr ist es nicht auskuriert worden. Als man die Infektion im Landeskrankenhaus festgestellt hat, war es bereits zu spät. Werner und ich waren entsetzt. Es gab keine Rettung für Mutter mehr, es würde nie wieder besser, aber vielleicht ist es bei Mutter anders. Wir wollten die Hoffnung nicht aufgeben.

Die Schule war zu Ende. Ich hatte keinen Abschluss geschafft. Zur Abschlussfeier bin ich trotzdem hingegangen. Ich kann mich an diese Zeit selber nicht mehr erinnern, nur meine ehemaligen Schulfreundinnen, zu denen ich nach Jahrzehnten wieder Kontakt habe, erzählten mir davon. Das ist genauso mit vielen Dingen aus der Schulzeit. Ich spielte sogar in einigen Schulaufführungen mit, das ist einfach weg, wie ausgelöscht. Wenn ich mir die Fotos aus dieser Zeit ansehe, erkenne ich mich nicht wieder.

Abschlussfeier. Ich trage eine weiße Bluse, Marion sitzt neben mir.

Trotzdem ich jetzt den ganzen Tag zu Hause war, schaffte ich es nicht, alle Arbeiten und die Pflege der Mutter in den Griff zu bekommen. Es trat zu Hause eine gewisse Verwahrlosung ein, ich schleppte mich förmlich durch den Tag, mir fehlte die Energie, alles zu erledigen, ich tat nur noch das Nötigste.

In dieser Zeit geschah etwas sehr Merkwürdiges, ich erhielt einen Anruf von einem Mann, der sich mir als Rechtsanwalt vorstellte. Er bat mich noch am gleichen Nachmittag in seine Kanzlei, die in der Siebengebirgsallee, nicht weit von unserem Haus entfernt war. Er meinte, ich solle auf keinen Fall jemandem darüber berichten, ich würde alles Nötige in seinem Büro erfahren. Natürlich sprach ich mit Werner darüber, wir vertrauten uns alles an, wir hatten ja nur noch einander. Wir kamen nach einiger Zeit, in der wir alles Mögliche in Betracht zogen, zu dem Entschluss, es müsse auf jeden Fall etwas mit Vater zu tun haben. Vielleicht war er ja in Schwierigkeiten. Zur vereinbarten Zeit ging ich voller Unbehagen zu dem Haus, wo das Treffen stattfinden sollte. Es war durch nichts zu erkennen, dass sich dort eine Rechtsanwaltskanzlei befand. Da der Name des Anrufers aber auf einem der Namensschilder stand, überwand ich mein negatives Bauchgefühl und klingelte. Zwei Männer, in Anzüge gekleidet und mit sehr bestimmtem Auftreten, empfingen mich. Sie sagten, dass sie informiert seien, in welcher Lage ich mich befände. Ich müsse sofort von zu Hause weg, müsse raus an einen sicheren Ort, wo es mir gut ginge. Im süddeutschen Raum, in der Nähe von München gebe es eine adlige Familie, die sich bereit erklärt hatte, mich als Haustochter aufzunehmen. Es wäre schon alles für mich vorbereitet, man freue sich auf mich. Das wäre für mich eine große Chance, ich könne weiter zur Schule gehen und anschließend studieren. Ich müsse mich aber sofort entscheiden, einer von beiden würde mich dorthin fahren. Ich würde auch dort neu eingekleidet, mir würde an nichts fehlen.

Mir standen die Nackenhaare zu Berge. Ich hatte plötzlich große Angst, ging schnell zur Türe und sagte, ich käme etwas später wieder, ich hätte noch was zu erledigen. Dann war ich wieder draußen. Das war's, ich habe nie wieder von den beiden Männern gehört. Werner und ich haben auch niemandem von diesem Vorfall erzählt.

Vater machte seine Drohung jetzt wahr und verständigte das Jugendamt. Er würde mit mir nicht mehr fertig, meinte er, jetzt solle ich in eine Besserungsanstalt.

Eine Dame vom Jugendamt erschien eines Tages, Vater hatte einen seiner Maßanzüge angezogen und war ganz Mann von Welt. Er redete erst mit ihr alleine im Wohnzimmer. Ich wurde erst später dazu gerufen. Ich wartete mit Werner so lange in der Küche, voller Angst, jetzt eingesperrt zu werden, ich war ein einziges Nervenbündel.

Ich wurde dann in den Raum gebeten, Vater saß ganz gelassen in Mutters Sessel und schaute mich spöttisch an. Die Dame redete eine ganze Zeit mit mir. Ich antwortete offen und ehrlich. Es wurden ja auch keine Fragen gestellt, die meinen Vater in ein schlechtes Licht gestellt hätten. Er war ja dabei. Am Ende sagte sie, sie sähe überhaupt keine Veranlassung, mich in ein Erziehungsheim einzuweisen, vielmehr wäre es besser für mich, eine Tätigkeit auszuüben, in der ich Unterkunft und Verpflegung hätte. Vater, der ja immer betonte, er wolle nur mein Bestes, konnte dagegen nichts mehr anbringen. Er machte gute Miene zum bösen Spiel und meinte, wenn sie das verantworten könne, bitte sehr, sie wäre ja die Expertin mit Schwererziehbaren. Er würde auf jeden Fall nicht mehr mit mir fertig.

Die Fürsorgerin und ich gingen gemeinsam zu einem Vorstellungsgespräch zur Mutter Oberin der Diakonie in Köln, ich saß eigentlich nur dabei, als entschieden wurde, dass ich erst mit 17 Jahren als Lernschwester anfangen, aber erst einmal im Mutterhaus als Vorkursschülerin bleiben könnte. Dort würde man mich auch beobachten und testen, ob der Beruf auch das Richtige für mich sei. Es wurde ein Termin vereinbart, an dem ich dort anfangen sollte. Mir war alles egal. Ich tat, was man von mir verlangte, aber ich hatte zu dem allen keinerlei Bezug. Ich kam mir vor wie ein Statist, den man auf seine Rolle nicht vorbereitet hatte. Ich spürte nur eine sehr tiefe Traurigkeit.

Mutter wurde immer verwirrter. Sie ging jetzt auch immer nach draußen, rannte im Bademantel, manchmal auch nur im Nachthemd den Klettenberggürtel entlang. Manche Leute, die vorbeigingen, blieben stehen und glotzten, wenn ich versuchte, Mutter zum Umkehren zu bewegen, machten sie auch blöde Bemerkungen. Ich verachtete sie. So konnte ich Mutter nicht zurücklassen, das ging auf keinen Fall. Ich versuchte ihr klar zu machen, dass es das Beste für sie wäre, die Behandlung im Bonner Landeskrankenhaus wieder aufzunehmen. Sie war sehr konfus, begriff nicht, um was es wirklich ging. Ich musste handeln, denn am nächsten Tag begann mein neues Leben, weg von zu Hause.

Ich ging zum Telefon und rief einen Krankenwagen. Der Arzt und die beiden Sanitäter versuchten, Mutter zum Krankenwagen zu geleiten, sie stimmte erst zu, dann schrie sie: „Nein, ich will nicht!“, und rannte zurück ins Haus. Der junge Arzt schaute mich mit bedauerndem Blick an und zuckte mit den Schultern. „Da können wir leider nichts machen“, sagte er zögerlich. Ich nahm Mutter in den Arm und versprach, mit ihr zu kommen, sie zu begleiten. Sie antwortete nicht, ging aber mit mir in den Krankenwagen. Ich begleitete sie noch bis auf die Station, dann fuhr ich per Anhalter wieder zurück zum Klettenberggürtel, ich hatte kein Geld für die Rückfahrt.

Werner war nicht zu Hause, als ich am nächsten Tag vom Jugendamt abgeholt wurde. Ich wusste, Vater würde ihm nichts tun, deshalb brauchte ich mir um Werner keine Sorgen zu machen. Fräulein Jokisch hatte mir auch versprochen, auf ihn aufzupassen.

Vater ging mir aus dem Weg, er hat sich auch nicht von mir verabschiedet, er hat mich einfach ignoriert. Ich packte die wenigen Kleidungsstücke, die ich besaß, in eine große Plastiktüte, ich nahm kein Bild, kein Andenken von der Familie mit, nur den zerdrückten Armreif von Oma und Opa. An diesem 15. August 1963 habe ich meine Heimat verloren, ich bin nie wieder dahin zurückgekehrt.

Allein

Ich verbrachte die nächsten zwei Wochen im Mutterhaus in Köln, am 28. August, wurde ich 17 Jahre alt, und durfte als Vorkursschülerin nach Düsseldorf in das Säuglingsheim Villa Viktoria in Derendorf, in der Blumenthalstraße. Dort verdiente ich 65 Mark im Monat, hatte aber dafür freie Unterkunft und Verpflegung. Ich wurde in Schwesterntracht eingekleidet, bekam sogar Pellerine und Haubenschleier. Es war alles sehr unwirklich für mich. Ich fühlte mich wie mein eigener Beobachter, war innerlich wie gelähmt.

Ich teilte ein Zimmer mit drei anderen jungen Frauen, die allerdings schon als Lernschwestern arbeiteten. Ich half auf den unterschiedlichen Stationen. Ich möchte mich gar nicht mehr an meine Zeit dort zurückerinnern. Mir taten die kleinen Wesen unendlich leid, die dort ohne Vater und Mutter im Heim lebten. Dort gab es eine Säuglingsstation, wo wir zwischen zwei Bettchen stehen mussten, um gleichzeitig zwei kleinen Säuglingen die Flasche zu geben. Die Babys wurden nur zum Waschen und Wickeln hochgenommen. Für mehr Zuwendung blieb keine Zeit. Ich wurde zurechtgewiesen, wenn ich mich mit einem Kind näher befasste. Hauptsache, alles war sauber und schnell in Ordnung.

In diesem Hause lebten auch alte, nicht mehr im Berufsleben stehende Schwestern der Diakonie. Es war das so genannte Mutterhaus. Zu den Mahlzeiten saßen wir alle gemeinsam an langen Holztischen. Es war sehr streng, Reden während des Essens wurde nicht gerne gesehen. Ich kam mir vor wie in einem Kloster.

Die Nachricht von der Ermordung J. F. Kennedys am 22. November 1963 in Dallas, Texas, erhielt ich, als ich einen kleinen durch Contergan geschädigten Jungen ohne Arme, nur mit kleinen Fingern an den Schultern, fütterte. Ich glaube, dass sich bei so einem Ereignis jeder daran erinnern kann wo er war und was er gerade getan hat. Mir schien in diesem Moment, alles, was ich liebte und wertschätzte, würde mir genommen. An diesem Tag wurde mir erst richtig bewusst, wie viel ich verloren hatte, dass es kein Zurück mehr gab, wie allein ich war. Ein Schiff ohne Heimathafen, es gab nur eine Richtung: nach vorne! Ich würde nicht in der Gosse landen. Den Gefallen wollte ich Vater nicht tun, diese Genugtuung würde er nie haben, ich wollte kämpfen!

Nachdem ich das erste Gehalt ausbezahlt bekommen hatte, fuhr ich Mutter in Bonn im Landeskrankenhaus besuchen. Ich kam auf die Station. Sie saß mit anderen Frauen um einen Tisch. Sie sah sehr blass und verhärmt aus und begrüßte mich so ganz nebenbei, guckte in eine andere Richtung. Ich hatte das Gefühl, dass ihr alles ganz gleichgültig war. Sie zeigte keine Regung. Sie fragte nach einiger Zeit: „Was willst du hier?"

Als ich wieder wegging, sagte eine Krankenschwester zu mir: „Nimm es nicht so schwer. Sie ist sehr krank und bekommt starke Medikamente."

Nach dem Besuch bei meiner Mutter ging es mir sehr schlecht. Ich fühlte mich schuldig. Ich hatte sie ja überredet, wieder dorthin zu gehen.

Ich beschloss, nicht mehr zu ihr zu fahren. Ich konnte diesen Schmerz nicht noch einmal ertragen. Ich brauchte all meine Kraft, mein eigenes Leben zu meistern.

Ich sah Mutter nur noch einmal wieder, als ich Werner in Köln besuchte, der mittlerweile eine Lehre als Metzger begonnen hatte und auch bei seinem Meister in einem möblierten Zimmer wohnte.

Werner und ich gingen in die kleine Pension an der Berrenrather Straße. Er wusste, dass Mutter sich dort ein Zimmer genommen hatte. Rückblickend zieht sich noch immer alles in mir zusammen, wenn ich an den Anblick meiner Mutter denke. Sie saß unten in einem Aufenthaltsraum auf einer gepolsterten Bank in ihrem eigenen Urin. Der Geruch, der von ihr ausging, nahm uns den Atem. Mutter war grell geschminkt, lachte und redete vor sich hin, tat so, als hätte sie uns gestern erst gesehen, wir waren schockiert.

Die Inhaberin stürzte auf uns zu, verlangte von uns, Mutter sofort mitzunehmen und vor allen Dingen auch die ausstehende Rechnung und Reinigungskosten zu bezahlen. Ich weiß nicht mehr, wie wir aus dieser Situation wieder herausgekommen sind. Ich glaube mich zu erinnern, dass Werner der aufgebrachten Frau Vaters Telefonnummer gegeben hat.

Im Dezember bereiteten wir jungen Frauen uns auf eine Theateraufführung vor. Wir wurden von der Oberschwester dazu angehalten, am heiligen Abend den alten Schwestern und allen, die an dem Tag Dienst hatten, damit eine Freude zu machen.

Wir entschieden uns für „Das Mädchen mit den Zündhölzern", ich spielte die

Hauptrolle. Ich ging richtig in dieser Rolle auf. Ich war das arme Mädchen. Es wurde eine wunderschöne Aufführung, manche unserer Zuschauerinnen hatten Tränen in den Augen. An dem Abend spürte ich das erste Mal eine gewisse Verbundenheit mit allen. Ich war auch sehr froh, an den Weihnachtstagen zum Dienst eingeteilt worden zu sein. Bei der Arbeit mit den kleinen Kindern hatte ich keine Zeit, mich meinen traurigen Gedanken und Gefühlen hinzugeben. Ich hatte nichts von zu Hause gehört.

Es war vereinbart, dass ich Silvester frei haben würde, nachdem ich alle Weihnachtstage gearbeitet hatte. Ich wollte zu einer Party nach Köln, zu der ich eingeladen war. Darauf freute ich mich sehr.

Mein freier Tag wurde zu einem Desaster, die Oberschwester wollte mich nicht gehen lassen, wollte, dass ich Dienst tat. Ich war empört, ich war die Einzige, die alle Weihnachtstage gearbeitet hatte. Alle anderen fuhren an mindestens einem Tag nach Hause. Ich fand es sehr ungerecht, mich auch noch Silvester einspannen zu wollen, das war anders abgesprochen. Ich war nicht bereit, mich unterzuordnen. Ich blieb dabei, ich wollte zur Party gehen. Die Oberschwester drohte, sie würde dem Jugendamt eine Mitteilung über meine Aufsässigkeit machen und auch Mutter Oberin darüber in Kenntnis setzen. Sie wollte mich wohl damit einschüchtern und dazu bewegen, mich von meinen Vorhaben abzubringen.

Als ich am Tag nach der Party morgens früh erst wieder ins Heim zurückkam, wurde ich sehr eisig und mit vernichtenden Blicken empfangen. Ich war aber pünktlich auf der Station und verrichtete meine Arbeit. Die anderen jungen Schwestern fanden es auch sehr ungerecht, wie man mich behandelte. Sie hätten selber aber nicht den Mut gehabt, sich so den Schwestern gegenüber durchzusetzen.

Einige Tage später wurde ich zur Oberschwester ins Büro gerufen. Mit Herzklopfen trat ich durch die Tür. Dort saß die junge Frau vom Jugendamt, die mich unter ihre Fittiche genommen hatte.

Sie begrüßte mich sehr herzlich, bat die Oberschwester, mit mir allein sprechen zu dürfen. Wir gingen in einen Nebenraum, wo ich ihr alles berichtete. Sie hörte mir zu, dann stellte sie mir die Frage, ob ich in der Nacht der Party mit einem Jungen geschlafen hätte. Ich war so geschockt, dieser Gedanke ist mir nie gekommen, ich war auch empört, dass man mir „so etwas" zutrauen würde. Sie erklärte mir, dass die Oberschwester von ihr verlangt hätte, mich zu einem Jungfrauen-Test zum Gynäkologen zu schicken.

Sie meinte aber, nach unserem Gespräch würde sie das nicht für notwendig halten, sie glaube mir, dass nichts in der Art vorgefallen sei.

Sechs Wochen später war mein erster Arbeitstag als Schwesternschülerin im Landeskrankenhaus in Süchteln. Ich war überglücklich, als die schriftliche Zusage kam, zusammen mit einem Arbeitsvertrag, den ich sofort unterschrieben zurückschickte. Nach dem Vorstellungsgespräch konnte ich an nichts anderes mehr denken. Ich wollte so schnell wie möglich aus dem Säuglingsheim weg, wo ich mich sehr unwohl und unverstanden fühlte. Außerdem war der Verdienst für meine Verhältnisse geradezu fürstlich, ich verdiente im ersten Lehrjahr 280 Mark im Monat, dazu kamen Unterkunft und Verpflegung. Das Jugendamt hatte nichts gegen meinen Wechsel einzuwenden und gab die notwendige Zustimmung.

Das Schwesternheim lag am Rande des umzäunten riesigen Grundstückes, nicht weit vom Haupteingang entfernt, wo ein Pförtnerhaus 24 Stunden besetzt war und niemand unerkannt aus- und eingehen konnte. Es war ein sehr weitläufiger Komplex mit einzelnen Häusern für die unterschiedlichen Patientengruppen. Von offenen Stationen bis zu geschlossenen Häusern, wo die sehr schwer psychisch Erkrankten und auch kriminelle und schwer erziehbare Jugendliche untergebracht waren. Der Dienst war für alle gleich geregelt: drei Tage arbeiten, ein Tag frei, dann vier Tage arbeiten und zwei Tage frei. Dieser Ablauf war in jeder Hinsicht eine Erlösung, ich wusste, woran ich war und stellte mich darauf ein.

Im Schwesternheim war auf jedem Etagenabschnitt eine Küche und zwei Badezimmer. Die Zimmer waren hell und freundlich, jeweils für zwei Personen. Auch gab es im Erdgeschoss einen großen Aufenthaltsraum mit einem Fernsehgerät, gemütlichen Sesseln, kleinen Tischen mit Stühlen, und ganz wichtig, es herrschte eine lebendige, fröhliche Atmosphäre.

Ich teilte mein Zimmer mit einer jungen Frau, die am gleichen Tag wie ich angefangen hatte. Sie wurde von ihrem Vater gebracht, der sie ermahnte, durchzuhalten, nicht wieder aufzugeben und schnell alles hinzuwerfen. Sie wirkte ziemlich abwesend und traurig. Nach und nach öffnete sie sich mir gegenüber und vertraute sich mir an. Sie war sehr bedauernswert, denn sie hatte einen kleinen Jungen geboren, durfte ihn aber nicht behalten.

Als ihre Eltern erfuhren, dass sie ein Kind erwartete, war es für eine Abtreibung schon zu spät, so wurde sie in eine Institution für schwangere Jugendliche gesteckt, um dort unbemerkt von Freunden und Nachbarn die Schwangerschaft über bis nach der Geburt zu bleiben.

Das Kind wurde ihr sofort weggenommen, sie hatte den kleinen Jungen nur einmal kurz gesehen. Ihre Eltern, ganz besonders ihr Vater, hätten das so bestimmt. Sie war voller Trauer über diesen Verlust, ich fühlte mit ihr, gleichzeitig war ich voller Wut, dass so etwas überhaupt möglich war, einem Menschen das Kind wegzunehmen. Meine Zimmergenossin blieb nur wenige Wochen, sie wurde depressiv, ihr Vater holte sie wieder ab.

An meinem 18. Geburtstag erhielt ich einen Brief vom Jugendamt. Meine Fürsorgerin gratulierte mir zum Geburtstag und teilte mir mit, dass die Aufsicht des Amtes jetzt ende, weil sie wisse, dass ich mein Leben gut meistern werde und sie sehr viel Arbeit mit jungen Menschen hätte, die wirklich ihrer Hilfe bedürfen. Wenn ich aber ihren Rat oder auch Hilfe bräuchte, könne ich sie jederzeit anrufen. Ich war sehr gerührt und glücklich, dass mir ein Mensch so vertraute, das gab mir Kraft und Zuversicht.

Von Fräulein Jokisch, mit der ich hin und wieder telefonierte, erfuhr ich, dass sich Vater einem Alkoholentzug in der Psychiatrie in Bonn unterzog. Er habe auch seinen Job wegen seiner Sauferei verloren. Jetzt wolle er sein Leben in den Griff bekommen.

Ich überlegte kurz, entschloss mich aber, trotz meiner gemischten Gefühle, ihn zu besuchen. Ich fand es gut, dass er sich Hilfe holte, das war ja schon lange überfällig. Vielleicht wäre alles anders gekommen, wenn er sich seinem Problem gestellt hätte, bevor die Familie vollständig auseinanderbrach. Ich hatte die Hoffnung, dass er einsehen würde, was er uns Kindern alles angetan hatte, dass er mir sagen würde, dass es ihm Leid täte. Vielleicht hatte er sich ja auch bei mir nie gemeldet, weil ihn sein schlechtes Gewissen plagte.

Auf der Fahrt zu ihm ging mir so viel durch den Kopf. Ich war völlig fertig, wäre kurz vor dem Ziel am liebsten wieder umgekehrt.

Vater war erstaunt mich zu sehen. Ich hatte das Gefühl, ich war die Letzte, die er erwartet hatte. Wir waren beide befangen, er redete von dem Leben auf der Station, dass niemand Rasierwasser oder Kölnisch Wasser, also 4711, besitzen dürfe, weil manche Alkoholiker auch so etwas trinken. Er wirkte auf mich wie ein gebrochener Mann. Ich kann mich nur noch sehr vage an unser Gespräch erinnern, doch es hinterlässt bei mir das Gefühl, dass er nichts mit mir anzufangen wusste. Ja, ich glaube, es war ihm unangenehm, so von mir gesehen zu werden.

Beim Abschied bat er mich um Geld. Das hat mich fast umgehauen. Ich empfand das als eine große Unverschämtheit. Ich bin mit drei Unterhosen von zu Hause ausgezogen, musste für mich selber sorgen, und jetzt sollte ich ihm Geld geben? Ich blieb ganz ruhig, als ich ihm sagte, dass ich leider nur mit abgezähltem Geld gekommen sei. Er zuckte da nur mit den Schultern, erwiderte aber nichts. Erst auf der Fahrt zurück fiel mir auf, dass Vater gar nicht wissen wollte, wie es mir ging, wie ich im Leben zurechtkomme. Das war das letzte Mal, dass ich meinen Vater gesehen habe.

Auf eigenen Beinen

Es wurde zusehends schwerer für mich, mit der Belastung, die der Berufsalltag als Lernschwester in der Psychiatrie mit sich bringt, fertig zu werden. Die Einzelschicksale, mit denen ich täglich konfrontiert wurde, ließen mich auch in meiner Freizeit nicht los. Die eigenen Erlebnisse mit Mutter und Vater lagen schwer auf meiner Seele.

Omi Genenger, so wurde die alte Dame vom Pflegepersonal genannt, lag gekrümmt und steif in ihrem Bett. Sie konnte nur noch Kopf und Arme bewegen. Sie lebte in ihrer eigenen Welt, in der sie für einige Momente auch sehr glücklich war. Dann lachte sie mich an. Während ich sie fütterte, sagte sie manchmal: „Da oben liegt mein Geld, geh, hol es, ich geb dir was. Da kannst du dir Tosca von kaufen!“ Ich glaube, sie verwechselte mich mit ihrer Enkelin. Einmal, da wollte sie nicht essen. „Bah, das will ich nicht!“ Ich versuchte, sie freundlich, aber bestimmt, zum Essen zu bewegen. Da prustete sie mir den Brei mitten ins Gesicht und gab mir eine schallende Ohrfeige. Ich war völlig verdutzt. Ich habe es ihr nicht übel genommen, ich mochte und respektierte sie.

Eine andere alte Frau auf der Station war sehr unruhig. Sie stand sehr oft aus ihrem Bett auf und lief herum. Der armen Frau hing dann die Gebärmutter zwischen den Beinen herunter. Sie stopfte sie dann einfach wieder zurück in ihre Scheide. Sie trug immer ein Krankenhausnachthemd, das hinten offen war und nur am Hals zugemacht wurde. Das sah so erbarmungswürdig aus, ich hatte immer einen Kloß im Hals. Diese Patientinnen, die sehr unruhig waren, bekamen dann von den Schwestern Chloralhydrat verabreicht. Das stellte sie dann ruhig.

Die einzige Patientin, die regelmäßig Besuch bekam, war eine junge Frau von Mitte 20. Sie war wie ein fröhliches, rosiges Riesenbaby. Sie war drei Jahre alt, als man sie aus den Trümmern nach einem Bombenangriff befreite. Sie hatte zu lange ohne Sauerstoff dort gelegen. Sie blieb auf dem Stand eines kleinen Kindes, trug Windeln, konnte auch nicht laufen. Sie war der Sonnenschein der Station.

Das Schicksal einer 16-jährigen, hübschen jungen Frau hat mich besonders belastet. Sie wurde von ihren Eltern in die Psychiatrie eingewiesen, weil sie „schwer erziehbar" war. Sie wurden mit ihr nicht mehr fertig. Die junge Frau trieb sich auch angeblich mit Männern herum, was ich von den anderen Schwestern erfuhr. Ich unterhielt mich oft mit ihr. Wir verstanden uns gut, sie war in meinen Augen ein ganz normaler Teenager. Wir befanden uns auf einer so genannten „geschlossenen" Station, sie konnte also nicht raus. Jede von uns Schwestern hatte einen so genannten „Durchgänger", einen Schlüssel, mit dem wir die Türen zu allen Stationen aufschließen konnten. Der war an einer langen Kette an unserem Gürtel befestigt. Bei manchen Aufgaben, die wir verrichteten, halfen uns die Patienten. An einem Tag musste ich den Müll von der Station nach unten in die Tonnen bringen. Ich entschied mich dazu, die junge Frau dafür mitzunehmen, ihr dadurch mein Vertrauen in ihre Person zu zeigen. Sie haute ab. Ich konnte gar nicht so schnell gucken, sie war plötzlich einfach weg. Ich habe sie nie wieder gesehen.

Ich befand mich in einem Teufelskreis, anstatt mich bei der Arbeit mit Positivem von meinen trüben Gedanken abzulenken, war ich nur mit Leid und Elend konfrontiert. Ich konnte auch mit niemandem über meine Gemütsverfassung reden. Das hatte ich nie gelernt. Im Gegenteil, es hieß immer, keinem zeigen, wenn es dir schlecht geht. Nach außen immer stark sein, wie es innen aussieht, geht keinen etwas an.

Ich freundete mich mit Karin, einer anderen Lernschwester, an. Wir lernten uns auf einer Station kennen, auf der wir ab und zu gemeinsam Dienst taten. Ihre Mutter war auch Krankenschwester und arbeitete dort. Die beiden teilten sich eine Wohnung nicht weit vom Landeskrankenhaus entfernt. Wenn mein Dienstplan es zuließ, verbrachten Karin und ich so oft es ging unsere Freizeit miteinander. Ich übernachtete auch des Öfteren bei beiden. Karins Vater, sie hing sehr an ihm, war vor kurzem an Krebs gestorben. Ich glaube, uns verband unsere Traurigkeit und innere Leere. Geredet haben wir aber nicht darüber.

Ich sprach mit ihr über mein Vorhaben, meinen Job aufzugeben, mir etwas anderes zu suchen. Beide, Karin und ihre Mutter, zeigten viel Verständnis für meine

Lage. Krankenpflege, besonders in der Psychiatrie, sei auch nicht jedermanns Sache, einen Beruf zu erlernen, sei eine Wahl für das ganze Leben. Sie machten mir Mut, meine eigene Entscheidung zu treffen.

Ich begann, mich nach etwas anderem umzuschauen.

Um so schnell wie möglich aus dem Krankenhaus wegzukommen, nahm ich eine Stelle als Kindermädchen in einem Apotheker-Haushalt an. Ich zog bei der Familie ein. Ich wusste, dass diese Tätigkeit nur eine Übergangslösung sein konnte. Es gab mir aber Zeit zum Nachdenken, was ich in meinem Leben gerne machen, welchen Weg ich einschlagen wollte. Bisher war ja alles aus der Not geboren. Es war immer noch notwendig, eine Stelle mit Unterkunft anzunehmen, ich hatte ja kein Zuhause. Das war für mich das Schlimmste, auf das Wohlwollen anderer angewiesen zu sein, nicht frei entscheiden zu können.

Die drei Kinder der Familie waren sehr nett, ich mochte sie gerne, wir kamen gut miteinander aus. Es gab auch eine Putzfrau, von der die meiste Hausarbeit erledigt wurde. Ich kochte mittags für die Familie, und wir aßen alle gemeinsam in einem sehr vornehmen Esszimmer. Ich musste da öfters an Oma H. denken, die immer erzählte, dass sie als Erzieherin die einzige Angestellte gewesen sei, die mit den Herrschaften am Tisch habe sitzen dürfen. Ich musste bei dem Gedanken schmunzeln. Es blieb also in der Familie!

Die Dame des Hauses war eine recht unzufriedene Frau, die an vielem etwas zu nörgeln fand. Entweder schälte ich die Kartoffeln zu dick, war in allem zu langsam oder nicht nach ihrem Geschmack gekleidet. Sie testete mich auch, ob ich ehrlich war. Das sagte sie mir einmal nach ein paar Wochen. Sie ließ abgezähltes Geld an verschiedenen Stellen liegen, um zu sehen, ob ich mir etwas davon nehmen würde. Den Test hatte ich offenbar bestanden.

Ihre jüngere Schwester war dagegen sehr warmherzig und nett. Sie wohnte in der gleichen Stadt und führte dort ihren eigenen kleinen Kosmetiksalon. Manchmal brachte sie mir einige Pröbchen von den Cremes und Parfums mit. Das waren richtige Schätze für mich, denn so etwas konnte ich mir sonst niemals leisten.

Einmal, als die Dame des Hauses für ein paar Tage verreist war, sah ich sie ganz früh morgens aus dem Elternschlafzimmer kommen. Sie hatte mich nicht bemerkt.

Ihre ältere Schwester muss aber von dem heimlichen Verhältnis ihrer Schwester mit dem eigenen Mann etwas geahnt haben, denn als sie wieder zu Hause war, hat sie versucht, von mir Informationen zu bekommen. „Na, war meine Schwester oft hier?“ oder auch „war mein Mann abends zu Hause?“ Sie tat mir schon ein bisschen leid. Ich habe mich aber aus allem herausgehalten und nichts gesagt.

Es reifte in mir nach und nach der Wunsch, Schauspielerin zu werden. Der Gedanke erfüllte mich und ließ mich nicht mehr los. Das war's, ich war wie elektrisiert, das wollte ich von ganzem Herzen. In andere Charaktere schlüpfen, Rollen spielen, das wollte ich machen. Ich kaufte mir entsprechende Literatur von Reclam und lernte abends fleißig einige Rollen auswendig, lachte, schluchzte, wütete, war von Liebe beseelt, von Herzeleid in Stücke gerissen. Es konnte mich Gott sei Dank niemand in meinem Dachzimmer hören. Ich war ungestört und konnte mich so auf die Schauspielprüfung an der Folkwang-Schule in Essen vorbereiten. Ich bewarb mich dort, weil ich darauf hoffte, zunächst einmal bei Oma und Opa H. wohnen zu dürfen. Ich hatte ihnen in einem Brief über meine Pläne geschrieben und wartete jeden Tag ganz ungeduldig auf die Antwort.

Der Brief kam, ich war zutiefst enttäuscht. Oma meinte, ich solle etwas „Vernünftiges" lernen. Im Übrigen seien sie auch zu alt, ein junges Mädchen im Haushalt leben zu haben. Sie bräuchten ihre Ruhe. Ich empfand den Brief als sehr lieblos. Sie hatten kein Verständnis, kein liebes, aufmunterndes Wort stand darin. Sie hatten sich nie um mich zu kümmern brauchen. Jetzt fühlte ich mich aber vollkommen abgelehnt und im Stich gelassen.

Ich brauchte einige Tage, um wieder neuen Mut zu fassen. Ich konnte meinen Traum nicht einfach so aufgeben. Ich fasste den Entschluss, Tante Klara in einem persönlichen Gespräch zu bitten, mir zu helfen. Der Termin für mein Vorsprechen in der Schauspielschule stand inzwischen fest, es waren zwei aufeinander folgende Tage. Ich musste jetzt schnell handeln. Ich rief Tante Klara an und vereinbarte einen Besuchstermin.

Meine innere Anspannung war sehr groß, als ich bei ihr eintraf. Tante Klara schien auch nicht so unbefangen zu sein wie sonst immer. Schnell kamen wir zum Grund meines Besuches. Klara teilte Omas Auffassung, ich solle etwas „Vernünftiges" lernen. Im Übrigen wären sie alle enttäuscht, dass ich die gute Lehrstelle in Süchteln aufgegeben hatte. Sie könne mir nicht helfen. Ich konnte meine tiefe Enttäuschung kaum verbergen. Mein großer Traum war geplatzt. Tante Klara gab mir noch 10 Mark und dann war das Treffen vorbei.

Ich fühlte mich gedemütigt, bereute es im Nachhinein, das Geld überhaupt angenommen zu haben. Ich war wütend über mich selbst, hatte das Gefühl, mir eine Blöße gegeben zu haben. Innerlich zog ich einen Schlussstrich, das war's, die Verwandtschaft konnte mir mal den Buckel 'runterrutschen!

Ich konnte mich nicht dazu bringen, den Prüfungstermin an der Schauspielschule abzusagen. Ich ließ ihn einfach verstreichen.

Ich fiel in ein tiefes Loch.

Das große Schild, worauf die unterschiedlichsten Stellenangebote aufgeführt waren, sah ich auf einem Spaziergang mit Karin. Es hing vor dem großen Eingangstor der Samtbandfabrik in Krefeld.

Am nächsten Morgen betrat ich nach außen hin selbstbewusst das Büro des Geschäftsführers und bat die Sekretärin um einen Termin mit ihrem Chef. Etwas erstaunt, aber freundlich, wollte sie den Grund meines Besuchs wissen. Bewerbungsgespräche, meinte sie dann, würden vom Personalchef geführt, da solle ich mich vorstellen. Die Tür zum Chefbüro war einen Spalt breit geöffnet. Ein großer älterer Herr trat mit einem Lächeln auf mich zu und bat mich in sein Büro.

Ich ging wie auf Watte, als ich nach dem Gespräch wieder draußen war. Ich konnte es selber fast nicht glauben, was in den letzten zwei Stunden geschehen war. Nicht nur, dass ich jetzt eine Stelle als Expedientin in der großen Versandabteilung hatte, nein, ich bekam auch einen Steno- und Schreibmaschinenkursus finanziert. Mir wurde nach erfolgreichem Abschluss dann eine Stelle in einem Büro avisiert.

Damit aber noch nicht genug. Das Beste kam ja noch. Es gab in der Fabrik eine Design-Abteilung. Aus den schönen Stoffen, die dort hergestellt wurden, entstanden dort wunderbare, extravagante Modelle wie Kleider, Mäntel, Hosen, Röcke und auch Abendroben. Dort arbeiteten zwei Modedesignerinnen daran, die Schnittmuster herzustellen. Im angrenzenden Nähatelier wurden die exklusiven Teile dann verarbeitet. Ich sollte das Hausmannequin werden. Jederzeit abkömmlich von meinem eigentlichen Job sollten mir die Sachen auf den Leib geschneidert werden. Für Anproben und Proben und natürlich für die Modenschauen selber war ich freigestellt. Für jede Schau sollte ich noch 100 Mark extra bar auf die Hand bekommen. Für die Modenschauen wurden dann auch noch erfahrene Mannequins engagiert, die den internationalen Einkäufern mehrmals im Jahr die Stoffe auf diese Weise vorführen würden.

Ich sollte dabei sein! Ich konnte es noch gar nicht fassen.

Der Geschäftsführer, dem ich meine Lage ehrlich geschildert hatte, versprach mir außerdem, dass sich seine Sekretärin nach einem möblierten Appartement für mich umsehen würde.

Ein Traum wurde wahr. Ich hatte einen Job mit Perspektive und bald auch ein eigenes Zuhause. Nicht nur das. Als Hausmannequin arbeiten zu können, war auch sehr aufregend. Ich hoffte, ich würde auch alle Erwartungen, die in mich gesetzt waren, erfüllen können.

In den nächsten Tagen, in denen ich noch als Kindermädchen arbeitete, überfielen mich große Selbstzweifel. Ich war nie ein Kind der Zeit, das mit der Mode ging, die „Bravo“ las und alles über die neusten Trends wusste. Dafür hatte ich keinen Sinn. Ich war vielmehr damit beschäftigt, mich über Wasser zu halten, zu überleben.

Ich empfand mich zwar nicht als hässlich, aber auch nicht als besonders hübsch. Mit 13 Jahren hatte ich bereits meine jetzige Größe von 1,70 Metern, fand mich aber immer schon viel zu dünn. Und jetzt sollte ich auf einmal als Mannequin arbeiten? Ob das wohl gut gehen würde?

Bei meinen vielen Überlegungen und Zweifeln erinnerte ich mich plötzlich an Vaters „Regieanweisungen“. Ich brauchte nur eine Rolle zu spielen, sie ausfüllen und lebendig gestalten. In eine andere Haut zu schlüpfen, das kannte ich aus meiner frühesten Kindheit. Ich hatte den Schlüssel für mich gefunden, diese Aufgabe zu lösen.

Ich schaffte es in der Tat, authentisch zu sein, ich spielte meine Rolle gut. Keiner merkte mir meine innere Leere und die Selbstzweifel an. Ich übte mit den Designerinnen das richtige „Laufen“, sie gaben mir wertvolle Tipps für die Präsentation der Modelle und zeigten mir, mich gut zurechtzumachen und zu schminken. Ich begann, mich in meinem Körper wohler zu fühlen. Es machte sogar Spaß. Ich erinnere mich an eine besonders wichtige Modeschau, die damals amtierende Miss Germany nahm auch daran teil, das war natürlich ein besonderes Erlebnis für mich.

In der Versandabteilung machte mir eine Kollegin das Leben sehr schwer. Ich hatte das Gefühl, sie hätte selber gerne meine Aufgabe als Hausmannequin angenommen. Sie war furchtbar eifersüchtig, dass ich als „Neue" so mir nichts dir nichts diesen tollen Job abgestaubt hatte. Sie spann regelrechte Intrigen. Keiner wollte es sich mit ihr verscherzen, deshalb wurde ich zur absoluten Außenseiterin mit einem sehr schweren Stand.

Es machte mich regelrecht krank. Alle Versuche, es zu ignorieren, darüber zu stehen, schlugen fehl. Das konnte und wollte ich nicht länger ertragen.

In meiner Verzweiflung packte ich meine sieben Sachen und haute einfach ab. Nichts wie weg. Ich wollte mich so nicht fühlen, keiner hat das Recht dazu, mich so schlecht zu behandeln.

Ich fuhr nach Düsseldorf. In die Großstadt, wo die Menschen nicht so kleinkariert und intolerant sind. Meine Reisetasche und eine Plastiktüte mit meinen Habseligkeiten schloss ich in ein Schließfach am Hauptbahnhof ein. Ich ging Richtung Altstadt und kaufte mir eine Tageszeitung. Ich setzte mich in ein Café, um die Stellenangebote zu studieren.

Das Hotel „Vossen" liegt mitten in der Düsseldorfer Altstadt, direkt am Carlsplatz. Dort war man froh, so schnell ein Zimmermädchen gefunden zu haben. Ich konnte noch am gleichen Tag im Dachgeschoss des Hotels ein kleines Zimmer beziehen, das ich mir mit zwei anderen Frauen teilte. Bereits am nächsten Morgen begann der Dienst.

Es war natürlich kein Traumjob, aber ich hatte ein warmes Bett, mein Essen und ich verdiente durch ehrliche Arbeit mein eigenes Geld. Was für mich auch sehr wichtig war, ich wohnte jetzt endlich wieder in der Großstadt. Ich war mir sicher, dort würden sich ganz bestimmt noch andere Möglichkeiten bieten, ich musste erst einmal Fuß fassen.

Ich war meistens am frühen Nachmittag mit meiner Arbeit fertig. Dann hielt mich nichts mehr, noch schnell unter die Dusche, und nichts wie ab in den Trubel der Altstadt. Über die Königsallee ging ich auch sehr gerne, um die Atmosphäre dort in mich aufzunehmen. Ich hatte ein wohliges, warmes Gefühl, wenn ich abends an den hellen Schaufenstern entlang schlenderte.

Gruppen lebenslustiger Menschen und verliebte Pärchen, denen ich begegnete, lösten in mir sehr oft Gefühle großer Einsamkeit aus. Dann überwältigte mich meine innere Traurigkeit. Diese Gefühle hielten Gott sei Dank nicht lange an. Meine Zuversicht kam recht schnell wieder zurück, und ich spürte den unbändigen Willen, mich nicht unterkriegen zu lassen, zu kämpfen. Ich war mir sicher, meinen eigenen Weg zu finden.

Eines Abends, es war schon so gegen Mitternacht, saß ich noch mit zwei weiteren Hotelangestellten an einem Tisch in der Nähe der Rezeption. Wir wollten noch nicht schlafen gehen und unterhielten uns noch angeregt, als der Portier mich zu sich rief.

Er bat mich, einem Gast, der vor dem Tresen stand und mich anlächelte, behilflich zu sein, die Zimmertüre zu öffnen. Sein Schlüssel würde klemmen. Ich erklärte mich dazu bereit und fuhr mit dem Gast im Aufzug auf dessen Etage. Auf der Fahrt nach oben stellte er mir eine sehr merkwürdige Frage, die ich zunächst nicht verstand. „Was soll das denn kosten, wie viel soll ich dir geben? Reichen 20 Mark?“ Ich war sehr verwirrt, als der Schlüssel problemlos die Türe öffnete.

Der Gast grinste mich an und bat mich mit einladender Geste in sein Zimmer. Ich blieb wie angewurzelt stehen, denn plötzlich verstand ich auch seine Frage. So höflich es mir möglich war, lächelte ich ihn an, verschwand im Aufzug, und fuhr zurück nach unten zur Rezeption. Meine Gefühle sind schwer zu beschreiben, die ich in diesem Moment hatte. Sie schwankten zwischen Ekel, Wut, Unglauben und verletztem Stolz.

Der Nachtportier meinte Schulter zuckend, er habe angenommen, ich sei einverstanden. Ich hätte mich ja auch bereit erklärt, mit dem Gast nach oben zu gehen. Im Übrigen würde doch wohl jeder wissen, um was es dabei ginge, so naiv könne doch keiner sein. Ich sah seinem Gesichtsausdruck jedoch an, dass ihm diese Situation unangenehm war. Er meinte noch, die meisten Mädels würden sich auf diese Weise gerne etwas dazuverdienen.

Dieses Erlebnis hat mich ziemlich geschockt, mit so etwas an meiner Arbeitsstelle konfrontiert zu werden, damit hatte ich nicht gerechnet. Ich fühlte mich schutzlos. Ich war auf das Leben „da draußen“ nicht vorbereitet. Ich musste auf der Hut sein, gut auf mich aufpassen.

Uwe lernte ich eines Tages in der Altstadt kennen. Wir unterhielten uns den ganzen Abend über sehr angeregt, flirteten. Er lud mich für das kommende Wochenende zu einer Party bei seinen Freunden ein. Nach seinen Aussagen war er seit einiger Zeit wieder „Solo“ und freute sich, nicht alleine dort hingehen zu müssen. Er wollte mich abholen, um dann gemeinsam zu seinen Freunden zu fahren. Ich freute mich sehr, hoffte inständig, dass er sich nicht dadurch abschrecken ließ, dass ich als Zimmermädchen arbeitete. Endlich kam der Tag unserer Verabredung, ich ging zum vereinbarten Treffpunkt.

Meine Sorge war unbegründet, denn da stand er, groß, schlank und mit einem breiten, warmen Lächeln neben seinem Sprite-Sportwagen.

Nicht mehr allein

Seit dem Wochenende waren wir unzertrennlich. Uwe stellte mich seinen Eltern vor, ich lernte auch seinen älteren Bruder Wolfgang kennen. Seine Familie konnte es gar nicht fassen, dass ich alleine auf mich gestellt war, so ganz ohne Familie dastand. Besonders sein Vater kam immer wieder auf das Thema zu sprechen und stellte mir dazu viele Fragen. Ich gab ihm offen darüber Auskunft, natürlich ohne Einzelheiten zu nennen. Ich hatte Verständnis dafür, dass sie wissen wollten, welchen Menschen sie vor sich hatten, ich war ja mit ihrem Sohn zusammen und ging bei ihnen zu Hause ein und aus.

Uwes Eltern.

Erst einige Zeit später erfuhr ich von Fräulein Jokisch, dass sich Polizeibeamte in der Nachbarschaft auf dem Klettenberggürtel nach mir und meiner Familie erkundigt hatten. Uwes Vater war Kriminalbeamter und er nutzte seine Kontakte, um mich überprüfen zu lassen. Er wollte damit wohl sicher sein, dass ich ihm die Wahrheit über mich und meine Familie erzählt hatte. Ich war darüber doch sehr geschockt, auch Uwe war über das Verhalten seines Vaters empört. Aber das war nur ein kleiner Vorgeschmack darauf, was später noch alles geschehen würde.

Uwe arbeitete als Feinmechaniker bei der Firma Henkel in Düsseldorf-Holthausen. Er erzählte mir, dass man dort Mitarbeiter für Labortätigkeiten in der Klebstoffabteilung suchte. Ich bewarb mich in der Personalabteilung und wurde auch sofort eingestellt. Die Firma war mir außerdem behilflich, ein möbliertes Zimmer zu finden, es ging alles sehr schnell. Es war ein wunderbares Gefühl, nicht mehr so ganz alleine dazustehen. Ich hatte jetzt einen Menschen an meiner Seite, wurde unterstützt.

An den meisten Wochenenden fuhren wir in die Nähe von Hangelar ins Siebengebirge, wo wir gemeinsam in einem Verein Segelfliegen praktizierten. Wir übernachteten dort in einem alten Wohnwagen, es war sehr romantisch. Uwe war sehr zärtlich und einfühlsam. Ich genoss die unbeschwerte Zeit, das half mir sehr, die traurigen Vorkommnisse aus meiner Kindheit so nach und nach aus meinen Gedanken zu verdrängen.

Beim Karneval, 1966. Oben: mit Uwe, unten elegant in Pose.

Zwei persische Studenten, die Uwe über Freunde kennen lernte, suchten einen Fahrer, der gemeinsam mit ihnen drei gebrauchte Autos nach Teheran überführen sollte. Voller Begeisterung berichtete Uwe mir davon, ich war auch gleich Feuer und Flamme. Deshalb beschlossen wir, dieses Abenteuer gemeinsam zu wagen. Es wurde vereinbart, dass die auf der Fahrt anfallenden Kosten für Essen, Trinken und Übernachtung von den Autobesitzern getragen wurden. Zusätzlich wurde uns die Rückreise per Bus von Teheran nach Frankfurt bezahlt. Da Persien keine eigene Autoindustrie besaß, wurden dort zu der Zeit für gute

Gebrauchtwagen unglaublich hohe Preise erzielt. Es lohnte sich für die beiden Studenten auf jeden Fall, sie erzählten uns später, dass sich ihr finanzieller Einsatz nach Abzug aller Kosten verdoppelt hatte. Für uns war es eine Möglichkeit, aktiv an diesem für uns abenteuerlichen Vorhaben teilzunehmen. Dazu kam auch noch, dass wir nur ein Taschengeld benötigten. Besser ging es gar nicht.

Uwes Eltern waren von unserem Vorhaben überhaupt nicht begeistert, sie versuchten, uns davon abzubringen. Sie machten sich große Sorgen um uns, denn zu der Zeit war so eine Reise noch ein recht gefährliches Abenteuer. Alle Einwände gegen dieses Unternehmen stießen aber bei uns auf taube Ohren. Unsere Firma genehmigte den gewünschten Urlaub von drei Wochen, auch die notwendigen Visa für Jugoslawien und Bulgarien wurden uns bei den jeweiligen Konsulaten in Bonn erteilt.

Das Abenteuer begann. Wir fuhren durch Österreich, Jugoslawien und Bulgarien. Unterwegs wurde in einfachen Cafés, die an der Strecke lagen, eine kurze Pause eingelegt, um einen Tee zu trinken oder auch ein einheimisches Gericht zu essen. Wir übernachteten in sehr einfachen kleinen Pensionen, in denen die Bettwäsche wohl nur ab und zu einmal gewechselt wurde, wir legten uns sicherheitshalber unser eigenes sauberes Handtuch übers Kopfkissen.

Von der Freundlichkeit der Menschen, mit denen wir Kontakt hatten, waren wir sehr berührt. Sie taten alles, damit wir uns willkommen fühlten.

Als wir die Türkei durchquerten, wurden wir überall dort, wo wir Rast machten, von den Dorfbewohnern umringt. Touristen waren zu der Zeit an der Strecke völlig unbekannt. Manchmal begrüßten uns die Menschen sogar mit Tee und einer Art Buttermilch, sie waren unglaublich freundlich, ja sogar herzlich zu uns. Meine langen blonden Haare wurden überall bewundert. Die Kinder freuten sich und lachten fröhlich, wenn sie meine Haare anfassen durften.

Wir machten einen zweitägigen Zwischenstopp in Istanbul, unsere beiden Freunde hatten dort noch einiges zu erledigen. Wir bezogen unser Quartier im Hotel „Stop“, das bekannt war für seine bunt zusammengewürfelte Klientel. Wieder in Deutschland erfuhren wir, dass dort überwiegend Autohändler, Drogenschmuggler und andere bunte Vögel unterkamen. Ich war zu unserer Zeit jedenfalls die einzige weibliche Person im gesamten Hotel. Uwe stellte nachts immer vorsichtshalber einen Stuhl von innen vor die Tür und klemmte den oberen Teil der Rückenlehne so unter die Türklinke, damit sie nicht so einfach zu öffnen war. Das Schloss war so marode, dass man die Türe mit leichtem Druck sehr einfach aufstoßen konnte.

Nach zwei wunderschönen Tagen am Bosporus ging unsere Fahrt weiter.

Unsere beiden persischen Freunde wurden während des Aufenthalts in Istanbul vor Straßenräubern gewarnt, die in den kurvigen, steilen Bergstrecken Straßensperren errichteten, um dann Autofahrer auf den einsamen Nebenstraßen zu überfallen und auszurauben. Es wurde berichtet, dass sie auch vor Mord nicht zurückschreckten. Wir gelangten tatsächlich an so eine abgesperrte Stelle. Wir wollten kein Risiko eingehen, deshalb wurde das Schild schnell zur Seite geschafft, um anschließend mit recht hoher Geschwindigkeit weiterzufahren. Die

Strecke war frei.

Am Bosporus (Istanbul) mit Uwe.

Wir übernachteten noch einmal in der Osttürkei, nicht weit von der persischen Grenze entfernt. Am frühen Morgen des 19. August 1966 überquerten wir die Grenze und legten eine ziemlich lange Strecke zurück, bis wir das erste Mal Halt machten. Wir erfuhren erst einige Tage später, als wir bereits in Teheran waren, dass einige Stunden nach unserer Abreise eine große Erdbebenkatastrophe den Teil der Türkei völlig zerstörte, in dem wir die letzte Nacht verbracht hatten. Dabei kamen mehr als 2500 Menschen ums Leben, 10 000 wurden verletzt. Wir waren entsetzt, aber überglücklich, dieser Katastrophe so knapp entkommen zu sein.

Die letzten hundert Kilometer bis Teheran zogen sich unendlich lang dahin, die Fahrt durch das Wüstengebiet schien kein Ende zu nehmen. Wir waren allerdings sehr froh, ja geradezu erleichtert, unserem Ziel schon so nahe zu sein. Ich kann meine Gefühle gar nicht beschreiben, als wir uns auf der staubigen, sandigen Straße endlich Teheran näherten. Plötzlich tauchten am Horizont, durch Staub und Sand nur schemenhaft zu erkennen, große Häuser auf, uns begegneten immer mehr Autos, Motorräder und Pferdewagen. Nach der langen Fahrt, auf der wir nur ab und zu auf eine kleine Siedlung aus Lehmhäusern trafen, war dieser Anblick einfach nur überwältigend. Wir hatten es geschafft!

Ich war sehr erschrocken, als wir erfuhren, dass im Erdbebengebiet Seuchen ausgebrochen waren. Ohne Impfschutz gegen Pocken und Typhus durfte niemand durch das Gebiet reisen. Uns blieb keine Wahl, es gab keine andere Möglichkeit, wir mussten uns im Pasteur-Institut in Teheran impfen lassen, um überhaupt die Rückreise antreten zu können. Ich hatte die größten Befürchtungen, da ich vorher noch nie geimpft worden war. Mein Vater sagte mir einmal, ich bräuchte eine so genannte „Vorspritze", sonst könnte eine Impfung bei mir lebensgefährlich sein. Ich hatte keine Ahnung, was er damit genau meinte, war mir jedoch sicher, die Ärzte würden mit dieser Information etwas anfangen können.

Mir wurde doch ziemlich mulmig zumute, als man uns im Institut augenscheinlich nicht verstand. Wir wurden geimpft.

Ich wurde sehr krank. Mein Körper reagierte so heftig auf die Impfungen, dass ich hohes Fieber bekam und schlimmen Durchfall hatte. Als mein Darm leer war, kam nur noch Wasser und Blut. Die Narbe von der Pockenimpfung entzündete sich derart, dass man den Knochen sehen konnte, so tief war das Loch. Jeder neue Verband war in kürzester Zeit durch die Wundflüssigkeit triefend nass.

Ich konnte kein Essen bei mir behalten, schon der Geruch bereitete mir Übelkeit.

Uwe machte sich sehr große Sorgen. Die Rückfahrt mit mir in diesem Zustand überhaupt anzutreten, konnte er sich überhaupt nicht vorstellen. Er entschloss sich, zum Deutschen Generalkonsulat zu gehen. Er schilderte dort unsere Situation, erklärte, dass er um mein Leben bange, und bat um Hilfe. Er wollte einen Rückflug für uns bekommen, den wir natürlich auch nach Ankunft in Deutschland zurückzahlen würden. Das Konsulat lehnte jede Hilfe ab.

Am folgenden Morgen saßen wir im Bus, der uns bis Frankfurt bringen sollte. Wir wollten so schnell wie möglich nach Deutschland zurück, um zu Hause ärztliche Hilfe zu bekommen.

Der Bus war bis auf den letzten Platz gefüllt, Ziegen liefen im Gang umher, lebende Hühner waren in den Gepäcknetzen über unseren Köpfen verstaut. Die Gerüche und die große Hitze waren für mich nahezu unerträglich.

Ich war die meiste Zeit wie in Trance, bekam nur am Rande wie durch einen Nebel mit, was um mich herum geschah. An der türkischen Grenze war mein Zustand so schlimm, dass ich nicht mehr laufen konnte.

Als wir dort ankamen, war zufälligerweise der persische Gouverneur dieser Provinz-Region mit seiner Tochter an der Grenzstation. Wir mussten alle aus dem Bus aussteigen, um die Formalitäten zu erledigen. Da fiel mein jämmerlicher Gesundheitszustand auf.

Ich durfte die Grenze zur Türkei nicht überschreiten, der Busfahrer lud unsere Koffer aus und fuhr ohne uns weiter.

Die Tochter des Gouverneurs bemerkte uns. Sie kam sehr freundlich auf uns zu, erkundigte sich bei Uwe, was mit mir los sei, fragte, ob wir Hilfe benötigten. Ich war da bereits fast ohnmächtig.

Als ich am nächsten Tag wieder zu mir kam, lag ich in einem weißbezogenen Bett, Uwe saß auf einem anderen Bett neben mir. Es war ein riesiges Krankenhauszimmer, völlig leer, nur unsere beiden Betten standen mittendrin.

Der Provinzgouverneur hatte uns am Tage vorher in seinem Jeep 20 Kilometer landeinwärts in dieses Hospital gebracht. Der Krankenhausarzt, der sich sehr intensiv um mich kümmerte, hatte in Paris Medizin studiert. Er verabreichte mir Schweizer Medikamente, die mich langsam aber sicher wieder aufbauten. Seine Frau ließ für uns mitkochen, sie meinte, das Krankenhausessen sei nicht das Richtige für uns. Eine Hausangestellte brachte dann das Essen aus dem Privathaus zu uns ins Krankenzimmer. Alle haben sich wirklich sehr rührend um mich gekümmert.

Am Anfang war ich so schwach, dass Uwe mich zur Toilette tragen musste. Bei der Gelegenheit konnte ich in die hohen Wasserbehälter sehen, die oben offen waren. Oben auf dem Wasser lagen alte Mullbinden und andere schmutzige Gegenstände. Es waren die Wassertanks, aus denen sich die Patienten ihr Trinkwasser zapften.

Das kleine Dorf lag ganz in der Nähe des Hospitals, Uwe kaufte dort in dem einzigen Laden den Restbestand von zwei Dosen Coca Cola. Nie wieder in meinem Leben hat mir dieses Getränk so gut geschmeckt, es war so, als hätte es meine Lebensgeister wieder geweckt. Ich glaube nicht, dass ich ohne Uwe und seine Fürsorge diese Reise überlebt hätte.

Am gleichen Tag, an dem ich eingeliefert wurde, war ein vollbesetzter Bus einen Berg hinabgestürzt. Viele Verletzte lagen auf den Gängen des Krankenhauses, manche nur auf Strohmatten, weil nicht genug Betten vorhanden waren. Alle wollten mich berühren, lächelten mich an. Sie hatten noch nie einen blonden Menschen gesehen. Der Arzt sagte uns, dass sie glaubten, ich wäre vom Himmel gesandt. Sie wollten auch nicht mit mir in dem einzigen Krankenzimmer liegen, sie bestanden darauf, dass ich das Zimmer alleine für mich haben sollte, um besser genesen zu können.

Mir steigen immer noch Tränen in die Augen, wenn ich daran denke. Diese Nächstenliebe hat mich sehr berührt. Ich wollte das alles nicht, war tief beschämt. Der Arzt meinte aber, ich solle es als Geschenk annehmen, darüber würden sich die Menschen am meisten freuen. Als es mir besser ging, habe ich mich bei jedem Einzelnen dieser wunderbaren Menschen bedankt. Ich werde sie nie vergessen.

Der Bus war weg, aber wir schafften es, per Anhalter zunächst bis an die jugoslawische Grenze zu gelangen. Wir legten diese lange Strecke auf die abenteuerlichste Weise zurück, unter anderem auch viele hundert Kilometer hinten auf einer offenen LKW-Ladefläche. Wir wurden heftig durchgeschüttelt und der Staub nahm uns teilweise den Atem. Der Fahrer setzte uns an seinem Zielort an einem Café an der Durchgangsstraße ab. Dort hatten wir dann das große Glück, dass uns ein armenischer Kraftfahrer, der bis nach Österreich fuhr, mitnahm. Besser ging es gar nicht, dachten wir.

Wir waren schon auf der jugoslawischen Seite der Grenze, als festgestellt wurde, dass wir für Jugoslawien nur ein einfaches Hinreisevisum hatten. Wir waren geschockt, das hieß nämlich, zurück nach Sofia, um dort im Konsulat ein Rückreisevisum zu bekommen. Wir hatten jeder einen Koffer dabei, wir sollten ja mit dem Bus zurückfahren. Jetzt aber, unter diesen Umständen, war so viel Gepäck der reinste Ballast. Und damit zurück nach Sofia? Uwe meinte, für eine Frau wäre es leichter, per Anhalter zurechtzukommen. Er bliebe mit den Koffern an der Grenze. Ich fand sein Verhalten unmöglich, mich so alleine ins Ungewisse mit wenig Bargeld per Anhalter zurückfahren zu lassen, erklärte mich aber schließlich nach einigem Hin und Her dazu bereit.

Mit unseren beiden Pässen in meiner Handtasche schloss ich mich einer größeren Gruppe Fußgängern an. Ich durchquerte das „Niemandsland" in gebeugter Haltung, mein blondes Haar mit einem Tuch umwickelt. Immer in großer Angst, von den mit Maschinengewehren bewaffneten Grenzposten entdeckt zu werden. Ich hatte ja kein gültiges Visum mehr, ich reiste illegal ein, in meinem Reisepass war ja bereits der Ausreisestempel. Über hundert Meter, es kam mir vor wie eine Ewigkeit. Ich zitterte am ganzen Körper und war schweißgebadet, als ich es endlich geschafft hatte, die bulgarische Seite unentdeckt zu erreichen.

Das jugoslawische Konsulat war für diesen Tag bereits geschlossen, als ich endlich dort eintraf. Ich hatte jedoch das ganz große Glück, vor der verschlossenen Türe auf einen Bulgaren zu treffen, der dort auch für sich und seine Familie ein Visum beantragen wollte. Wir kamen ins „Gespräch". Mit Händen und Füßen erklärte ich ihm meine Lage und bat ihn um Hilfe. Obwohl wir keine gemeinsame Sprache hatten, verständigten wir uns.

Er lud mich ein, ihn zu seiner Familie zu begleiten. Ich wurde sehr freundlich von ihnen aufgenommen, sie behandelten mich mit unglaublicher Herzlichkeit und verwöhnten mich mit wunderbarem Essen und Trinken. Ich konnte duschen und in einem bequemen Bett schlafen.

Am nächsten Morgen fuhren wir zusammen zurück in die Stadt und ich erhielt meine Visa. Der gute Mensch war so fürsorglich, er brachte mich noch an eine geeignete Stelle der Landstraße, von wo aus ich gute Chancen hatte, per Anhalter an die jugoslawische Grenze zu kommen. Ich wurde auch recht schnell von einem LKW-Fahrer mitgenommen.

Auf der Fahrt wurde der junge Mann sehr zudringlich, wollte mit mir in seiner Kabine ganz offensichtlich Sex haben. Ich rückte ganz dicht an die Türe, redete pausenlos mit übertriebener Gestik auf ihn ein. Er verstand kein Wort, aber mein Benehmen hat ihn wohl von seinem anfänglichen Vorhaben abgebracht. Ich war mir sicher, dass ich die Situation im Griff hatte. Solange er am Steuer saß und fuhr, konnte mir nichts passieren. Wer findet auch schon eine pausenlos laut redende, mit den Händen fuchtelnde Frau sexy? Für jeden zurückgelegten Kilometer schickte ich ein kleines Stoßgebet gen Himmel. Ein riesiger Stein fiel mir vom Herzen, als wir endlich die Grenze erreichten.

Der bulgarische Zöllner konnte es gar nicht fassen, dass ich mich augenscheinlich ohne Visum im Land befunden hatte. Ich war mir vollkommen darüber im Klaren, wie ernst die Situation war, in der ich mich befand. Naiv und hilfsbedürftig zu wirken, war meine einzige Chance, ungeschoren aus dieser misslichen Lage herauszukommen.

Ich zeigte ihm auch an Hand von Uwes Reisepass den Grund meiner erneuten Einreise und bat ihn, mit Händen und Füßen, mich doch bitte, bitte auf die jugoslawische Seite zu lassen, wo ich bereits von Uwe erwartet wurde. Ich war auf sein Wohlwollen angewiesen. Er hatte Erbarmen mit mir, ließ mich kopfschüttelnd gehen.

Oben: links ein Komparse im James-Bond-Film „Liebesgrüße aus Moskau", unten jugoslawischer Fahrer und Mittramperin auf dem Weg zurück nach Deutschland.

In Jugoslawien nahm uns ein junger Mann mit, der als Gastarbeiter in Deutschland arbeitete. Das war ein glücklicher Zufall, denn er wohnte in Mönchengladbach, nicht weit von Düsseldorf entfernt. Wir teilten uns die Benzinkosten, und Uwe und der hilfsbereite junge Mann wechselten sich bei der Autofahrt ab. So fuhren wir bis vor die Haustüre von Uwes Eltern.

Mein Arbeitgeber kündigte das Arbeitsverhältnis, weil ich den Urlaub um zwei Wochen überzogen hatte.

So kam ich zur Deutschen Schutzvereinigung für Wertpapierbesitz, wo ich als Telefonistin eingestellt wurde. Für den Anzeigenleiter der Zeitschrift „Das Wertpapier“ erledigte ich auch noch die anfallende Korrespondenz. Besonders genoss ich es, wenn wir zum Monatsende zur Druckerei fuhren, um dort Korrektur zu lesen. Das waren zwei interessante und abwechslungsreiche Tage. Der Chefredakteur, ein Feinschmecker, führte uns dann mittags immer groß zum Essen aus, das war der absolute Höhepunkt für mich. Am Monatsende kam das sehr gut bei mir an, zu Hause war dann bei mir immer Schmalhans Küchenmeister angesagt.

Meinem Stuhl, auf dem ich im Büro saß, sagte man nach, dass er „fruchtbar“ sei. Alle Damen, die bisher darauf gesessen hätten, wären schwanger geworden, hieß es. Ich lachte nur, wie soll man auch so etwas glauben!

Ich wurde eines Besseren belehrt, ich wurde schwanger. Uwe war nicht gerade davon begeistert, seine Eltern waren allerdings richtig entsetzt. Sein Vater wurde einige Wochen zuvor pensioniert, und sie befanden sich mitten im Umzug nach Sipplingen, am Bodensee, als wir es ihnen sagten. Sie wollten mich mit großem Nachdruck zu einer Abtreibung überreden. Auch Uwe pflichtete ihnen bei und meinte, das wäre wohl das Beste. Ich wehrte dieses Ansinnen allerdings entschieden ab. Das kam für mich überhaupt nicht in Frage, ich wollte das Kind bekommen, freute mich auch sehr darauf.

Auch Uwe freundete sich nach und nach mit dem Gedanken an. Wir nahmen uns eine gemeinsame Wohnung, die Uwe ausbaute und für uns renovierte. Es war ein riesiger Raum über einem Stall auf einem Bauernhof. Wunderschön gelegen mit Fenstern bis zum Boden, etwas nicht Alltägliches.

Wir beschlossen, zu heiraten, mussten aber noch bis zu meiner Volljährigkeit Ende August damit warten. Unser Kind sollte Mitte/Ende November zur Welt kommen. Wir bestellten das Aufgebot für Anfang September und luden Uwes Familie, meinen Bruder Werner und einige Freunde zu unserer Hochzeit ein. Wir wollten nach der Trauung bei uns im neuen Heim eine fröhliche Party feiern.

Uwe und unser gemeinsamer Freund Helmut fuhren vorher noch für eine Woche zu seinen Eltern nach Sipplingen, um dort am Bodensee ein paar Tage Urlaub zu machen.

Eine Woche vor unserer Hochzeit feierten wir noch bei Freunden ein großes Geburtstagsfest. Dort berichtete mir Helmut, dass Uwe mich in ihrem gemeinsamen Urlaub mit einer anderen Frau betrogen hatte.

Uwe und ich saßen auf dem Heimweg von der Party in seinem alten Sprite Sportwagen, als ich ihn wütend mit seinem Fehlverhalten konfrontierte. Er war sehr geschockt, stritt es aber auch nicht ab. Ich kurbelte das Fenster herunter und warf den Verlobungsring aus dem fahrenden Wagen. Uwe musste die Hochzeit absagen und alle Einladungen stornieren. Ich war zutiefst verletzt und durch nichts mehr umzustimmen, mein Vertrauen in ihn war zerstört.

Meine Tochter Nicole

Am Sonntag, dem 26. November 1967, kam Nicole in der Frauenklinik Flurstraße, in Düsseldorf, zur Welt. Mit einer Woche Verspätung, aber Gott sei Dank kerngesund und munter. Wir wünschten uns beide sehr ein Mädchen, ich war mir auch ganz sicher, dass es so bekommen würde, war auf einen Jungen gar nicht eingestellt.

Als ich mit meinem kleinen Köfferchen in das Vierbettzimmer trat, hatten die drei anwesenden Frauen schon entbunden. Alle hatten Mädchen zur Welt gebracht! Ich war in diesem Moment so enttäuscht und fertig, ich musste weinen. Es war ja klar, noch ein Mädchen in dem gleichen Zimmer, das war mehr als unwahrscheinlich.

Aber so kann man sich täuschen!

Nach der Geburt bekam ich Nicole nur ganz kurz zu sehen. Ich hatte sehr starke Nachblutungen, die eine Nachtastung in Vollnarkose erforderlich machte. Alles musste sehr schnell gehen, um mein Leben nicht zu gefährden.

Ich wachte in meinem Zimmer wieder auf und bat sofort darum, meine Tochter sehen zu dürfen. Ich war zu schwach zu laufen, deshalb brachte mir eine junge Lernschwester ein kleines, in weiße Moltontücher gewickeltes Bündel mit den Worten: „Hier ist ihre kleine Tochter.“ Ich blickte das Baby nur ganz kurz an. „Das ist nicht mein Kind“, schrie ich verzweifelt. Das Blut gefror in meinen Adern. „Das ist eine Verwechslung.“

Die Lernschwester sagte: „Doch, das ist ihr Kind, sie haben es ja vorher nur kurz gesehen.“ Ich konnte nur noch schreien, vor lauter Schmerz und Verzweiflung schrie ich das ganze Krankenhaus zusammen. Die Stations-Schwester kam angerannt und wollte wissen, was los sei. Es stellte sich heraus, dass die junge Schwester das linke mit dem rechten Kinderbettchen verwechselt hatte. Ich habe lange gebraucht, um mich von diesem Schock zu erholen.

Ich werde den Anblick meiner Tochter mit dem kleinen, zarten Gesichtchen nie im Leben vergessen. Als ich sie endlich in den Armen hielt, schaute sie mich mit einem Auge groß und ernst an, das andere Auge war zu, von Augentropfen ein wenig verklebt. Es war Liebe auf den ersten Blick. Ich war erleichtert und unendlich glücklich.

Gleich am übernächsten Tag nach der Entbindung bekam ich Besuch vom Jugendamt. Die ältere Frau war sehr diskret. Sie bat mich, mit ihr auf den Flur zu gehen, damit wir ungestört reden konnten. Sie erklärte mir, dass das Jugendamt automatisch die Vormundschaft für unehelich geborene Kinder erhalte. Wenn ich nicht damit einverstanden sei, könnte ich selbstverständlich die volle „elterliche Gewalt“ bei Gericht beantragen. Die würden die Umstände, in denen ich lebte, überprüfen und nach Sachlage entscheiden.

Ich war völlig fertig. Es war mein Kind, niemand anderes als ich sollte die Vormundschaft darüber haben. Es fühlte sich für mich an, als würde man mir mein Kind jederzeit wegnehmen können. Das durfte nicht passieren, ich musste um meine kleine Tochter kämpfen. Am 7. August 1968 übertrug mir das Vormundschaftsgericht in Düsseldorf die elterliche Gewalt für meine Tochter Nicole. Das sollte aber nicht der letzte Kampf um meine Tochter gewesen sein.

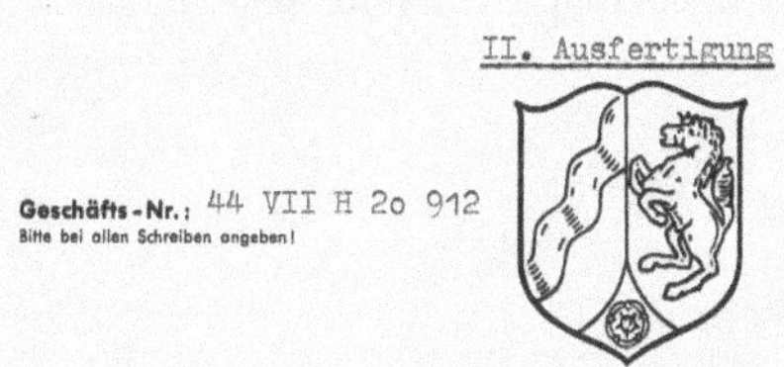

II. Ausfertigung

Geschäfts-Nr.: 44 VII H 2o 912
Bitte bei allen Schreiben angeben!

AMTSGERICHT DÜSSELDORF

BESCHLUSS

Die elterliche Gewalt über die am

26. November 1967 geborene Nicole

wird nach § 17o7 Abs. 2 BGB ihrer Mutter, Brigitte in Düsseldorf, Speldorferstraße 12, übertragen.

Die Vormundschaft ist beendet.

Düsseldorf, 7. August 1968
Amtsgericht, Abt. 44
Roß, Amtsgerichtsrat

Ausgefertigt

Düsseldorf, 26. März 1979

Justizangestellte als Urkundsbeamter
der Geschäftsstelle des Amtsgerichts

Schreiben des Amtsgerichts Düsseldorf zur Beendigung der Vormundschaft.

Es war niederschmetternd für mich, als Uwe uns nach Hause holte. Ich hatte ihm einige Tage vorher eine Liste mit den Dingen gegeben, die er vorab besorgen sollte.

Nichts davon war geschehen, so war mein erster Gang mit meiner kleinen Tochter, erst einmal das Nötigste einzukaufen. Als wir zu Hause eintrafen, war die Wohnung eiskalt und unordentlich. Er war immer schon in vielen Dingen nachlässig gewesen, aber dieses lieblose Verhalten hat mich sehr enttäuscht.

Mit Nicole (1 Monat alt).

Um Geld zu verdienen, arbeitete ich zweimal pro Woche nachts in einer Szene-Kneipe in der Düsseldorfer Altstadt hinter der Bar. Wir hatten vereinbart, dass Uwe dann in dieser Zeit Nicole zu Hause versorgen sollte. Zunächst ging das auch ganz gut. Eines Nachts kam ich von der Arbeit nach Hause, Uwe war nicht da. Das Bett war zerwühlt und darunter fand ich einen Aschenbecher mit Kippen, an denen Lippenstift zu sehen war. Nicole schlief Gott sei Dank tief und fest in ihrem Bettchen. Nach diesem Vorfall war ich außer mir vor Enttäuschung, Wut und Unverständnis. Ich war nicht bereit, weiter von ihm verletzt zu werden, distanzierte mich innerlich von ihm und begann, Überlegungen für Nicole und meine Zukunft anzustellen.

Ich zog mit Nicole in eine Zweizimmerwohnung an der Speldorfer Straße, nicht weit vom Aquarium entfernt, in Düsseldorf-Zoo. Ein Raum war das Büro einer Aufzugfirma, für die ich die Anrufe entgegennahm, dafür hatte ich freies Wohnen und ein kleines Gehalt. Ein Segen für uns beide.

Ich musste alle meine Überredungskünste anwenden, diesen Job zu bekommen. Am Ende des Jahres würde das Büro ohnehin aufgelöst werden, weil dann die Arbeit von der Frankfurter Zentrale aus weitergeführt würde. Herr Porada, mit dem ich das Vorstellungsgespräch führte, befürchtete, ich würde dann mit meiner Tochter auf der Straße stehen, das könne er nicht verantworten, meinte er.

Er hatte vollkommen Recht, aber mir würde schon etwas einfallen. Ich brauchte aber jetzt erst einmal eine Verschnaufpause, wollte einfach nur zur Ruhe kommen. Ich schaffte es, ihn zu überzeugen, mir den Job zu geben.

Herr Porada nutzte das Büro nur freitags für ein paar Stunden, erledigte einige Telefonate und überprüfte die angefallenen Reparaturberichte. Er gestattete mir sogar, Nicoles Kinderbettchen in den Büroraum zu stellen. Er war ein wirklich sehr verständnisvoller, warmherziger Mensch.

Es war Pfingsten, Werner hatte seinen Besuch angesagt, wir wollten endlich einmal wieder ein paar Tage miteinander verbringen. Wir sahen uns recht selten, deshalb freute ich mich sehr auf ihn. Meine kleine Tochter hatte er bis dahin auch noch nicht kennen gelernt. Er arbeitete als Metzger bei dem damaligen Kölner Obermeister in dessen Betrieb auf dem Gottesweg in Köln-Klettenberg. Er kam an diesem Pfingstsamstag direkt von der Arbeit zu uns. Sein Chef hatte es sich nicht nehmen lassen, Werner ein dickes Paket mit Steaks und Aufschnitt für uns mitzugeben.

Die kleine Wohnung war nur sehr spartanisch eingerichtet, aber wir machten es uns gemütlich und erzählten, wie damals zu Hause, auf dem Klettenberggürtel.

Was mir aber immer im Gedächtnis geblieben ist, war sein Vorwurf, ein uneheliches Kind zu haben. Er zeigte kein Verständnis dafür, dass ich Uwe wegen seines Seitensprungs nicht geheiratet hatte, er meinte, es sei dumm von mir.

Was wir beide damals noch nicht wissen konnten, dieses gemeinsame Wochenende sollte für über vier Jahrzehnte unser letzter Kontakt zueinander gewesen sein. Die letzte Information über Werners Verbleib erhielt ich ungefähr zwei Jahre später, als ich mit Fräulein Jokisch telefonierte. Werner hatte sich freiwillig zur Bundesmarine gemeldet und arbeitete zu dieser Zeit als Schiffskoch.

Neue Möglichkeiten

Der Fotograf sprach mich an, als ich mit Nicole im Kinderwagen durch die Altstadt Richtung Rhein spazieren ging. Er gab mir seine Visitenkarte und lud mich in sein Atelier ein, um dort Probeaufnahmen von mir und Nicole zu machen. Ich war erst recht skeptisch, aber er erzählte mir, seine Frau, Brigitte Schiller, habe eine Modellagentur in Düsseldorf. Sie sei sicherlich auch sehr daran interessiert, mich kennen zu lernen.

So entstand eine sehr erfolgreiche Zusammenarbeit mit Brigitte und Ulrich Schiller. Mein Künstlername war Coco. Nicole, die auch einige Aufträge erhielt, war der Einfachheit halber die „kleine Coco". Zu meinen Aufträgen kam meine kleine Nicole überall mit hin. Sie war ein sehr liebes Kind, die Kunden und Fotografen hatten nichts dagegen einzuwenden, im Gegenteil, sie wickelte alle mit ihrem Charme um den kleinen Finger.

Es war ein großes Glück, dass wir auf diese Weise zusammen sein konnten. Wir wurden auch manchmal für gemeinsame Fototermine gebucht, für Kataloge und andere Werbeaufnahmen. Der Düsseldorfer Fotograf Charles Wilp (1932-2005), der mitverantwortlich für die Puschkin-Werbung war und mit seiner Foto-Serie von Afri-Cola Kultstatus erreichte, war von der „kleinen Coco" sehr angetan, er buchte sie mehrfach für Aufnahmen.

In der Zeit lernte ich auch Howard Carpendale und seine damalige Frau kennen. Er war gerade am Anfang seiner Karriere als Sänger. Wir hatten drei gemeinsame Auftritte. Im Hamburger Atlantic Hotel, im Münchner Hotel Bayerischer

Hof und in einem exklusiven Düsseldorfer Nachtclub. Es waren drei Modeschauen, auf der ich mit mehreren internationalen Modellen zusammen Designermode einem erlesenen Publikum vorführte. Howard machte mit seiner Band dazu die Backgroundmusik. Wir hatten sehr viel Spaß zusammen, gingen nach den Shows noch gemeinsam Essen, klönten bis spät in die Nacht, wir waren eine lustige Truppe.

Werbeaufnahmen von damals.

In den Bavaria-Filmstudios in München drehte ich zwei Werbefilme, die als Vorspann in den Kinos gezeigt wurden. Ich selber habe diese Spots nie gesehen. Mich interessierten die Filme nicht, die anschließend gezeigt wurden. Zu der Zeit wurde ich sehr oft von völlig fremden Menschen darauf angesprochen, sie erkannten mich sogar auf der Straße. Ich muss gestehen, dass ich mir diese beiden Werbefilme, es ging um Schokolade, jetzt doch ganz gerne einmal anschauen würde.

Zwischen meinen Engagements als Modell war ich für eine Zeitarbeitsfirma tätig. Dadurch arbeitete ich in verschiedenen Firmen als Urlaubsvertretung, erledigte die anfallenden Büroarbeiten.

Nicole war dann in dieser Zeit für einige Wochen bei ihren Großeltern am Bodensee zu Besuch. Die beiden liebten Nicole sehr. Für mich war es sehr wichtig, dass meine Tochter auch eine emotionale Bindung zu Uwes Eltern entwickelte, meine Familie existierte ja nicht mehr. Das war für alle Beteiligten eine sehr gute Lösung.

Sie behandelten mich bei meinen Besuchen immer sehr freundlich, ich fühlte mich bei ihnen wohl. Obwohl ich die Mutter ihrer Enkelin war, redeten sie mich immer mit „Fräulein Brigitte“ an. Wir „siezten“ uns auch, ich empfand das als sehr förmlich und distanziert. Rückblickend war das aber auch ein Zeichen der damaligen Zeit, die ältere Generation ging noch nicht so locker mit allem um. Ich war immer einige Tage Gast bei ihnen, wenn ich meine kleine Tochter brachte und auch wenn ich sie abholte.

Nicole und Oma am Bodensee.

Zu der Zeit begann Uwe sein Ingenieur-Studium, die Unterhaltszahlungen kamen nur sehr unregelmäßig, blieben manchmal auch ganz aus. Es war unmöglich für mich, mit meinem unregelmäßigen Einkommen und der Art und Weise, wie Uwe mit seinen Verpflichtungen seiner Tochter gegenüber umging, eine eigene Wohnung zu unterhalten. Mir blieb nichts anderes übrig, als bei Freunden unterzukommen. So lebte ich mit meiner kleinen Nicole in unterschiedlichen Wohngemeinschaften, so hielten sich die monatlichen Fixkosten in einer überschaubaren Größe. Der andere Vorteil war, dass Nicole auch andere Spielkameraden hatte und wir Erwachsenen uns beim Babysitten gegenseitig unterstützen konnten.

In dieser Zeit hatte ich große Existenzängste, denn bei meinen Tätigkeiten gab es keine Sicherheit, ich konnte immer nur mein Bestes geben und darauf hoffen, dass genügend Aufträge für mich hereinkamen. Auf keinen Fall wollte ich staatliche Hilfe in Anspruch nehmen, ich hatte viel zu große Angst davor, dass man mir meine Tochter wegnehmen würde, wenn ich nicht ausreichend für uns sorgen konnte.

Was ich nicht ahnte, war die Tatsache, dass von Seiten des Großvaters bereits ab

1969 der Versuch gestartet wurde, mich beim zuständigen Jugendamt in Düsseldorf zu verunglimpfen. Er stellte mich in ein äußerst schlechtes Licht, um dann daraus resultierend zu einem geeigneten Zeitpunkt das Aufenthaltsbestimmungsrecht über Nicole zu bekommen.

Viele Jahre später, nach dem Tod seines Vaters, fand Uwe eine Akte zwischen dessen persönlichen Sachen. Dort hatte er sämtliche Korrespondenz in Kopie abgeheftet. Auch die Briefe, die ich an die Großeltern und an Uwe in dieser Zeit geschickt hatte, befanden sich in der Akte. Diese war mit „Nicole“ gekennzeichnet.

Uwe war nach seinem eigenen Bekunden sehr geschockt, als er einige Briefe las. Er überreichte mir diese Akte, damit ich mir selber ein Bild von den unglaublichen Intrigen machen konnte. Er wollte mir wohl auch dadurch demonstrieren, dass er mit all diesen Dingen nichts zu tun gehabt hatte. Er hätte davon nicht das Geringste gewusst, sagte er mir. Als ich mich mit dieser Akte näher beschäftigte, war ich bis ins tiefste Mark erschüttert, es war, als hätte mich ein Dolchstoß in den Rücken getroffen. So ein hinterlistiges Verhalten, mir freundlich ins Gesicht zu lächeln, mir hintenherum aber mein Kind wegnehmen zu wollen, das war für mich einfach unbegreiflich.

Alles begann mit meinem Anruf bei den Großeltern. Ich wollte einen Termin vereinbaren, an dem ich Nicole wieder abholen würde. Mir wurde von Uwes Vater lapidar mitgeteilt, dass er als Pfleger für Nicole bestellt sei. Das Amtsgericht in Überlingen hätte ihn als solchen eingesetzt. Das beinhalte auch automatisch das Aufenthaltsbestimmungsrecht. Er würde mir meine Tochter auf keinen Fall aushändigen, ich solle erst gar nicht kommen. Das offizielle Schreiben würde mir zugestellt.

Ich fühlte mich, als wäre mir der Boden unter den Füßen weggezogen worden. Ich befand mich in einem absoluten Alptraum, konnte das, was ich soeben gehört hatte, überhaupt nicht fassen. Meine größten Ängste waren plötzlich schreckliche Realität.

Der Rechtsanwalt, den ich noch am gleichen Tag aufsuchte, versuchte vergebens, mich zu beruhigen, wurde aber sofort in meinem Auftrag tätig.

Es waren acht grauenvolle Tage der Ungewissheit, mit großen Verlustängsten. Was mir da widerfuhr, hätte ich mir in meinen Träumen nicht schlimmer ausmalen können.

Mein Rechtsanwalt wollte in einem Eilverfahren die sofortige Herausgabe meiner Tochter an mich erwirken. Bevor es aber zum Prozess kam, lenkte Herr K. ein. Er willigte plötzlich ein, meine Tochter an mich herauszugeben und wollte dem Amtsgericht in Überlingen dies auch mitteilen. Mein Anwalt riet mir jedoch eindringlich, meine Tochter nicht alleine bei den Großeltern abzuholen, sonder einen Zeugen mitzunehmen. Dieser Rat war, juristisch gesehen, vollkommen einleuchtend. Ich fühlte mich aber bei dem Gedanken, jemanden mit in diese Sache hineinzuziehen, sehr unwohl. So fuhr ich alleine am gleichen Abend mit dem Nachtzug zu meiner kleinen Tochter.

Die Freundlichkeit, mit der ich von den Großeltern empfangen wurde, stand im krassen Gegensatz zu dem, was in den letzten Tagen geschehen war. Herr K. führte wortreich seine Gründe für dieses unglaublich kaltblütige Verhalten an. Beide baten mich außerdem unter Tränen sehr inständig darum, ihnen mein Kind jetzt nicht vollkommen zu entziehen.

Mit Nicoles Oma.

Das war auch nicht meine Absicht. Nicht ihretwegen, sondern ich wollte meiner Tochter die Großeltern, die sie sehr liebte, nicht vorenthalten. Ich versprach ihnen, den Kontakt nicht abreißen zu lassen.

Ich konnte nicht ahnen, dass der Schriftverkehr mit den Behörden seitens des Großvaters munter weitergeführt wurde. Nicoles Opa forderte das Jugendamt weiterhin schriftlich auf, mich überprüfen zu lassen. In ihren Augen war meine Arbeit als Fotomodell und Mannequin äußerst unseriös, ich musste in ihren Vorstellungen deswegen einen schlechten Lebenswandel führen.

Die Tatsache, dass Uwe seinen Unterhaltsverpflichtungen nur sehr unregelmäßig nachkam, ließ mich vermuten, dass sie, indem sie mir Nicole entziehen, ihren Sohn vor gerichtlichen Forderungen meinerseits schützen wollten.

Bei Durchsicht der Akte von Nicoles Opa wurde genau diese Ahnung als wahr bestätigt.

Ich fühlte mich wie ein Tier, das man angeschossen und schwer verwundet hatte.

Was ist das für Elternliebe, sich vor den Sohn zu stellen, damit dieser sich vor seiner Verantwortung drücken kann?

Nicoles Opa schrieb in seinen Anträgen an das Jugendamt und das Amtsgericht unter anderem Folgendes:

Die uneheliche Mutter ist selbst als Opfer außerordentlich trauriger Familienverhältnisse zu betrachten. Aus Gründen, die hier nicht näher erörtert werden sollen, betätigt sie sich als Fotomodell. Ihr Einkommen ist sehr unterschiedlich.

Nach ihren eigenen Aussagen ist die Ehe der Eltern schon seit langem geschieden, der Vater soll notorischer Trinker sein, ihre Mutter nach erworbener Geis-

teskrankheit sich in dauernder Anstaltsunterbringung befinden. Nach ihren eigenen Angaben hat sich die Kindesmutter nach dem Zusammenbruch der Familie in Heimerziehung in Süchteln befunden. Die Fürsorgeakten befinden sich vermutlich in Köln, wo die Familie ansässig war.

Es besteht der Verdacht, dass die Kindesmutter nicht im Vollbesitz ihrer geistigen Kräfte ist, obwohl ihr Auftreten sehr gewandt erscheint. Es besteht der Eindruck, dass nicht nur das Kind, sondern auch die Kindesmutter der Hilfe bedarf. Es bleibt uns nichts anderes übrig, als wenigstens das Kind vor dem sicher zu erwarteten Untergang zu bewahren.

Bereits vor einiger Zeit habe ich in Erwägung gezogen, ein Verfahren mit dem Ziel der Entziehung der Vormundschaft gegen Fr. H. einzuleiten. Ich betone ausdrücklich, dass das Vorleben und die Einstellung der Kindesmutter zur Gesellschaft und Umwelt ohne Übertreibung als geradezu katastrophal zu bezeichnen ist.

Das Kind befindet sich bereits seit drei Wochen bei uns. Es ist gut erzogen und leicht lenkbar, so dass wir keine Schwierigkeiten sehen, es für längere Zeit bei uns zu behalten. Wir wären auch bereit, das Kind später zu adoptieren, wenn sich die persönlichen Verhältnisse der Mutter verschlechtern bzw. nicht normalisieren sollten.

Unser Entschluss, das Aufenthaltsbestimmungsrecht über das Kind zu beantragen, beruht einzig und allein darauf, dass wir es für unsere Pflicht halten, mit allen uns zur Verfügung stehenden Mittel zu verhindern, dass das kleine Mädchen unter ihrer unehelichen Geburt zu leiden hat. Es kommt hinzu, dass meine Frau selbst jahrelang als Angestellte bei einem städtischen Jugendamt war und die Nöte und Schicksale eines unehelich geborenen Kindes kennt.

Der erlittene Schmerz lag auf meiner Seele und steckte lange Zeit tief in meinen Knochen. Ich wollte so weit wie möglich weg, wollte mich nie wieder so einer Auseinandersetzung stellen müssen.

Rückblickend, nach so vielen Jahren, möchte ich zur Ehrenrettung der Großeltern zu den Vorkommnissen sagen, dass ihre Fürsorge und Liebe zu meiner Tochter sie wahrscheinlich dazu verleitet hat, so massiv gegen mich vorzugehen. Der Schmerz darüber ist lange vergangen, und ich habe ihnen verziehen.

Flucht aus Deutschland

Eine junge Frau aus Düsseldorf, die ich seit Jahren recht gut kannte, führte eine kleine Kneipe, beziehungsweise ein kleines Café, in dem Urlaubsort Lloret de Mar, in Nordspanien. Sie fuhr Ende März wieder dorthin, um nach der Winterpause klar Schiff zu machen, alles wieder für die neue Saison vorzubereiten. Wir unterhielten uns, sie kam auf die Idee, es wäre doch toll, wenn ich mitkäme, sie dort unterstützen würde. Sie könne meine Hilfe sehr gut gebrauchen, es sei auch viel einfacher, eine Vertrauensperson vor Ort zu haben, dann könne sie sich auch manchmal für einige Stunden aus dem Tagesgeschäft zurückziehen.

Nach einigen Überlegungen sah ich das als große Chance an, Deutschland und damit den Erinnerungen an die schlimmen Vorfälle den Rücken zu kehren. Nicole war erst drei Jahre alt, noch lange nicht Schulpflichtig. Wenn nicht jetzt, wann dann? Ich hatte nichts zu verlieren, ein ganz neuer Anfang würde Nicole und mir gut tun.

Ich erkundigte mich bei der Mitfahrzentrale in Düsseldorf über die Möglichkeit, auf diese Weise nach Lloret de Mar zu kommen. Es klappte, ein VW-Bus fuhr einige Tage später Richtung Spanien.

Der Brief, den ich an Uwe am 30. April 1971 aus Lloret de Mar geschickt hatte, stammt auch aus der Akte „Nicole". Ich füge ihn hier ein, er erklärt meine Situation am Besten.

hotel LA PALMERA

CALLE DEL CARMEN, 17 - TELEFONOS 33 47 00 - 33 47 04 - DIRECCION TELEGRAFICA «PALMOTEL»

LLORET DE MAR, den 30. 4. 1971
Gerona - España

Lieber Uwe !
Liebe Ulla !

Wir sind seit einem Monat hier in Spanien. Ich arbeite in dem oben genannten Hotel in der Reception. Coco ist halbtags in einem englischen Kindergarten untergebracht, die andere Hälfte des Tages verbringt sie mit mir, da ich nur halbtags beschäftigt bin.
Da ich von Dir noch das Geld für April zu bekommen habe, möchte ich Dich bitten, mir das Geld an die Hoteladresse zu schicken.
Ich werde die ganze Saison hier bleiben.
Wenn es Dir finanziell möglich ist, schicke mir doch bitte das Geld für denMonat Mai gleich mit, da ich erst am 15.5. mein erstes Geld bekomme.
Es würde mich freuen, mal etwas von Euch zu hören.

Viele Grüße

Brigitte & Coco

„Lieber Uwe! Liebe Ulla! Wir sind seit einem Monat hier in Spanien."

Ich muss leider sagen, dass ich auf diesen Brief nie eine Antwort erhalten habe. Uwe leistete seit dieser Zeit über ein Jahrzehnt keine Unterhaltszahlungen mehr. Ich habe nichts gegen ihn unternommen. Im Gegenteil, ich war froh und erleichtert, den Machenschaften der Großeltern entkommen zu sein, wollte auch keine Rechtsstreitigkeiten.

In dem Café meiner Freundin lernte ich einen jungen Engländer kennen. Billy Neill war Musiker, spielte Tenor Saxophon. Wir fühlten uns sehr zueinander hingezogen, verliebten uns ineinander. Wir erlebten wunderbare, unbeschwerte Tage miteinander. Es war sehr romantisch. Wir liebten uns nachts am menschenleeren Strand unterm Sternenhimmel, redeten stundenlang eng umschlungen. Wir rauchten den einen oder anderen Joint und genossen das gemeinsame Beisammensein.

Billy und Nicole kamen gut miteinander aus, wenn ich meine Freundin im Café unterstützte, waren die beiden am Strand, oder spielten zusammen am Hotel-Pool.

Nach und nach ging uns aber der ganze Trubel, der in der Saison an dieser Küste Spaniens herrschte, gehörig auf den Geist. Jede Woche kamen wieder neue Feriengäste an, die natürlich viel erleben wollten, es gab keine Normalität, alles war ein großer Zirkus. Billy kam auf die Idee, zurück nach England fahren zu wollen, nach Nottingham, wo er noch bei seinen Eltern lebte. Nicole und ich sollten mitkommen, wir wollten zusammenbleiben. Von dieser Möglichkeit war ich ganz begeistert, ich wollte immer schon einmal nach England, die dortige Lebensart gefiel mir gut. Ich mochte die Musik, die dort herkam, die Rolling Stones, die Beatles, Eric Clapton, Joe Cocker, das war das Lebensgefühl der damaligen Zeit.

Billy entschloss sich, seinen Eltern ein Telegramm zu schicken, um unser Kommen anzukündigen. Sie wollten praktischerweise genau zu dieser Zeit für drei Wochen nach Schottland in den Urlaub fahren, wir könnten dann in dieser Zeit in ihrem Haus wohnen und uns nach etwas Eigenem umschauen, meinte er. Billy schrieb auch in das Telegramm, dass wir heiraten wollten. Er meinte, seine Eltern seien nämlich sehr konservativ. Aber unter diesen Umständen hätten sie wohl keine Bedenken, uns gemeinsam eine Zeitlang in ihrem Haus wohnen zu lassen. Ich hatte nichts gegen diese Darstellung einzuwenden. Es diente in meinen Augen auch nur dazu, seine Eltern zu beruhigen.

Wir fuhren mit dem Zug nach England. Unterwegs bekam ich eine Sommergrippe, mit Fieber, Gelenk- und Halsschmerzen, also mit allem, was dazugehört.

Billys Vater holte uns von Dover an der Fähre mit seinem Auto ab. Ich fühlte mich elend und sehr schwach, wollte nur in die Badewanne, dann ins Bett und nichts wie schlafen.

Reginald war ein sehr sympathischer Mann, er empfing Nicole und mich sehr offen und herzlich. Auf der Fahrt nach Nottingham erzählte er mir von seinem Bruder, der im Krieg von den Deutschen getötet worden war. Was sollte ich darauf antworten? Es war mir sehr unangenehm, so etwas Trauriges im Plauderton gesagt zu bekommen. Ich versicherte ihm, dass es mir Leid täte. Ich glaube, wir waren zu der Zeit alle ziemlich befangen und wussten nicht so recht, was wir sagen sollten.

Am nächsten Morgen saß die Familie schon unten am Frühstückstisch und überraschte uns mit der Mitteilung, dass sie ihren Urlaub um eine Woche verschoben hätten. „Mit einer speziellen Lizenz könnt ihr dann noch in dieser Woche heiraten“, sagten sie fröhlich.

In „Mable's Table" hatte man den Tisch wunderschön eingedeckt. Das Servicepersonal des exklusiven, kleinen Restaurants stand bereit, die Braut und den Bräutigam willkommen zu heißen.

Billy, groß, schlank und dunkelhaarig, trug einen blütenweißen Leinenanzug. Mit seiner John Lennon Sonnenbrille sah er aus wie ein Rockstar.

Ich trug ein wadenlanges, enges Batik-Kleid. Meine lilafarbenen, kniehohen Leinenstiefel sahen ausgesprochen gut dazu aus. Nicole war sehr niedlich in ihrem Jeans-Anzug mit einem Batik-Shirt darunter. Billys Eltern waren über unsere Kleiderwahl nicht gerade begeistert und wollten uns für die Hochzeit neu einkleiden, das lehnten wir jedoch ab.

Als wir auf den Hochzeitstisch zugingen, fragte mich der Restaurantleiter, wo denn die Braut sei. „Das bin ich", war meine fröhliche Antwort. Billy und ich mussten darüber lachen, alle Anderen waren etwas peinlich berührt.

Mrs. Neill

So begann mein Leben in England, fünf Tage nach der Einreise, am 26. Mai 1971, war ich bereits verheiratet. Es ging alles so schnell, es dauerte eine Weile, bis ich realisiert hatte, dass ich jetzt Mrs. Neill war. Manchmal überrollen einen die Ereignisse einfach. Ich hatte im Traum nicht damit gerechnet, dass Billys Eltern, ohne mich zu kennen, so mir nichts, dir nichts auf eine Heirat bestehen würden. Ich muss ehrlich gestehen, es hatte mich schon geschockt, denn wir kannten uns ja erst einige wenige Wochen. Vielleicht waren sie auch froh, ihn in festen Händen zu wissen. Ich sollte erst wenige Monate später sein wahres Gesicht kennen lernen.

Ein kleines viktorianisches Reihenhaus in Basford, einem ruhigen Vorort von Nottingham, war schnell gefunden. Die Miete war erschwinglich. Wir stöberten in Trödel- und Antiquitätenläden nach preiswerten, individuellen Möbeln und Einrichtungsgegenständen, mit denen wir unser Heim ganz nach unserem Geschmack gestalteten. Nicole fand schnell neue Freunde, es gab zahlreiche Kinder ihres Alters in der Nachbarschaft. Durch den ständigen Umgang mit ihnen sprach sie sehr schnell ein fast fehlerfreies Englisch, sie weigerte sich manchmal sogar, mit mir Deutsch zu sprechen.

Es hätte alles so schön sein können, wäre da nicht die grausame Realität gewesen. Ich denke heute, dass ich es nicht sehen wollte, dass ich es einfach ausblendete, um das Glück festzuhalten.

In der Akte „Nicole" befand sich mein Brief an die Großeltern, woraus ich nur einige Auszüge einfüge, weil ich das Elend meines damaligen Mannes nicht detailliert ausführen möchte.

Liebe Oma, lieber Opa! *London, 17. Mai 1972*

Die vergangenen Monate waren für mich sehr zermürbend und ereignisreich. Ich habe mich von meinem Mann getrennt und ich weiß, dass es für Nicole und für mich das Beste ist. Ich habe zu schnell und unüberlegt geheiratet. Ich wusste nicht, dass Billy sehr krank ist. Er kann ohne Drogen nicht leben, er ist süchtig und ruiniert sich selbst. Er befand sich in einem Stadium, wo es für mich unmöglich war, mit Nicole bei ihm zu bleiben. Ich habe eine legale Trennung veranlasst, warte auf die Scheidung, die ein Jahr und länger dauern kann.

Wir haben hier in London ein großes möbliertes Zimmer mit Bad und Küche gemietet. Das Haus ist in einer ruhigen Seitenstraße gelegen, Nicole kann ohne Gefahr draußen mit den anderen Kindern spielen. Für Londoner Verhältnisse ist es sehr billig, es koste 65 Mark wöchentlich plus Heizung und Strom.

Ich habe Nicole letzte Woche in der Junior-Schule angemeldet, sie fängt dort im September an. Sie ist jetzt schon sehr aufgeregt, kann es kaum abwarten, zur Schule zu gehen. Hier in England sind die Kinder von 9 Uhr Morgens bis 4 Uhr Nachmittags in der Schule. Dann ist es auch für mich viel einfacher, mindestens halbe Tage arbeiten zu gehen. Wir leben im Moment von nationaler Unterstützung. Es ist nicht viel, aber wir kommen über die Runden. Ich habe Uwe vor einigen Wochen einen Brief geschrieben, aber keine Antwort bekommen.

Es würde uns sehr freuen, bald von Ihnen zu hören. Nicole hat Sie selbstverständlich nicht vergessen. Sie spricht von Ihnen als „Oma und Opa from Germany".

So, das war's für heute.

Viele liebe Grüße von Nicole und Brigitte.

Wir sind damals nicht alleine nach London umgezogen. Ich lernte in den Musikerkreisen, in denen Billy und ich verkehrten, Alan näher kennen, der bereits bei unserer Hochzeit als Trauzeuge fungiert hatte. Er spielte Lead-Gitarre in einer Blues-Rockband. Wir sahen uns oft auf gemeinsamen Partys und bei Freunden, bei denen wir gemeinsam eingeladen waren. Ich bin mir heute sicher, dass Billys „Problem" damals allgemein bekannt war. Nach unserer Trennung näherten Alan und ich uns langsam an. Unsere Beziehung dauerte insgesamt etwas mehr als sieben Jahre, davon lebten wir fast zwei Jahre in London.

Ich fand meine erste Anstellung in England als Verkäuferin in einem Kindermodengeschäft, das nicht weit entfernt von unserer Wohnung an der Hauptstraße lag.

Das Verhältnis zu meinen beiden Chefs, Conny und Derek, einem jüdischen Ehepaar, war überaus herzlich und vertrauensvoll. In den Schulferien nahmen sie Nicole zusammen mit ihren zwei eigenen kleinen Söhnen mit in den Urlaub. In dieser Zeit war ich dann verantwortlich für die Leitung ihres Geschäftes. Das war für beide Seiten eine perfekte Lösung.

In England liefen zu dieser Zeit große Aufklärungskampagnen in den TV-Sendern, die die Gräueltaten während der Nazi-Zeit an der überwiegend jüdischen Bevölkerung in Deutschland in eindringlicher Weise zeigten. Ich bin dort zum ersten Mal mit Archiv-Aufnahmen und Dokumentationen konfrontiert worden. Das Gesehene machte mich fassungslos. In Deutschland redete man nur verhalten über die Nazi-Zeit, es wurde noch nicht in dieser Art und Weise offen mit der Thematik umgegangen. Ich war auch vollkommen schockiert darüber, dass wir in der Schule diese Tatsachen nur am Rande und mit wenig Offenheit mitbekommen hatten. Man redete einfach nicht darüber, und wenn, dann nur Andeutungsweise.

Ich schämte mich Conny und Derek gegenüber sehr, als ich erfuhr, dass sie Juden waren. Ich fand es sehr großmütig von beiden, mir als Deutsche so offen und vorurteilsfrei zu begegnen. Ich teilte ihnen meine Gefühle und Trauer auch mit, es ist kaum vorstellbar, aber sie trösteten mich.

Die beiden waren herrliche Charaktere. Wenn Conny Rindfleisch einkaufte, ging sie in die Metzgerei, die neben unserem Laden gelegen war. Koscheres Fleisch zu kaufen war ihr zu teuer. Dann sagte sie immer sehr ernst zu mir: „Da darfst du Derek nichts von erzählen. Der darf nicht wissen, dass ich kein koscheres Fleisch kaufe."

Wenn Derek im Laden war, spendierte er uns manchmal einen Beefburger von einer Fast Food Kette in unserer Nähe. Nachdem wir den genüsslich verspeist hatten, musste ich Derek immer fest versprechen, Conny auf keinen Fall davon zu erzählen, die sei in diesen Dingen sehr streng, meinte er. Innerlich habe ich mich sehr oft köstlich über diese beiden herrlichen, liebenswerten Menschen amüsiert.

Folgende Begebenheit ist mir immer sehr lebendig in Erinnerung geblieben. Nicole berichtete schon seit einiger Zeit von einer speziellen Freundin aus ihrer Klasse. Sie schwärmte mir vor, was Katie und sie alles gemeinsam in den Pausen unternahmen, sie waren ein Herz und eine Seele. Wir vereinbarten, dass sie ihre kleine Freundin an einem bestimmten Tag zu uns nach Hause einladen sollte.

Als ich die Türe öffnete, stand vor mir ein pechschwarzer, lächelnder Mann, der seine kleine Tochter zu uns brachte. Dieses Erlebnis hat mich unglaublich gefreut. Nicole hatte vorher mit keiner Silbe erwähnt, dass ihre Freundin eine schwarze Hautfarbe besaß. Ich glaube, sie hat das gar nicht wahrgenommen. Für sie war das selbstverständlich. Da wusste ich, dass ich das Richtige gemacht hatte, in England zu bleiben und meine Tochter multikulturell zu erziehen.

Steve, ein Mitbewohner des Hauses, in dem wir wohnten, lud uns zusammen mit einigen anderen Bekannten ein, einen älteren Herrn kennen zu lernen, mit dem er am gleichen Abend verabredet war. Er erklärte uns, dieser Mann sei ein spirituelles Medium, der sich in Trance versetzen und Nachrichten aus dem Jenseits an die Teilnehmer dieses Treffens übermitteln würde.

Voller Erwartung saßen wir alle in einem Halbkreis auf unseren Stühlen, als sich das Medium in Trance versetzte. Er hatte eine Nachricht für mich. Er beschrieb meinen Opa, der im Raum anwesend und voller Liebe um mich herum sei. Er könne ihn nicht verstehen, spüre aber ganz deutlich, dass er mich ständig beschütze. Ich war sehr ergriffen, als ich das vernahm, für mich war das sofort real, ich spürte meinen Opa auch. Ich übertreibe nicht, aber innerhalb kürzester Zeit hatte ich einen sichtbar dicken Bauch bekommen, litt unter Atemnot.

Der ältere Herr, der meine Bedrängnis bemerkte, stellte mir die Frage, wie mein

Opa denn gestorben sei, an was er gelitten habe. Ich sagte ihm, dass er Bauchwasser gehabt hatte, auf Grund von Organversagen sei er dann gestorben. Der ältere Herr lächelte mich an und sagte zu mir: „Dein Opa hat dir seinen Zustand übertragen, damit du weißt, dass er bei dir ist. Bedanke dich jetzt bei ihm und bitte ihn darum, dir diese körperlichen Beschwerden wieder wegzunehmen."

Ich tat dies, es ist kaum zu glauben, ich musste mehrfach die Toilette zum Wasserlassen aufsuchen, bevor sich mein Bauch wieder normal anfühlte. So viel hatte ich in den letzten Tagen nicht getrunken, wie da von mir ausgeschieden wurde.

Anschließend bat mich das Medium, einen Anwesenden, der an Gelenkrheuma litt, mit meinen Händen zu behandeln. Er sagte zu mir, dass ich „heilende Hände" hätte. Ich folgte seiner Aufforderung, es war in diesem Moment für mich das Natürlichste von der Welt. Seit diesem Abend habe in meinem Leben später noch oft mit Erfolg Gebrauch von diesen Fähigkeiten gemacht.

Alan und ich hatten in London eine sehr aufregende Zeit. Alan spielte in verschiedenen Bands, unter anderem in einem großen Rockkonzert im berühmten Wembley-Stadion mit Screaming Lord Sutch. Das Stadion war mit zigtausend Menschen bis auf den letzten Platz gefüllt. Little Ritchard und Chuck Berry rockten die Bühne, es waren viele Künstler da, die das Stadion zum brodeln brachten.

Wir waren oft Gast im Kult-Kaufhaus Biba, wo nachts, wenn das Haus für Kunden geschlossen war, in den oben gelegenen Rainbow-Rooms Live-Sendungen für den amerikanischen Sender „Midnight Special" aufgenommen wurden.

Es traten dort die Super-Stars der damaligen Zeit auf. Leo Sayer, Rory Gallagher oder auch die Gruppe „The Who", um nur einige zu nennen. Wir trafen uns dort mit anderen Bekannten, meistens Musikern, wie zum Beispiel Alvin Lee von „Ten Years After", in dessen Landhaus im Süd-Westen der Insel wir auch des Öfteren zu Gast waren.

Ich will nicht verhehlen, dass es auf einigen dieser Zusammenkünfte ziemlich hoch herging. Man ging sehr freizügig mit Alkohol und Koks und der damaligen Mode-Droge LSD um. Einen Joint zu rauchen war recht normal, das machte man auch in den so genannten „bürgerlichen Kreisen". Ich war auch kein Kind von Traurigkeit, kannte meine Grenzen aber recht gut. Zudem arbeitete ich auch tagsüber. Egal wie spät wir nach Hause kamen, meine Arbeit war für mich sehr wichtig, ich war morgens immer pünktlich zur Stelle.

Wir zogen in eine moderne Doppelhaushälfte in Colwick Park, nicht weit von der Innenstadt Nottinghams entfernt, Alan spielte in einer Band, die hauptsächlich ihre Auftritte in Mittelengland hatte. Nach fast zwei Jahren in London genossen wir es sehr, wieder etwas ländlicher zu wohnen und auch einen Garten zu haben. Nicole würde auch viel behüteter aufwachsen können.

Ich bewarb mich auf eine Stellenanzeige hin bei D & P Schooloutfitters, einer alteingesessenen, traditionsreichen Firma, die für etwa einhundert Privatschulen die Schuluniformen verkaufte. Sie suchten den Manager/Einkäufer für die Mädchenabteilung, verantwortlich für den gesamten Ein- und Verkauf mit über zwanzig Mitarbeiterinnen.

Ich konnte Mr. Marchbank, den damaligen Verkaufsdirektor, von meinen Fähigkeiten überzeugen und bekam den Job. Da ich, was learning by doing betrifft, immer schon ausgesprochen gut war, fielen meine fehlenden Kenntnisse nicht auf. Meine Mitarbeiter bezog ich in die Verantwortung mit ein, und erhielt im Gegenzug dafür jede erdenkliche Unterstützung von ihnen. Für die damalige Zeit erhielt ich ein geradezu fürstliches Gehalt mit zusätzlicher Umsatzprovision. Ich arbeitete sehr hart und engagiert für über sieben Jahre erfolgreich in diesem Unternehmen.

Weihnachtsfeier 1979 mit Mitarbeitern von D&P Schooloutfitters Nottingham.

Es war an einem meiner freien Tage, ich war zu Hause und beschäftigte mich mit den üblichen Hausarbeiten, als ein jüngerer Mann an der Haustüre klopfte. Er bat mich, eintreten zu dürfen, zeigte mir dabei seinen Dienstausweis. Ich konnte mir nicht vorstellen, was ein Beamter von Scotland Yard bei mir wollte, bat ihn aber ins Haus.

Er zog ein kleines Foto aus der Tasche, überreichte es mir mit der Frage: „Kennen Sie diesen Mann?“ Das Bild war ein typisches Polizeifoto, es zeigte Billy. Der Beamte wollte von mir wissen, wann ich das letzte Mal Kontakt zu meinem noch immer nicht Ex-Mann gehabt hatte. Es ginge in erster Linie darum, ihn zu identifizieren. Ich erfuhr, dass er wegen Drogendelikten in Amerika im Gefängnis saß, er aber keinerlei Angaben zu seiner Identität gemacht hatte.

Bevor der Beamte ging, gab er mir noch den Rat, mich auf schnellstem Wege scheiden zu lassen. Ich wurde das Gefühl nicht los, dass man auch mich überprüft hatte, mich aber aus allem heraushalten wollte. Dieser Vorfall hat mich sehr bestürzt und auch traurig gemacht. Man kann aber niemanden zu seinem Glück zwingen, jeder wählt seinen eigenen Weg im Leben. Gleich am nächsten Tag beriet ich mich mit einem Anwalt, um möglichst schnell die Scheidung durchzusetzen.

Es dauerte aber noch bis zum 20. Juni 1979, bis ich endgültig geschieden wurde.

Aufbau meiner Existenz

Mit Alan zusammen kaufte ich ein geräumiges viktorianisches Reihenhaus mit drei Etagen und vier Meter hohen Decken und großen Räumen. Wir konnten es sehr günstig erwerben, weil einige Reparaturen und eine vollständige Renovierung erforderlich waren. Die Tatsache, dass das Haus auch nicht in der besten Gegend stand, schreckte uns nicht vom Kauf ab. Aufgrund meines guten, regelmäßigen Einkommens wurde uns das Darlehen problemlos gewährt.

Die sehr große, gemütliche Küche mit einem offenen Kamin darin, hatte es mir besonders angetan. Der großzügig geschnittene Wohnraum und das darüber liegende Hauptschlafzimmer hatten nach außen gebogene, deckenhohe Alkovenfenster. Es war für uns alle ein Traum, soviel Platz zur Verfügung zu haben und für unsere Begriffe auch nahezu „herrschaftlich" zu wohnen.

Alan spielte zu dieser Zeit regelmäßig ein Mal in der Woche mit seiner Band in einem Club in Nottingham, dadurch hatte er sehr viele eingefleischte Fans, die mich auch manchmal zu Hause besuchten, wenn Alan auf Tour war. Wir saßen dann zusammen in der großen, wohnlich eingerichteten Küche, klönten und tranken Kaffee oder eine Tasse Tee. Wir waren wie eine große Familie, wenn irgendwo im Haus eine Reparatur anstand, wir für irgendetwas Hilfe brauchten, es war immer jemand für uns da. Es war eine sehr schöne Zeit.

Ich bestritt zum größten Teil unseren Lebensunterhalt, weil Alan das Geld, das er mit seiner Musik verdiente, in Neuanschaffungen für seine Band steckte. Das war für mich auch völlig in Ordnung so, sich gegenseitig zu unterstützen gehört in einer festen Beziehung für mich ganz selbstverständlich dazu.

Alan wurde es allmählich zu eintönig, immer in den gleichen Clubs zu spielen. Sein Traum war es, auch International erfolgreich Musik zu machen. Er fuhr zusammen mit seiner Band nach Holland, um dort die Chancen auf Erfolg vor Ort auszutesten. Er hatte bereits einige Kontakte dorthin geknüpft und hoffte darauf, dort recht schnell Fuß fassen zu können. Die anderen Bandmitglieder hatten nach einigen Wochen finanzielle Probleme, bezahlte Auftritte waren in dieser Zeit selten. Als Alan mich telefonisch bat, seinen Kollegen Geld zu leihen, damit sie weiterhin in Holland bleiben konnten, war ich ziemlich wütend und auch enttäuscht von ihm. Ich hatte ihn ja bereits die ganzen Jahre vorher unterstützt, und war nicht bereit, meine Großzügigkeit auf seine gesamte Band auszuweiten.

Ohne Alan kehrten die drei anderen Musiker wieder nach England zurück. Alan wollte es alleine versuchen, schaute sich nach einer geeigneten Band um und blieb in Holland. Wir vereinbarten, dass ich mit Nicole zu einem späteren Zeitpunkt nachkommen sollte, um uns dann in Holland gemeinsam niederzulassen. Zu dieser Zeit hatte ich bereits ein sehr mulmiges Gefühl, denn bisher hatte ich während unserer Beziehung die regelmäßigen Einkünfte nach Hause gebracht. Ohne mein gutes Gehalt, wie sollte das für uns in Holland gehen? Ich hatte schließlich die Verantwortung für Nicoles und mein Leben.

Das Haus, in dem Alan mit mehreren anderen Hausbesetzern wohnte, lag recht Zentral in der Innenstadt von Amsterdam. Der gesamte Häuserblock wurde vor einiger Zeit von einem Spekulanten aufgekauft. Der hatte vor, die schönen, alten, aber auch bereits sehr sanierungsbedürftigen Stadthäuser abzureißen, um dann dort neue Luxus-Wohnungen zu errichten. Die Hausbesetzer hatten den Großteil der Bevölkerung hinter sich, der sie beim Kampf um den Erhalt dieser Häuser unterstützte. Es wurde auch seitens der Presse viel getan, um die Aufmerksamkeit auf diese Spekulationsobjekte zu lenken.

Ich nahm mir eine Woche Urlaub, um mich vor Ort davon zu überzeugen, ob dieser Umzug ins Ungewisse für Nicole und mich überhaupt in Frage kam. Ich war nicht gewillt, die Sicherheit, die mein Job mir bot, leichtfertig aufs Spiel zu setzen.

Ich war sehr überrascht, wie gut die Hausbesetzer organisiert waren. Einer ihrer Vorreiter kam, um mit Alan und mir eine Vereinbarung zu treffen.

Er meinte, ich solle nach einer großen Demonstration, die für den nächsten Tag geplant war, zusammen mit Alan der Presse eine Erklärung abgeben. Wir sollten uns dahingehend äußern, dass wir mit meinem Kind keine andere Bleibe hätten, um so politischen Druck zu erzeugen.

Ich war nicht gewillt, mich für diese Aktion zu engagieren. Wir nahmen nicht an dieser Demo teil.

Es war sehr positiv für mich, dass ich in dieser Woche so viele Einblicke in das bekam, was in der ersten Zeit in Holland auf uns zukommen würde. So fiel mir die Entscheidung, mit Nicole nicht nachzukommen, recht leicht. Alan entschloss sich, in Holland zu bleiben, da er inzwischen bei einer sehr populären Band als Lead-Gitarrist sehr erfolgreich war. Dadurch hatte er auch bereits einen gewissen Bekanntheitsgrad erreicht und wollte das nicht aufgeben.

Die Trennung war auf beiden Seiten schmerzhaft, aber wir sahen keinen gemeinsamen Weg mehr miteinander. Alan lebt heute nach wie vor in Holland. Er ist dort recht bekannt und spielt immer noch mit seiner eigenen Band in den Clubs.

Wir verkauften unser gemeinsames Haus an ein älteres Ehepaar, das dort eine Frühstückspension betreiben wollte. Das finanzielle Angebot war sehr gut, nur wollten die neuen Eigentümer dort möglichst schnell einziehen, um noch einige erforderliche Umbaumaßnahmen vornehmen zu können.

Aus diesem Grunde zogen Nicole und ich zunächst einmal in eine möblierte kleine Mietwohnung, die als Zwischenlösung sehr geeignet war. Ich konnte meine Möbel so lange bei Freunden in der Garage unterstellen, bis wir wieder eine feste Bleibe gefunden hatten. Die Küche in dieser Wohnung war so winzig, dass ich mich beim Kochen immer vorsehen musste, beim Herumdrehen nicht die Töpfe vom Herd zu stoßen. Wenn ich den Abwasch machte, war ich mit meinem Hinterteil bereits im kleinen Wohnzimmer. Die Küchentüre wurde bereits von dem Vormieter entfernt. Im Badezimmer, das man nur betreten konnte, wenn man äußerst schlank war, hatte man aus Platzmangel ein Sitzbad installiert. Jedes Mal, wenn Nicole oder ich darin saßen, mussten wir lachen. Das Bad war hoch und sehr kurz, mit einer erhöhten Stufe darin zum darauf Sitzen. Wir hatten dann immer die Knie fast unterm Kinn, es war auf jeden Fall eine sehr fröhliche Zeit dort.

Eine Mitarbeiterin von mir hatte ein sehr schönes, nicht zu großes, freistehendes Einfamilienhaus von ihrer alten Tante geerbt, die vor kurzem verstorben war. Das Haus war etwas außerhalb Nottinghams im Grünen gelegen. Sie bot mir an, das Haus zu besichtigen, um zu sehen, ob es für Nicole und mich in Frage käme. Sie hatte es bisher noch keinem Makler übergeben, sodass ich diese Gebühren beim Kauf einsparen konnte.

Das Haus war perfekt, ich brauchte lediglich eine Zentralheizung einbauen zu lassen. Der Schwiegersohn einer Kollegin war Installateur und Heizungsbauer, der sich freute, diesen Auftrag für mich auszuführen.

Um die Finanzierung als alleinstehende Frau zu bekommen, musste ich praktisch von Pontius zu Pilatus laufen, bis ich schließlich bei einer kleineren Bausparkasse den zuständigen Sachbearbeiter davon überzeugen konnte, mir das Darlehen zu gewähren. Meine monatlichen Bezüge waren nicht das Problem, ich verdiente sehr gut. Doch es war zu dieser Zeit vollkommen ungewöhnlich, dass sich eine alleinstehende Frau ein eigenes Haus kaufte.

Als ich beim Notar die notwendige Unterschrift leistete, liefen mir vor Freude und Rührung Tränen die Wangen hinunter. Der gute Mann war ganz besorgt, ließ eine Tasse Tee für mich kommen. Für mich bedeutete dieser Akt, endlich angekommen zu sein, endlich wieder eine Heimat zu haben. Für meine Tochter hatte ich es geschafft, das konnte uns keiner mehr nehmen.

Das zweite Haus in Nottingham bis zur Rückkehr nach Deutschland.

Wir wurden von meinem neuen Freund Trevor beim Umzug und der anschließenden Renovierung sehr stark unterstützt. Er war seit einiger Zeit geschieden und hatte zwei Söhne, die alle vierzehn Tage an den Wochenenden bei ihm waren. Ich fühlte mich mit ihm sehr wohl, er war ein ausgesprochener Familienmensch. Wir unternahmen viel gemeinsam mit den Kindern, es war ein ganz anderes Leben als mit Alan. Ich war sehr froh, in England geblieben zu sein.

Der große Schock kam völlig unerwartet. Ich befand mich im Verkaufsraum von D & P Schooloutfitters, schaute nur kurz von einem Bestellformular auf, als ich meinen eigenen Augen nicht traute. Das gab's doch überhaupt nicht, das konnte doch gar nicht sein.

Da stand Uwe, lächelte mich an und kam langsam auf mich zu. Zehn Jahre waren seit dem letzten Treffen vergangen. Wir hatten seitdem auch nichts mehr voneinander gehört. Jahre, in denen ich nach vorne gegangen bin, die mir keine Zeit gelassen haben, mich mit der Vergangenheit zu beschäftigen. Und da stand der Vater meiner Tochter und lächelte mich recht verlegen an. Ich weiß nicht, was ich in diesem Moment für einen Gesichtsausdruck gemacht hatte, ich war nur auf einmal von einigen Mitarbeiterinnen umringt, die mich fragten, was sie für mich tun könnten. Ich muss wohl von einer Sekunde auf die andere Leichenblass geworden sein.

Seine Mutter wartete draußen im Wagen, das erfuhr ich, als ich mit Uwe zum Auto ging. Ich hatte noch gar nicht richtig realisiert, was geschehen war, stand noch vollkommen neben mir. Ich erfuhr später, dass Uwes Vater bereits einige Jahre zuvor verstorben war. Bei seiner Mutter wurde nach dem Tod ihres Mannes der Wunsch immer größer, uns in England zu finden, um den Kontakt wieder herzustellen, der vor einigen Jahren abgebrochen war.

Dieser Besuch war der Auslöser für mich, immer öfter an eine Rückkehr nach Deutschland zu denken. Uwes Mutter lud Nicole und mich ein, ein paar Tage mit ihr in Düsseldorf zu verbringen, wo sie seit einigen Jahren wieder wohnte, um in der Nähe ihrer Söhne zu sein. Wir flogen kurz entschlossen in Nicoles Schulferien nach Deutschland.

Ich hatte sehr gemischte Gefühle, als ich nach über zehn Jahren wieder deutschen Boden betrat. Ich kam mir vor, als sei ich in diesen Jahren in England in eine andere Haut geschlüpft, hätte eine vollkommen neue Identität angenommen. Nicoles Muttersprache ist Englisch, das ist die Sprache unserer Herzen, unserer Seelen, unsere gemeinsame Sprache. Unbelastet von den verletzenden Worten aus meiner Vergangenheit, die schwer auf meiner Seele lagen.

Nicole war von Deutschland vollkommen begeistert, sie wollte unbedingt dahin zurück, wo sie zur Welt gekommen war und auch die ersten Jahre ihres jungen Lebens verbracht hatte. Ich war mir darüber im Klaren, dass der Zeitpunkt für eine Umsiedlung zurück nach Deutschland für Nicole von großer Wichtigkeit war. Ich musste ihr die Gelegenheit geben, in Deutschland ihren Schulabschluss zu machen. Dann könnte sie sich letztendlich selber entscheiden, in welchem Land sie leben wollte, wo sie sich zu Hause fühlte.

Auch Uwe wollte, dass wir zurück nach Deutschland ziehen sollten, er redete förmlich auf mich ein, um mich zu einer schnellen Rückkehr zu bewegen. Nach längeren Überlegungen kam ich zu einem Entschluss. Ohne eine Arbeitsstelle zu haben, würde ich auf keinen Fall unsere sichere Existenz in England aufgeben, um auf „gut Glück" nach Deutschland zurückzukommen. Ich beschloss, mir Zeit zu nehmen, mich gut vorzubereiten.

Wieder zurück in England entschied ich mich, Erfahrungen in einer anderen Branche zu sammeln, die mir bei meiner Stellensuche in Deutschland von Nutzen sein könnten. Schuluniformen waren in Deutschland unbekannt, deshalb fasste ich den Entschluss, als Geschäftsführerin eines exklusiven Damenoberbekleidungsgeschäfts, der Firma Jaeger, anzufangen. Ich verdiente in dieser Position zwar weniger als in meiner vorherigen Arbeitsstelle, ausschlaggebend war jedoch, meine Chancen für eine Perspektive in Deutschland zu erhöhen.

Es dauerte noch fast ein Jahr, bis Trevor mich auf eine interessante Suchanzeige in einer Fachzeitschrift aufmerksam machte. Ein englischer Konzern suchte für den Ausbau und die Betreuung ihres bereits existenten Filialnetzes für Damenoberbekleidung einen deutschsprachigen Manager verantwortlich für das deutsche Unternehmen. Ich war begeistert von dieser Möglichkeit und wollte unbedingt zu einem persönlichen Vorstellungsgespräch nach London eingeladen werden, ich wusste, darin lag meine Chance. So entschied ich mich, nur einen kurzen Brief an die dortige Geschäftsleitung zu schicken, um Interesse zu bekunden. Mehr zu meiner Person würde ich in einem persönlichen Gespräch mitteilen.

Mein Plan ging auf, ich wurde nach London in die Zentrale zu einem Vorstellungsgespräch mit der Geschäftsleitung eingeladen. Vier Stunden wurde ich von den maßgeblichen Leuten unter die Lupe genommen.

Auf der Rückfahrt im Zug nach Nottingham glühte ich vor Aufregung und Begeisterung über das, was als Möglichkeit jetzt für mich in greifbarer Nähe war. Ich hatte alles gegeben, es war jetzt nicht mehr in meiner Hand.

Nach einer Woche kam der Anruf. John Osborne, der oberste Chef, war am Apparat und stellte mir die Frage: „Was meinen Sie, warum rufe ich Sie an?" Meine spontane Antwort an ihn war: „ Sie wollen mir den Job anbieten, sonst wären Sie nicht selber am Apparat!" Er lachte laut und herzlich. „Genau die richtige Antwort", war sein Kommentar.

Ich hatte zweieinhalb Monate Zeit, unseren Umzug nach Deutschland vorzubereiten. Die Einarbeitungszeit sollte in einem Monat beginnen. Während dieser Zeit würde ich die Arbeitsweise in den Filialen der Firma Wallis in England kennen lernen, um dabei intensiv auf meine zukünftige Aufgabe vorbereitet zu werden. Dafür wurde eine Zeit von sechs Wochen vereinbart, in der ich durch ganz England reisen sollte, um in den größten Niederlassungen mit den zuständigen Bereichsleitern alles Notwendige zu erlernen.

Nicole war ganz außer sich vor Freude. Sie konnte es gar nicht abwarten, ihr dauerte es noch viel zu lange, bis es endlich soweit war. Sie nutzte die Zeit für einen intensiven Deutschunterricht bei einer deutschen Lehrerin, die mehrmals in der Woche mit ihr arbeitete.

Ich schrieb einen langen Brief an meine Tante Klara. Es waren mittlerweile sechzehn Jahre vergangen, in denen wir keinen Kontakt zueinander hatten. Jetzt aber stand ich nicht mehr als Bittsteller dar, ich hatte meinen Platz im Leben gefunden. Es war mir sehr wichtig, dass wir uns auf Augenhöhe begegneten, falls es zu einem Treffen kommen sollte. Ich wollte meiner Tochter die Möglichkeit geben, wenigstens einen kleinen Teil meiner Familie kennen zu lernen, das war mein wahrer Beweggrund, den Kontakt wieder herzustellen.

Kurze Zeit später erhielt ich eine ausführliche Antwort. Tante Klara freute sich sehr, ein Lebenszeichen von mir bekommen zu haben. Nach unserer Ankunft in

Deutschland sollten wir sie auf jeden Fall in Essen besuchen kommen. Oma und Opa waren zwischenzeitlich verstorben. Von Vater und Mutter und auch von meinem Bruder hatte sie nie wieder etwas gehört.

Während meiner Einarbeitungszeit war ich auch einige Tage in Manchester. Am letzten Tag vor meiner Weiterfahrt nach Birmingham wollte sich der Verkaufsdirektor für Nordengland, David Payne, ein Bild davon machen, wie ich mit der Art und Weise der Einarbeitung zufrieden war und mit den Anforderungen zurechtkam. Mittags lud er die Leiterin des Geschäftes und mich zum Essen in einen Pub ein. Die Atmosphäre war sehr locker, wir unterhielten uns angeregt.

Wie aus heiterem Himmel schlug bei David und mir der Blitz ein. Es hatte ganz mächtig zwischen uns „gefunkt". Mir blieb in dem Moment fast die Luft weg, ich sah ihn an und bemerkte, dass es ihm genauso ging. David verabschiedete sich recht schnell von uns, kam auch nicht mehr mit ins Geschäft. Ich war nach diesem Vorfall sehr aufgewühlt. Das Gefühl wurde erst nach längerer Zeit immer schwächer, bis ich in den kommenden Jahren nur noch ab und zu an ihn denken musste. Von einem Kollegen hörte ich zufällig, dass er die Firma ungefähr ein Jahr nach unserem Zusammentreffen verlassen hatte.

Zurück in Deutschland

Am 7. Juni 1982 flogen Nicole und ich mit ziemlich viel Übergepäck und voller Erwartungen nach Düsseldorf. Unser Haus in Nottingham wurde von Trevor versorgt, ich wollte die vereinbarte Probezeit von einem halben Jahr abwarten, bevor ich es verkaufen würde. Meine Firma hatte uns beide in dem Düsseldorfer Luxushotel Nico für die ersten Wochen in Deutschland einquartiert. Nicoles Oma nahm uns anschließend die nächsten Wochen bei sich auf. Ich war beruflich stark eingespannt und ständig unterwegs, übernachtete mindestens dreimal wöchentlich in einer anderen Stadt. So wusste ich Nicole bei ihrer Oma gut aufgehoben.

Die ersten Wochen hatte ich sehr starkes Heimweh, ich sehnte mich nach meinem Leben in England zurück. In dieser Zeit vergoss ich nachts im Bett manche Träne, achtete aber sehr darauf, dass Nicole meinen Gemütszustand nicht mitbekam. Es dauerte einige Zeit, dann fühlte ich mich von Tag zu Tag immer besser, mein Leben machte mir wieder Freude.

Uwe übergab mir in dieser Zeit die Akte „Nicole". Ich sollte sie lesen, dann anschließend gemeinsam mit ihm vernichten. „Am Besten verbrennen", meinte er. Ich entschied mich dagegen, diese Dokumente zu vernichten. Nicole weiß, dass diese Schriftstücke existieren, sie stehen ihr zur Verfügung. Sie hat bis heute nicht den Wunsch gehabt, sich damit zu beschäftigen. Vielleicht verbrennen wir diese Akte ja einmal zusammen.

Wir sahen Uwe nur ab und zu, wenn er seine Mutter besuchte. Bei einem dieser Treffen versprach er Nicole, sie in den Sommerferien für einen dreiwöchigen Segelturn nach Holland mitzunehmen. Er hatte sein Segelboot in einem kleinen Hafen am Ijsselmeer stehen. Ich freute mich sehr für meine Tochter, dass sie einige Zeit mit ihrem Vater verbringen würde. Nicole war richtig aufgeregt und konnte die Zeit bis zu den Ferien gar nicht mehr abwarten.

Kurz vor der geplanten Abreise versuchte ich, Uwe telefonisch zu erreichen, um noch einiges vorher mit ihm abzuklären. Vergebens, dann erfuhr ich von seiner Mutter, dass Uwe bereits ohne Nicole abgefahren war. Ich war fassungslos. Nicoles verletzte Gefühle und Enttäuschung mitzuerleben, war fast zuviel für mich. Das hatte meine Tochter nun wirklich nicht verdient. Uwes Unzuverlässigkeit und Egoismus, den jetzt Nicole zu spüren bekam, brachte mich dazu, eine Entscheidung zu treffen.

Als er aus seinem Urlaub wieder zurück im Lande war, bat ich ihn um eine Unterredung unter vier Augen. Ich verlangte von ihm ab sofort regelmäßige Unterhaltszahlungen für Nicole, die er ihr auf ihr eigenes Konto überweisen sollte. Er stimmte zögerlich zu, meinte aber, er könne den vollen Betrag nicht zahlen, im Übrigen würde ich viel mehr verdienen als er als Studienrat in einer Berufsschule. Ob ich mit zweihundert Mark einverstanden sei? Uwe sagte mir, seine monatlichen Kosten für sein Segelboot und das kleine Flugzeug, das er zusammen mit einem Freund besaß, seien sehr hoch, mehr könne er nicht für Nicole aufbringen. Er hoffe auf mein Verständnis.

Ich verklagte Uwe auf Unterhaltszahlungen für seine Tochter.

Nicole war jetzt 15 Jahre alt, ein sehr intelligentes Mädchen. Sie würde studieren wollen, da war ich mir ganz sicher. Sie sollte aber niemals in die Situation kommen, ihren eigenen Vater verklagen zu müssen, wenn er mit seinen Zahlungen unzuverlässig sein sollte.

Ich erwirkte einen Titel gegen Uwe. Seitdem kam er seinen Verpflichtungen pünktlich nach. Nur mit mir sprach er jahrelang nicht mehr. Ich konnte damit leben.

Einige Wochen vor Ablauf der Probezeit wurde mir seitens der Firmenleitung signalisiert, ich könne mit einem Festvertrag rechnen. Wallis London bezahlte eine großzügige Pauschale für den Umzug, der dann von Trevor organisiert wurde. Wir planten den Umzug innerhalb der Schulferien, sodass Nicole mit ihm zusammen in einem Miet-LKW die Fahrt von Nottingham nach Düsseldorf unternehmen konnte. Ich beauftragte außerdem einen Immobilienmakler, mein Haus in England auf den Markt zu bringen. Innerhalb kürzester Zeit fand er ein älteres Ehepaar, die sich in das Haus verliebt hatten und den geforderten Betrag zahlten. Von dem erzielten Gewinn war ich völlig überrascht, der Makler hatte ausgezeichnete Arbeit geleistet.

Wir zogen zunächst in eine Wohnung in unmittelbarer Nähe von Nicoles Oma. Das gab mir ein gutes Gefühl, wenn ich beruflich unterwegs war. Trevor entschloss sich nach einigen Überlegungen, zu uns nach Düsseldorf zu ziehen. Er blieb etwas über ein Jahr bei uns in Deutschland. Er fand auch eine gute Anstellung, aber die Sehnsucht nach seinen beiden Söhnen brachte ihn dazu, wieder nach England zurückzukehren. Nicole und ich besuchten ihn dort und verbrachten sehr schöne Urlaubstage zusammen mit seinen Söhnen am Meer. Trevor machte mir dort nochmals einen Heiratsantrag, weil er nicht ohne mich leben wollte. Wir kamen aber beide letztendlich doch zu dem Entschluss, dass unsere Beziehung keine Zukunft hatte. Wir trennten uns als Freunde.

Einige Monate später zogen Nicole und ich in eine sehr schöne, großzügig geschnittene Gartenwohnung, die in Düsseldorf-Holthausen gelegen war. Nicoles Reitstall, in dem sie sich stundenlang nach der Schule aufhielt, war ganz in der Nähe. Dort hatte sie eine Reitbeteiligung, wo sie auch für die Pflege des Pferdes mitverantwortlich war. Die Besitzer der Reitanlage waren ein sehr nettes, verantwortungsvolles Ehepaar, die Nicole sehr gerne mochten. So konnte ich beruhigt in Deutschland unterwegs sein, auch einige Nächte in Hotels verbringen, ich wusste Nicole gut aufgehoben. Einer ihrer Söhne studierte später zur gleichen Zeit wie Nicole in Bonn Jura.

Uwes älterer Bruder Wolfgang renovierte diese neue Wohnung für uns. Er hatte bereits vor Jahren seinen Job als Verkaufsleiter einer größeren Maschinenbaufirma aufgegeben. Seitdem lebte er als „Aussteiger“. Im Winter übernahm er alle möglichen Jobs, die anderen Monate verbrachte er auf seinem Segelboot im Mittelmeer. Dieses Boot konnte dann mit ihm als Kapitän gechartert werden.

Ich verbrachte sehr schöne vierzehn Tage zusammen mit Freunden auf diesem Segelschiff, lernte wunderbare Buchten und einsame Sandstrände um Mallorca herum kennen.

Es war für uns alle ein großer Schock, als Wolfgang im Jahr darauf kurz vor seiner Abreise nach Spanien an einem plötzlichen Herzstillstand verstarb. Seine Mutter hatte ihn frühmorgens noch telefonisch geweckt, anschließend wollten beide noch vor Wolfgangs Abfahrt gemeinsam bei ihr frühstücken. Sie machte sich sehr große Sorgen, als ihr Sohn nicht erschien und auch nicht mehr ans Telefon ging. Uwe fuhr direkt nach der Arbeit zu Wolfgangs Wohnung. Die Türe blieb verschlossen, niemand öffnete. Uwe bekam es mit der Angst zu tun, als er Wolfgangs Auto, das in der Nähe des Hauses geparkt war, entdeckte. Er rief sofort die Polizei an, die dann die Wohnung öffnete. Wolfgang lag tot in seinem Bett. Die Obduktion ergab, dass er kurz nach dem Telefonat mit seiner Mutter friedlich eingeschlafen war.

Zu meinen Tanten, Klara und Friedchen, entwickelte sich ein recht netter Kontakt. Wir besuchten uns gegenseitig, meistens an Geburtstagen oder Feiertagen, dann trafen wir auch manchmal mit Onkel Alfred und seiner Frau Inge zusammen.

Wir redeten auch gemeinsam über Werner, aber niemand, der uns beide kannte, hatte je wieder etwas von ihm gehört. Tante Klara, die wusste, wie sehr ich ihn vermisste, versprach mir, einige Erkundigungen einzuziehen. Sie fand einen Eintrag unter seinem Namen im Kölner Telefonbuch, rief dort unter der angegebenen Telefonnummer an. Es war nicht mein Bruder. Der Teilnehmer sagte zu Klara: „Ich bin es richtig leid, da rufen alle möglichen Leute an, die Geld von mir wollen. Der Kerl muss ja überall Schulden haben.“

Klara meinte, mir und Nicole ginge es sehr gut, ich solle mir überlegen, ob ich den Kontakt zu meinem Bruder unter diesen Umständen wirklich haben wolle. Man könne ja nie wissen, was da noch alles zutage treten würde. Das Gehörte machte mich sehr nachdenklich.

Ich war sehr froh darüber, als Nicole von Tante Klara eingeladen wurde, einige Tage während der kommenden Schulferien bei ihr zu verbringen. Nicole war nicht gerade begeistert davon, willigte aber nach einigen Diskussionen mit mir letztlich doch ein. Ich hätte es besser wissen müssen. Meine Tante Klara versuchte mit großer Raffinesse, meiner Tochter Einzelheiten aus meinem Leben zu entlocken. Nicole ließ sich auf nichts ein, erwiderte nur: „Das kann ich nicht so genau sagen, da musst du meine Mutter fragen." Als ich Nicole wieder abholte, sagte Klara zu mir: „Du hast eine sehr intelligente Tochter, die lässt sich nicht die Butter vom Brot nehmen." Es war das erste und einzige Mal, dass sie dort einige Tage Urlaub gemacht hat.

Ich arbeitete meistens sechs Tage in der Woche, war ständig unterwegs. Die Anzahl der Niederlassungen wuchs ständig, ich hatte mit Standortbestimmung, Personalsuche und Auswahl sehr viel zu tun. Die bereits existierenden Filialen mussten betreut und kontrolliert werden. Ich war in meinem Element, war mit großem Engagement und Spaß bei der Sache.

Nicole wurde immer selbständiger, unsere gemeinsamen Unternehmungen, wie Fahrradfahren, gemeinsame Besuche bei Freunden und Essen gehen, wurden weniger. Nicoles Interessen waren auf andere Dinge gerichtet.

Nicoles ganzer Stolz: ihr erstes Fohlen.

Ich dachte oft darüber nach, dass es sehr schön wäre, wieder eine feste Beziehung zu haben. Meine Möglichkeiten, jemanden Passendes kennen zu lernen, waren durch meine berufliche Situation sehr begrenzt. So entschloss ich mich, eine Such-Anzeige in der Düsseldorfer Tageszeitung „Rheinische Post" aufzugeben.

Bevor ich Ferdinand kennen lernte, hatte ich mich bereits mit zwei anderen Männern verabredet. An meiner ersten Verabredung bin ich einfach vorbeigegangen, mit diesem Typen wollte ich noch nicht einmal einen Kaffee trinken gehen. Der zweite Mann kam auch nicht in Frage, er war lieb und nett, aber sehr einfach gestrickt. Ich hätte nach diesen beiden Erfahrungen beinahe die Flinte ins Korn geworfen.

Aber dann lernte ich Ferdinand kennen. Wir waren uns auf Anhieb sehr sympathisch, unterhielten uns angeregt und lachten viel zusammen. Ich konnte mir eine weitergehende Beziehung mit ihm eigentlich gar nicht vorstellen, das gewisse Kribbeln wollte sich bei mir nicht einstellen. Freunde von mir meinten aber, ich dürfe nicht so schnell aufgeben, man müsse sich schließlich erst einmal richtig kennen lernen.

So beschlossen wir, zunächst einmal Freunde zu werden.

Ferdinand war zehn Jahre älter als ich, geschieden, durch seine berufliche Selbstständigkeit sehr viel International unterwegs. Ich lernte nach einigen Wochen seine Mutter, eine Witwe, kennen, die mich mit offenen Armen empfing. Diese ganze Situation gab mir das warme Gefühl, ein Teil einer Familie zu sein, ich fühlte mich angenommen. Ich mochte Ferdinand sehr gern, aber eher wie einen Bruder, bei mir wollte der Funke nicht überspringen. Ich war in einem echten Zwiespalt. Was erwartete ich eigentlich? Ich fühlte mich in seiner Gegenwart wohl, er nahm mich, wie ich bin. Ich wollte mich auch nicht von ihm trennen, denn wenn ich mit ihm zusammen war kam bei mir das Gefühl auf, wie ich es aus meiner frühen Kindheit her kannte: zu Hause zu sein, mich geborgen zu fühlen.

Im Hause seiner Mutter zogen die Mieter aus der ersten Etage aus, sie wohnte als Eigentümerin in der Parterre-Wohnung. Ferdinand war es sehr wichtig, dass wir zusammen dort einziehen sollten. Ich hatte einige Zweifel darüber, ob dieser Schritt richtig war. Ich dachte einige Zeit darüber nach, stimmte aber schließlich zu, nicht zuletzt deshalb, weil ich mich mit seiner Mutter wunderbar verstand. Sie war eine resolute, geschäftstüchtige Frau, dabei aber sehr warmherzig. Sie sagte einmal zu mir, nachdem ich ihr einiges aus meinem Leben erzählt hatte: „Hoffentlich weiß Nicole das einmal zu würdigen, was du in deinem Leben alles gemeistert hast."

Wir lebten zehn Jahre recht harmonisch zusammen, durch unsere Berufe sahen wir uns meistens nur an den Wochenenden. Ich vermisste nichts in meinem Leben, ich hatte wieder eine Familie, fühlte mich akzeptiert und respektiert. Nicole studierte in Bonn Jura, lernte dort auch ihren heutigen Mann kennen.

Ferdinand drängte schon seit einiger Zeit auf eine Heirat, ich willigte schließlich ein.

Da seine finanzielle Situation durch die Klagen seiner Ex-Frau noch nicht geklärt war, machten wir bei einem Notar einen Ehe- und Erbvertrag, in dem wir festlegten, im Falle einer Scheidung auf gegenseitige Ansprüche zu verzichteten.

Zu unserer Hochzeit am 30. April 1992 waren auch meine Verwandten eingeladen. Ich erinnere mich noch sehr gut an das Gespräch mit ihnen, als wir nach den offiziellen Feierlichkeiten noch gemütlich beisammen saßen. Tante Klara konnte sich nicht verkneifen, ihre üblichen, oberflächlichen Sprüche loszulassen. Sie meinte zu mir: „Jetzt hast du alles erreicht was du brauchst. Du hast jetzt ein schönes Haus und einen erfolgreichen Mann. Sei schlau, halt daran fest."

In einem sentimentalen Moment sagte ich, dass ich es zutiefst bedaure, dass mein Vater dies nicht mehr hat miterleben können. Ich hätte ihn so gerne bei diesem Fest dabei gehabt, auch um ihm zu zeigen, dass aus mir doch etwas Vernünftiges geworden ist. Vielleicht wäre er auch stolz auf mich gewesen. Onkel Alfred sagte abwertend, ich solle doch froh sein, dass es den Kerl nicht mehr gäbe, der hätte meine Tränen doch gar nicht verdient. Ich war schon sehr erstaunt über diese heftige Bemerkung, wollte an diesem Tag aber auch nicht näher darauf eingehen.

Mit Klara (links), Inge (rechts) und Alfred bei der Hochzeit zuhause.

Einige Monate später, wir saßen an diesem Samstag gemeinsam mit Nicole am Frühstückstisch, klingelte das Telefon. Onkel Alfred war am Apparat. Er sagte zu mir: „Inge und ich haben lange überlegt, ob wir es dir sagen sollen, aber wir sind zu dem Entschluss gekommen, dass du es wissen solltest. Dein Vater ist heute Nacht gestorben."

Ich war wie betäubt, konnte keinen klaren Gedanken fassen, stand absolut neben mir. Während Onkel Alfred weitere Ausführungen am Telefon machte, warum er mir nicht gesagt hatte, dass mein Vater noch lebte, entglitt mir der Hörer, fiel aus meiner Hand. Tief aus meinem Inneren brach das Schluchzen hervor, ich konnte nicht mehr aufhören zu weinen. Ich stieß die schrecklichsten Töne aus mir heraus, der Schmerz und die Verzweiflung darüber, dass es jetzt zu spät war, dass ich mich nie mit meinem Vater aussöhnen konnte, war kaum zu ertragen. Es tat so weh. Warum hatte man mir nicht gesagt, dass mein Vater noch lebte?

Es stellte sich im Nachhinein heraus, dass sie sogar wussten, wo er in Köln wohnte. Es war ein kompletter Zufall, wie dieses Wissen zustande kam. Freunde von Alfred und Inge fuhren regelmäßig auf Kreuzfahrten. Bei einem Zusammentreffen vor einigen Jahren zeigten sie Bilder von ihrer letzten Urlaubsreise. Darauf erkannte Alfred seinen Halbbruder Hermann, meinen Vater. Alfreds Freunde standen auch in regem Kontakt mit meinem Vater und dessen Frau, sie trafen sich in regelmäßigen Abständen. Seine jetzige Ehefrau, die sehr viel jünger war als er, hatte eine Tochter, die zusammen mit ihnen im gemeinsamen Haushalt lebte. Diese junge Frau versuchte mehrfach, Alfred durch Anrufe zu bewegen, den Kontakt zwischen ihnen beiden wieder aufleben zu lassen. Doch er lehnte dies jedes Mal kategorisch ab. Selbst als mein Vater sehr schwer erkrankte und es sehr schlecht um ihn stand, wollte er nicht auf diese Bitten eingehen.

Die junge Frau war es auch, die Alfred an diesem Morgen über Vaters Tod informierte.

Ich war völlig erschüttert und sprachlos über dieses Verhalten, war es Gefühlskälte oder abgrundtiefer Hass auf den Erstgeborenen, den Liebling der Mutter? Welche Ereignisse hatten dazu geführt, mir dieses Wissen vorzuenthalten und mich erst nach dem Tode über alles zu informieren? Diese Fragen gingen mir lange nicht mehr aus dem Kopf. Mit Alfred und Inge habe ich nie wieder ein Wort gewechselt.

Was mich etwas tröstete, war die Tatsache, dass es so aussah, als hätte er sein Leben in den Griff bekommen und auch mit dem Trinken aufgehört. Ich habe allerdings sehr lange gebraucht, um über diesen Schock hinwegzukommen, um überhaupt fassen zu können, was geschehen war.

Nichts bleibt, wie es ist

Beruflich lief alles sehr erfolgreich, ich war ständig unterwegs, lebte während der Woche praktisch nur aus dem Koffer. Die 42. Neueröffnung war in der Planungs- und Vorbereitungsphase. Vorher wollten Ferdinand und ich noch zwei Wochen Urlaub in Forte dei Marmi, in der Toscana, verbringen. Wir arbeiteten beide sehr hart, deshalb freuten wir uns auf eine Auszeit.

Prince Edward zu Besuch im Januar 1992: Vorstellung meiner Mitarbeiter.

Innerhalb des Mutterkonzerns in England gab es in der letzten Zeit viele größere Veränderungen, auch personeller Art. Ein internationaler Konzern hatte vor kurzem unsere Firma übernommen, einige Mitarbeiter in maßgeblichen Positionen mussten bereits ihren Stuhl räumen.

Ich fühlte mich in meiner Position sehr sicher, wir waren in Deutschland im steten Wachstum begriffen. Die Umsätze, vor allem aber die Erträge waren sehr hoch, sie lagen weit über dem Branchendurchschnitt. Ich war außerdem verantwortlich für über 120 Mitarbeiterinnen, die sehr engagiert und mit viel Begeisterung arbeiteten. Wir fühlten uns alle als Teil einer großen Familie. Ich denke, dass dieser Erfolg auch mit meinem kooperativen Führungsstil zu tun hatte, der in Deutschland in der Zeit noch nicht sehr weit verbreitet war. Ich nahm jede einzelne Mitarbeiterin mit in die Verantwortung, um gemeinsam die gesteckten Ziele zu erreichen.

Für Freitag, dem 27. Mai 1994, war eine Konferenz im Hilton Hotel in Düsseldorf angesagt, zu der ich um 11 Uhr eingeladen war. Vorne im Foyer war auf einer Tafel angezeigt, in welchem Raum die Besprechung stattfinden sollte. Plötzlich reagierte mein Bauch, ich spürte, dass etwas Außergewöhnliches geschehen würde. Ich machte mich auf alles gefasst, wappnete mich.

Am Konferenztisch saßen bereits vier Herren, die mich freundlich begrüßten. Mein Bauchgefühl hatte Recht behalten, die Konzernleitung hatte aus Kostengründen entschieden, das Management für das deutsche Unternehmen von England aus zu koordinieren, somit wurde meine Position überflüssig. Die Kündigung war Fakt, nur die Höhe der Abfindung war noch festzulegen. Es waren sehr harte Verhandlungen, die sich über drei Stunden hinzogen. Seitens der Konzernleitung drängte man auf eine schnelle, gütliche Einigung. Man wollte die positive Stimmung, und die daraus resultierenden Erfolge in den Niederlassungen nicht durch eine Schlammschlacht gefährden. Meinen Anwalt hielt ich zwischendurch telefonisch auf dem Laufenden, unser Ziel war es, das optimale Ergebnis aus dieser Situation herauszuholen.

Die Herren mussten, ohne eine Einigung erzielt zu haben, zurück nach London fliegen.

Ich fuhr am nächsten Morgen wie geplant mit Ferdinand nach Italien in den Urlaub. Die nächsten Tage verhandelte mein Anwalt weiter mit der Konzernleitung und deren Anwälten. Ich wurde per Fax auf dem Laufenden gehalten.

Ich steckte in dieser Zeit noch voll im Kampfgeschehen, war darauf fokussiert, das bestmögliche Ergebnis zu erzielen. Erst als ich meine Unterschrift unter den ausgehandelten Vertrag setzte und diesen zurückfaxte, war bei mir im wahrsten Sinne des Wortes die Luft raus. Ich begann erst jetzt zu realisieren, was das Ergebnis der letzten Tage für mich bedeutete. Gut, ich hatte eine Abfindung in einem hohen sechsstelligen Bereich erzielt, konnte auch meinen Dienstwagen behalten, aber meinen Job, den ich liebte, war ich los. Diese Firma war so etwas wie mein Baby, ich hatte es von klein auf genährt und unterstützt, wir sind in diesen zwölf Jahren gemeinsam gewachsen, durch gute und schwierige Zeiten gegangen, aber jetzt, wo es groß und stark war, brauchte man mich nicht mehr. Es tat höllisch weh.

Kaum waren wir zurück aus Italien, flog ich mit Ferdinand für fast zwei Wochen auf eine Geschäftsreise nach China. Ich unterstütze ihn dort, indem ich ihm die Reden, die er halten musste, ins Englische übersetzte und bei den Verhandlungen mit den Vertretern der jeweiligen Provinz-Regierungen an seiner Seite war. Das lenkte mich in dieser Zeit auf eine sehr konstruktive Weise von meinem erlittenen Verlust ab.

Hamburg, den 05.09.1994

Liebe Frau ,

die Nachricht von Ihrem Ausscheiden aus der Firma hat mich wie ein Blitz aus heiterem Himmel getroffen.

Erst nach Ihrer schriftlichen Benachrichtigung beginne ich allmählich zu realisieren, daß dies eine unabkömmliche Tatsache ist.

Mir ist es ein Anliegen, Ihnen hiermit zu versichern, daß Sie für mich immer ein Vorbild einer Vorgesetzten waren, die es versteht, im Berufsalltag der Menschlichkeit Raum zu geben.

Mein Wunsch ist, daß die in der Zusammenarbeit entstandene verständnisvolle Verbundenheit durch Ihr Ausscheiden nicht zu Ende geht.

Für Ihre zukünftige Lebensplanung wünsche ich von Herzen viel Erfolg und verbleibe mit interessierter Anteilnahme

Ihre Shima

Sehr persönliche Zeilen nach dem Rausschmiss bei Wallis.

Nach dem Rausschmiss Luft schnappen auf der Großen Mauer in China.

Der Anruf aus England kam sehr überraschend. John Osborne, der mich vor zwölf Jahren bei Wallis eingestellt hatte, war mittlerweile Vorstandsvorsitzender eines anderen Modeunternehmens. Er hatte von meinem Ausscheiden erfahren und bot mir an, für seinen Konzern freiberuflich als Unternehmensberaterin tätig zu werden, mit der Zielsetzung, eine Sparte seines Unternehmens auf den deutschen Markt zu etablieren. Er lud mich für zwei Tage nach England ein, damit ich mit David Payne, seinem Verkaufsdirektor dieser Sparte, alle weiteren Modalitäten besprechen konnte. David würde mich auch am Flughafen abholen. Mein Herz klopfte etwas schneller, als ich Davids Namen hörte. Das gab es doch gar nicht, nach so vielen Jahren sollten wir uns wieder sehen.

Wir saßen zusammen in Davids Büro und besprachen die Details unserer Zusammenarbeit, als es wieder zwischen uns beiden funkte. Wir schafften es, diese Situation nach einer längeren Pause zu übergehen, uns wieder der Arbeit zuzuwenden, aber es blieb eine ungeheure Spannung zwischen uns bestehen. Es war überwältigend, welche Nähe uns auf einmal verband, es war ein Gefühl, dass ich in meinem bisherigen Leben so noch nicht erfahren hatte.

Wieder zurück in Deutschland war für mich alles verändert. Ich konnte nicht einfach so tun, als sei nichts geschehen. Die Gefühle, die mich mit aller Macht beherrschten, war die Seite in mir, die ich viele Jahre nicht mehr beachtet, nicht mehr gespürt hatte. Jetzt, wo sie aus meinem tiefsten Inneren heraus gebrochen waren, gab es kein Zurück mehr in mein zufriedenes, sicheres Leben. Ich musste mich dieser Seite in mir stellen.

Ferdinand war am Boden zerstört und tief gekränkt, als ich ihm sagte, dass ich mich von ihm trennen würde. Es tat mir auch sehr weh, ihm so viel Leid zuzufügen, aber er hatte es nicht verdient, von mir betrogen zu werden. Ich wollte ihn nicht hintergehen. Keiner unserer gemeinsamen Freunde konnte verstehen, dass wir uns getrennt hatten. Wir schienen für alle das perfekte Paar gewesen zu sein.

Mir war auch erst durch die erneute Begegnung mit David klar geworden, was in meinem Leben fehlte, was ich ändern musste. Ich wollte mir einfach diese Chance geben, ein erfülltes Leben mit allen Facetten führen zu können. Meine Beziehung zu Ferdinand war auf Freundschaft aufgebaut. Unser Zusammenleben war recht harmonisch, allerdings ohne große Höhen und Tiefen. Ich hatte jetzt plötzlich wieder Herzklopfen, träumte mit offenen Augen, war verliebt.

Ich suchte mir eine Wohnung und zog aus.

Meine beiden Tanten, Klara und Friedchen, wollten nach meiner Trennung von Ferdinand nichts mehr mit mir zu tun haben, brachen mit mir. Sie bedauerten meinen Ex-Mann gebührend und hielten den Kontakt zu ihm aufrecht. Durch dieses ungewöhnliche Verhalten war es für Nicole und für mich fast wie eine Erlösung, einen endgültigen Schlussstrich unter das Thema Familie machen zu können.

Beruflich lief es sehr gut, ich war wieder viel unterwegs und eröffnete in kurzen Abständen die ersten sechs Niederlassungen für meine neue englische Firma.

Igedo 97 mit Mitarbeitern.

Ein Headhunter trat eines Tages an mich heran. Er suchte für seinen Auftraggeber, einen amerikanischen Großkonzern, einen freiberuflichen Manager, der sie bei der Betreuung ihrer Damenoberbekleidungsfilialen auf dem deutschen Markt während der Testphase unterstützen sollte. Diese wurden zur Zeit von der Europazentrale in London aus verwaltet. Ich konnte es kaum fassen, dass sich meine neue Karriere in relativ kurzer Zeit nach meinem Rausschmiss bei Wallis so positiv entwickelte. Ich flog nach Paris und traf mich dort mit der amerikanischen Konzernleitung. Die Chemie zwischen uns stimmte, und das unterbreitete Angebot war sehr gut. Wir kamen miteinander ins Geschäft und ich wurde auch für diese Firma tätig.

David und ich hatten wenig Gelegenheit, uns privat zu sehen. Wenn wir aus beruflichen Gründen entweder in England oder in Deutschland zusammentrafen, waren meistens auch andere Geschäftsleute mit dabei, da blieb wenig Zeit für Privates. In dieser Zeit telefonierten wir sehr viel miteinander. Wir beschlossen, einen gemeinsamen Urlaub zu machen, um mehr Zeit miteinander zu verbringen. Zypern schien uns eine gute Wahl, wir waren beide vorher noch nie dort, dieser Ort war frei von alten Erinnerungen.

Es war das erste Mal, dass wir uns rein privat treffen würden. Auf dem Flug nach London, von wo aus wir am nächsten Tag gemeinsam den Flug nach Zypern antreten wollten, hatte ich Herzklopfen wie ein Teenager, war sehr aufgeregt. Diese Vorfreude war aber auch überschattet von Angst vor der Macht meiner Gefühle. Sie waren ohne Vorwarnung durch meine hohe Mauer, die mich seit meiner Jugend wie eine Festung umgeben und beschützt hatte, durchgebrochen. In all den vergangenen Jahren, die ohne große Gefühlsschwankungen waren, fühlte ich mich sicher. Ich ging allen Situationen bewusst aus dem Weg, die mich emotional aus der Bahn werfen konnten. Dieses Mal war alles anders, ich war machtlos, folgte meinen Gefühlen. Dieser Schwebezustand, den ich vorher noch nicht erlebt hatte, war Himmel und Hölle in einem.

Dieser gemeinsame Urlaub war ein komplettes Desaster. Ich war vollkommen blockiert, David ging es auch nicht viel anders. Wir hatten beide Angst, unsere Gefühle zu zeigen, uns fallen zu lassen. Es ging alles viel zu schnell, dieses plötzliche Beisammensein, ohne vorher Vertrauen und Nähe langsam aufgebaut zu haben, war fast unerträglich. Die Nächte, wo nur unsere Körper sprachen, waren leidenschaftlich und voller Sehnsucht. Die Tage waren geprägt von distanziertem Verhalten und vorsichtiger Annäherung.

Wir waren beide unglücklich, fanden aber keinen gemeinsamen Weg.

Der Anruf aus New York war wir ein Rettungsring, der mir plötzlich unerwartet zugeworfen wurde. Mein neuer Auftraggeber hatte Größeres mit mir vor. Mein bisheriger Einsatz und die daraus resultierenden Ergebnisse hatten bei der Konzernleitung Eindruck hinterlassen. Sie wollten mir mehr Verantwortung übertragen. Dafür musste ich aber ausschließlich für ihren Konzern tätig sein, das hieß, in einer Festanstellung sollte ich die Geschäftsleitung für vier europäische Länder übernehmen. Alle weiteren Details würden wir in New York besprechen, mein Flug dorthin war bereits für die folgende Woche geplant.

Ich war trotz meiner großen inneren Traurigkeit nach dem gemeinsamen Urlaub mit David sehr erleichtert, denn mit dieser neuen beruflichen Perspektive konnte ich auch unsere geschäftliche Zusammenarbeit aus nachvollziehbaren Gründen beenden.

Wir sahen uns noch einmal wieder. Ich saß im Pariser Kaufhaus Galeries Lafayette mit zwei amerikanischen Kolleginnen im Büro der Modedirektorin des Hauses, als ich seine Stimme hörte. Ich dachte, ich würde ohnmächtig, so geschockt war ich, als David mit einem Mitarbeiter durch die angelehnte Tür trat. David, der am gleichen Tag einen Termin dort hatte, wirkte auf mich wie gelähmt, als er mich erblickte. Er sah aus, als würde er sich am liebsten in Luft auflösen oder weglaufen wollen. Wir schafften es beide jedoch, uns vor den Anderen recht normal zu begrüßen, dann ging er in einen Nebenraum. Ich hatte größte Mühe, mich nach diesem unerwarteten Zusammentreffen auf die Verhandlungen zu konzentrieren. Erst als ich im Flugzeug zurück nach Düsseldorf saß, kam ich so langsam wieder zu mir.

Es schien mir ein merkwürdiger Zufall gewesen zu sein, dass wir beide zur gleichen Zeit in Paris unter diesen Umständen noch einmal zusammengetroffen sind. Wir hatten nie wieder Kontakt zueinander. Es hat eine ganze Zeit gedauert, bis ich über diesen Schmerz hinweggekommen war, und ich mich wieder frei fühlte, wieder offen für das Abenteuer Leben.

Rückblickend war die Trennung von Ferdinand für meine eigene Entwicklung die absolut richtige Entscheidung gewesen. Das Festhalten an dieser Beziehung hätte mich der Chance beraubt, wieder Gefühle zuzulassen, sie zu erleben und zu genießen.

Es war ein erfolgreicher, aber auch anstrengender Tag gewesen. Mein Boss, Rafael Labrador, war auch froh, als ich ihn nach unserem letzten Besprechungstermin Richtung Hotel fuhr. Nachdem er am frühen Vormittag aus New York kommend in Düsseldorf gelandet war, gab es kaum eine Pause. Am nächsten Morgen wollten wir uns zu einem Geschäftsfrühstück in seinem Hotel treffen, um uns anschließend in Düsseldorf die exklusiven Modeläden an der Königsallee anzuschauen. Unser Ziel war es, gemeinsam Informationen über die Modetrends in Deutschland zu sammeln, um uns über die Zukunftschancen unserer eigenen Modekollektion ein Bild machen zu können.

Unterwegs sagte er, dass er sich auf sein Hotel freue, denn das wäre ihm von einem Geschäftsfreund empfohlen worden. Er habe Glück gehabt, überhaupt dort untergekommen zu sein, dieses Haus sei meistens ausgebucht. Es wäre früher einmal ein Kinderheim gewesen, jetzt hätte man das Gebäude mit großen Suiten ausgestattet, teilweise im Maisonettestil, alles sehr individuell und hochwertig gestaltet.

Die Adresse, zu der ich fuhr, hatte bisher keine Erinnerungen in mir ausgelöst, aber als Rafael erwähnte, dass das Hotel früher ein Kinderheim gewesen war, stieg in mir eine entsetzliche Vorahnung auf. Mein Mund war plötzlich ganz trocken, mein Hals wie zugeschnürt, ich fragte nach dem Namen dieses Hauses, denn den hatte Rafael noch nicht erwähnt. Er zog die Reservierungsbestätigung aus seiner Tasche und las mir vor: „Villa Viktoria, Blumenthalstraße 12."

Ich erkannte es sofort, als ich meinen Wagen in die Auffahrt lenkte, es war das Kinderheim, wohin ich als Vorkursschülerin mit 16 Jahren mutterseelenallein ins Leben entlassen wurde. Alles, was ich seit Jahrzehnten erfolgreich verdrängt hatte, Schmerz, Trauer und Verzweiflung, all diese alten Gefühle stürzten mit voller Wucht über mich herein.

Als ich den Wagen vor der breiten Treppe, die zur Eingangstüre nach oben führte, anhielt, um Rafael aussteigen zu lassen, liefen mir die Tränen die Wangen herunter. Rafael war sehr erschrocken, als er mich so aufgelöst sah, wollte mich nicht in diesem Zustand mit dem Auto fahren lassen. Ich stieß unter heftigem Schluchzen nur einige erklärende Worte hervor, versicherte ihm, dass ich fahrtüchtig sei und fuhr los, nur schnell weg.

In dieser Nacht machte ich kein Auge zu. Ich musste am nächsten Morgen in dieses Haus hineingehen, wir hatten uns ja dort zum gemeinsamen Frühstück für den nächsten Morgen verabredet. Ich war völlig aufgelöst, der Gedanke, in dieses Gebäude zurückzukehren, bereitete mir größtes körperliches und seelisches Unbehagen. Ich hatte furchtbare Angst, die Kontrolle über mich zu verlieren, während des Geschäftstermins weinend zusammenzubrechen.

Ich erschien eine halbe Stunde zu früh, wollte mir die Zeit geben, mich vor Ort zu sammeln, mich zu erden. Die junge Rezeptionistin berichtete mir von Anrufen und Besuchen einiger ehemaliger Heimkinder, diese Kontakte hätten sie sehr berührt. So sei eine Frau, die ihre ersten Jahre in diesem Heim verbracht habe, aus Amerika angereist, um sich so ihrem Kindheitstrauma zu stellen.

Durch dieses Gespräch wurde mir plötzlich klar, wie viel Glück ich im Grunde genommen doch gehabt hatte. Meine ersten Jahre waren geprägt von Zuwendung und Wärme. Dieses Kinderheim war für mich lediglich die erste Anlaufstation für meine aufregende Reise in mein weiteres Leben gewesen. Plötzlich spürte ich sie wieder, meine Zuversicht, ich hatte meine Mitte wieder gefunden.

Wieder auf festem Boden

In Brüssel befand sich eines der Büros, von denen aus ich die Niederlassungen in den einzelnen Ländern leitete. Wenn ich in Belgien war, verbrachte ich dort üblicherweise einen Tag, um die organisatorischen Arbeiten zu erledigen und wichtige Telefonate zu führen. Die einjährige Testphase in Deutschland war ohne große Zukunftschancen abgeschlossen worden. Die Mode, die in anderen Ländern recht erfolgreich war, kam in Deutschland nicht sonderlich gut an. Ich hatte die Wahl, entweder meinen Wohnsitz nach Brüssel zu verlegen, oder meine Tätigkeit für den amerikanischen Konzern nach Auflösung dieser Niederlassungen aufzugeben.

Ich entschied mich gegen eine weitere Zusammenarbeit. Mein Leben, das überwiegend aus Reisetätigkeit bestand, hatte in mir die Sehnsucht nach Beständigkeit, nach Normalität geweckt. Es klingt banal, aber ich wollte morgens auch einmal den Postboten begrüßen und Muße haben, in Ruhe ein freundliches Wort mit meinen Nachbarn zu wechseln, nicht ständig unter Zeitdruck stehen.

In der „Frankfurter Allgemeine Zeitung“ fand ich nach einigen Wochen eine Anzeige, in der eine Inneneinrichterin für einen exklusiven Innenausstatter im Kölner Umfeld gesucht wurde, die anspruchsvollen Kunden bei der Einrichtung ihrer Häuser oder Wohnungen zur Seite stehen sollte. Mein Hobby zum Beruf zu machen, begeisterte mich, und ich wurde aktiv.

Ich informierte mich gründlich über das Unternehmen, um auf das anstehende Vorstellungsgespräch optimal vorbereitet zu sein. Während dieses Gesprächs stellte mein Interviewpartner mir die Frage, wie ich denn wohl in einem Unternehmen mit flacher Hierarchie zurechtkommen würde, wo ich doch vorher in einer völlig anderen Unternehmensstruktur gearbeitet hätte. Ich erwiderte ihm: „Als ich darüber mit meiner Tochter sprach, meinte sie, es würde mir bei meiner dominanten Art wohl sehr schwer fallen, als Gleiche unter Gleichen zu arbeiten.“ Wir lachten beide sehr herzlich über meine spontane Darstellung. „Unsere Kunden sind Menschen, die sehr erfolgreich in ihren Bereichen sind. Die wollen es mit einem starken Partner zu tun haben, sie brauchen niemanden, der ihnen nach dem Munde redet“, war die Antwort.

Das war mein Start in eine völlig neue Herausforderung, die ich mit großem Engagement und Begeisterung annahm. Nach etwas über einem Jahr gehörte ich zu den umsatzstärksten Mitarbeitern. Ich wurde von meinen Kunden an Freunde und Verwandte weiterempfohlen, was zur Folge hatte, dass ich wieder sechs Tage in der Woche arbeitete und sonntags noch Ausarbeitungen zu Hause machte, um das Pensum überhaupt zu schaffen. Mein Verdienst war zum größten Teil erfolgsabhängig, sodass ich wieder ein sehr gutes monatliches Einkommen hatte.

Im Firmenjet nach Sylt.

Ich lebte immer noch in der Maisonettewohnung im Süden Düsseldorfs, in die ich nach der Trennung und anschließenden Scheidung von Ferdinand gezogen war. Mein Wunsch war es, wieder im Kölner Raum zu wohnen. Die tägliche Fahrerei zur Arbeit war mit einer großen zeitlichen Belastung verbunden, denn oft steckte ich morgens und auch abends im Stau. Jetzt, wo ich beruflich „sesshaft“ geworden war, sehnte ich mich nach etwas Eigenem, was ich nach meinem Geschmack gestalten konnte.

Nicht weit vom Schloss entfernt, im alten historischen Stadtkern von Brühl, wurde ich fündig. Es war ein über hundert Jahre altes, schmales Stadthaus mit drei Etagen, das von einem Makler zum Kauf angeboten wurde. Der Preis ließ darauf schließen, dass noch einiges restauriert und renoviert werden musste. Auf Grund der hohen Nachfrage gab es keine Einzelbesichtigungen, alle Interessenten wurden zum gleichen Zeitpunkt zum Objekt bestellt.

Das griechische Ehepaar, das seit über dreißig Jahren mit ihrem erwachsenen Sohn dort zur Miete lebte, hatte nie großartig renoviert. Sie wohnten dort ohne Zentralheizung, es gab auch kein Badezimmer, nur eine Duschkabine, die im Zimmer des Sohnes stand. Das Haus mit den fast vier Meter hohen Decken war noch wie vor hundert Jahren. Sie heizten unten in der Küche mit einem alten Kohleofen, dort war es mollig warm und sehr gemütlich. Ich war total begeistert von dem Potential, das dieses Kleinod bot. In meiner Phantasie machte ich bereits Durchbrüche, verhalf den alten Dielenböden zu neuem Glanz und plante das Badezimmer.

Die meisten Interessenten gingen recht schnell wieder, nachdem sie sahen, dass eine Kernsanierung notwendig war. Zum Schluss lief nur noch ein junges Ehepaar mit einem Verwandten, der Bauunternehmer war, durch die Räume. Zu der Zeit saß ich bereits mit den Mietern im Wohnzimmer und trank mit ihnen einen Ouzo, den sie mir aus einer großen Plastikflasche kredenzten. Ein selbst gebranntes Mitbringsel aus der Heimat, wie sie mir versicherten.

Mir war es wichtig zu erfahren, ob sie auch ohne gerichtliche Verfügung ausziehen würden, falls ich mich zum Kauf des Hauses entschließen würde. Meine Tochter, die nach abgeschlossenem Studium als Rechtsanwältin tätig war, hatte mir geraten, offen mit den Mietern zu sprechen und möglichst eine schriftliche Vereinbarung mit ihnen zu treffen, um jahrelange juristische Auseinandersetzungen zu vermeiden. Die Mieter hatten großes Verständnis dafür, dass ich möglichst schnell mit den Umbaumaßnahmen beginnen wollte. Wir einigten uns auf die Höhe der finanziellen Entschädigung, die sie von mir bei einem schnellen Auszug erhalten sollten. Der Ouzo aus der Heimat, mit dem wir unsere Vereinbarung besiegelten, war ausgezeichnet. Als wir uns recht spät an diesem Abend verabschiedeten, hatte ich neue Freunde gewonnen.

Jeden Samstagnachmittag traf ich mich mit meinen Handwerkern im Haus, um die Arbeiten der vergangenen Woche zu begutachten und festzulegen, was in der folgenden Woche in Angriff genommen werden sollte. So konnte ich vor Ort sehen, ob alle vorgenommenen Arbeiten nach meinen Vorstellungen ausgeführt wurden. Da ich die Handwerker aus meinem beruflichen Umfeld her kannte, war jeder einzelne darauf bedacht, sein Bestes zu geben, um von mir weiterempfohlen zu werden. Es sollte in der Tat für jeden Einzelnen von ihnen ein Referenzobjekt werden.

Kernsanierung im Haus in Brühl.

Die Umzugskisten stapelten sich im gesamten Haus um die Möbel herum, es war kaum ein Durchkommen möglich. Ich saß total müde aber überglücklich auf einer frei gebliebenen, kleinen Ecke eines Sessels. Ich war endlich angekommen, freute mich darauf, in Ruhe meine Sachen zu ordnen und mein neues Heim wohnlich herzurichten. Nach über einem halben Jahr ungeduldiger Vorfreude hatte ich es endlich geschafft!

Zeit der Veränderung

Es begann in dieser Zeit, dass sich das Gefühl der Sehnsucht nach meinem Bruder immer öfter und immer heftiger in mir rührte. Was machte Werner, wie ist es ihm in den vielen Jahren ergangen? Hat er die entsetzlichen Vorfälle und Schicksalsschläge in unserer Kindheit unbeschadet überstanden? Was ist aus ihm geworden?

Besonders bei Familienfesten war mir der Verlust immer sehr arg, die Gedanken und Gefühle, die dann an die Oberfläche kamen, waren sehr schmerzhaft. Ich recherchierte erfolglos im Internet, auch beim Standesamt in Essen konnte mir niemand weiterhelfen.

Berufliche Erfolge und der daraus resultierende zeitliche Einsatz lenkten diese Gedanken aber schnell wieder in eine andere Richtung. Geprägt durch meine früheren Erlebnisse schaffte ich es nicht, einen Gang zurückzuschalten, alles etwas gelassener anzugehen, ich war wie eine Getriebene. Das Leben hatte immer schon meine volle Kraft und Energie gefordert, nur nicht untergehen, nur nicht scheitern. Wie ein Schiff ohne Heimathafen, immer nach vorne.

Es begann mit Schlaflosigkeit, einer inneren Unruhe. Meine Ärztin empfahl mir, Urlaub zu machen und mich gründlich auszuruhen. Meine Auftragslage ließ es nicht zu, wie ich glaubte, ich ließ mir lieber Vitamin B-Infusionen geben, um die körperlichen Symptome auf diese Weise in den Griff zu bekommen.

Ich hatte mir nicht oft in meinem Leben gestattet, einfach einmal die Seele baumeln zu lassen, das war immer nur ein Wunschtraum von mir gewesen. Ich beneidete die Menschen förmlich, die sich Zeit für ihre eigenen Bedürfnisse nahmen, ich sehnte mich sehr nach mehr Gelassenheit. So wie damals in meiner Kindheit auf Wangerooge. Mit den Füßen im Meer am Sandstrand entlang zu laufen, nach kleinen Schätzen des Meeres Ausschau halten, das war innere Freiheit.

Die Entscheidung, ob ich mir endlich eine Auszeit gönnen würde oder nicht, wurde mir schließlich abgenommen. Mein Ego musste sich meiner Seele unterordnen, ich bekam einen Burnout.

Bilder vom Haus in Brühl.

Rückblickend bin ich sehr dankbar für diese Chance, die vielen Ereignisse in meinem Leben mit professioneller Hilfe aufzuarbeiten. Ich lernte, mir selber Grenzen zu setzen, und nur aus meiner inneren Mitte heraus Entscheidungen zu treffen. Das Wesentliche kam schleichend, fast unbemerkt, aber auf einmal war es da wie ein Geschenk, meine Gelassenheit.

Nicole lebte die letzten Jahre über mit ihrem Mann im süddeutschen Raum. Ich war stolz und glücklich darüber, dass sie sich ihr Leben nach eigenen Wünschen gestalteten. Ich fuhr mehrmals im Jahr für einige Tage zu ihnen, wir standen ansonsten mindestens einmal wöchentlich in telefonischem Kontakt.

Alles veränderte sich in meinem Leben, als meine kleine Enkelin Paula am 6. Januar 2006 zur Welt kam. Ich konnte dieses große Glück kaum fassen, denn ich hatte schon nicht mehr damit gerechnet, einmal Enkelkinder zu haben. In mir reifte das Bedürfnis, mehr am Leben meiner Familie teilhaben zu können. Ich wollte für Paula nicht nur die „Besuchsoma" sein, sondern ein fester, beständiger Bestandteil ihres Lebens.

Es war undenkbar für meine Freunde, dass ich mich jemals von meinem geliebten Haus trennen würde. Sie wussten, wie viel Herzblut darin steckte. Nachdem ich meinen eigenen Schutzwall, der mir in meinem Leben gute Dienste leistete, Stein für Stein abgetragen hatte, war mein altes Haus mit den dicken Wänden meine Trutzburg, dort fühlte ich mich geschützt und sicher. Es mag sich merkwürdig anhören, aber jedes Mal, wenn ich mein Haus betrat, fühlte ich mich umarmt. Ich bekam die Liebe, die ich dort hineingesteckt hatte, tausendfach wieder zurück.

Das einzig Beständige im Leben ist die Veränderung, dieser Satz könnte von mir sein. Sehr oft war es für mich notwendig, klare Trennstriche zu ziehen, Entscheidungen zu treffen, bei denen ich mir kein Hintertürchen offen gelassen hatte. Ich ließ mir vorher immer alles gut durch den Kopf gehen, manchmal brauchte ich dafür nur einige Sekunden, manchmal einige Tage, dann hörte ich auf mein Bauchgefühl und mein Herz. Es ist immer etwas Positives dabei herumgekommen. Beständigkeit gibt es für mich nur für Menschen und Dinge, die mir sehr am Herzen liegen. Veränderungen machen mir keine Angst, ich fühle mich sehr lebendig dabei, Neuland zu betreten, und mein Leben durch eigene Entscheidungen selber zu gestalten.

Meine Tochter zog mit ihrer Familie nach Niedersachsen. Ein alter Bauernhof mit Stallungen für die Pferde und sehr viel Land direkt am Haus wurde ihre neue Heimat.

Der Anruf von Georg und Nicole kam an einem Wochenende. „Hast du immer noch vor, in unsere Nähe zu ziehen? Nicht weit von uns ist ein Haus zu verkaufen, wir sind heute mal vorbeigefahren, es sieht aus, als könnte es dir gefallen."

Meine Enkelin Paula noch ganz klein.

Am frühen Nachmittag des 14. August 2007 schloss ich das letzte Mal die Haustüre hinter mir zu. Ich hielt einen Moment lang inne, dann warf ich meinen Haustürschlüssel durch den Briefkastenschlitz. Das war der Moment des Abschieds. Es überraschte mich selber, dass ich in diesem Augenblick nur Erleichterung und Vorfreude auf meine neue Heimat verspürte. Ich hatte in den letzten Wochen sehr viel Zeit gehabt, mich von meinem Haus zu verabschieden. Die Umzugskartons füllten sich in dieser Zeit, stapelten sich in den einzelnen Räumen. Je mehr ich von meinen persönlichen Sachen einpackte, desto klarer wurde es für mich, dass mein geliebtes Haus nur ein wunderschönes altes Gemäuer war. Ich hatte es behutsam und respektvoll mit viel Liebe zu altem Glanz verholfen. Meine persönlichen Dinge waren es, die es zu meinem Zuhause machten und mir dieses warme, sichere Gefühl gegeben hatten.

Mit dem großartigen Gefühl, die richtige Entscheidung getroffen zu haben, fuhr ich mit Julie, meiner kleinen Hundedame, in einen neuen Lebensabschnitt.

Die erste Zeit verbrachte ich damit, für die Möbel den passenden Standort zu finden und mein neues Haus wohnlich zu gestalten. Es war eine große Umstellung, in einem modernen Haus zu leben, aber mir gefiel es sehr gut. Besonders der große Garten, der von den Vorbesitzern sehr schön gestaltet wurde, hatte es mir angetan. Ich erfüllte mir auch einen großen Wunsch, ich kaufte mir einen Strandkorb.

Die äußeren Bedingungen konnten nicht besser sein, meine Nachbarn und auch die Dorfbewohner, die ich kennen lernte, waren sehr offene und freundliche Menschen. Auch mit der Hilfe meiner Familie lebte ich mich recht schnell ein.

Der Gedanke, meinen Bruder Werner wieder finden zu wollen, war plötzlich wieder da, ließ mich nicht mehr los. Ich wollte nicht mehr länger warten, jetzt musste ich aktiv werden. Das Einwohnermeldeamt in Essen schickte mir auf meine Anfrage hin seine Geburtsurkunde zu. Ich hakte telefonisch nach und erfuhr, dass er noch am Leben war, jedoch über seinen Verbleib konnte man mir keine Auskunft geben. Nach diesem Telefonat war ich sehr aufgewühlt, ich empfand große Erleichterung, denn die Tatsache, dass er noch lebte, bedeutete Hoffnung.

Zwischenzeitlich hatte ich im Fernsehen einige Suchsendungen gesehen, die auch von Erfolg gekrönt waren. Dabei wurde öfter der Name eines Detektivs genannt: Jürgen Trovato aus Mönchengladbach.

Nach einigen Tagen des Nachdenkens, in denen mir klar wurde, dass ich Werner alleine nicht auffinden würde, entschloss ich mich, professionelle Hilfe in Anspruch zu nehmen. Ich forschte im Internet nach dieser Detektei und schickte eine E-Mail mit meiner Anfrage dorthin. Gleich am nächsten Morgen war die Antwort da mit der Bitte um telefonische Kontaktaufnahme.

Nachdem mir der Detektiv sehr große Hoffnung auf Erfolg gemacht hatte, gab ich ihm alle relevanten Informationen, damit er die Suche einleiten konnte. Nach diesem Telefonat durchströmten mich die Gefühle großer Erleichterung und unglaublicher Vorfreude.

Nach einer Woche ungeduldigen Wartens erhielt ich einen Anruf. Herr Trovato sagte wörtlich zu mir: „der Bursche hat tausend Mal die Adresse gewechselt, ohne Scheiß! Aber wir kriegen ihn.“

Meine spontane Frage an ihn war, ob er wohl kriminell geworden sei, denn so oft den Wohnort zu wechseln, wäre doch nicht so ganz normal. Herr Trovato meinte, das könne damit zu tun haben, dass er viele Jahre zur See gefahren sei und sich immer nur kurz zwischenzeitlich wieder an Land angemeldet habe. Das machte Sinn, aber ein merkwürdiges Gefühl blieb. Ich musste daran denken, dass Werner als Kind ständig irgendeinen „Mist“ baute. Aber mit seinem unbändigen Selbstvertrauen und großem Charme wickelte er unsere Eltern immer wieder um den kleinen Finger. Sie verziehen ihm meistens recht schnell und glaubten seinen Beteuerungen, dass er sein Verhalten ändern würde.

Am letzten Montag im Juni trafen wir uns von unserem gemischten Chor vor dem Dorfgemeinschaftshaus zum so genannten „offenen Singen“ und anschließendem Grillen. Die Chormitglieder brachten selbst gemachte Salate, Brote und allerlei andere Köstlichkeiten mit. Ich war noch nicht lange im Chor und wusste daher auch nicht, wie alles ablaufen würde und was mich erwartete. Lange Tische waren sehr liebevoll unter der Linde eingedeckt, ein großes Buffet war an der Hausseite im Schatten aufgebaut. Auf dem Grill wurden leckere Würstchen gebrutzelt. Alle waren sehr offen und freundlich, ich fühlte mich gleich willkommen. Es waren auch Fördermitglieder und Freunde des Chors dort. Wir sangen einige unserer Lieder für die Anwesenden, die sich sehr freuten und uns viel Applaus zollten. Was mich am meisten beeindruckte, war, als unser Chorbruder Heinrich unseren Gesang von alten Volksliedern auf seinem Akkordeon begleitete.

Da kam eine so zauberhafte Stimmung und Atmosphäre auf, ich fühlte mich in meine Kindheit zurückversetzt. Diese gesamte Szene kam mir vor wie aus den Erzählungen von Opa Rudolf. Mir kamen vor Freude und Rührung fast die Tränen, so schön war es. An diesem Punkt wusste ich: Ich bin angekommen. Ich hätte nicht sagen können, wo auf der Welt ich in diesem Moment lieber hätte sein wollen.

Werner

Zwei Tage später kam der erlösende Anruf. „Wir haben ihn gefunden. Er lebt schon einige Jahre in einer Stadt im Ruhrgebiet. Er besitzt allerdings keine Festnetznummer. Ich versuche für sie, über Hausbewohner oder einen Nachbarn mehr herauszufinden."

Meine Freude war übergroß, aber es meldeten sich doch leise Zweifel bei mir, ob er nach den vielen Wohnortwechseln dort auch anzutreffen sei.

Erst am nächsten Tag meldete sich der Detektiv wieder bei mir. Er hatte bei der im Hause befindlichen Versicherungsagentur angerufen und eine Mitarbeiterin gebeten, nachzuschauen, ob auf dem Klingelschild an der Haustüre der Name stehe, er würde in zehn Minuten zurückrufen. Das Verhalten der jungen Frau sei dann allerdings sehr merkwürdig gewesen, berichtete er mir, sie wollte keine Auskunft geben und berief sich auf den Datenschutz, was natürlich in diesem Zusammenhang völliger Blödsinn war. Im Nachbarhaus habe er dann bei einer Massagepraxis angerufen und den Inhaber gebeten, in der Mittagspause nach dem Namensschild zu sehen. Als er ihn später zurückrief, meinte dieser, den Namen gäbe es dort im Hause nicht. Herr Trovato fand dieses Verhalten zwar auch recht seltsam, gab mir allerdings den Rat, einen Brief an diese Adresse zu schreiben. Entweder Werner meldete sich daraufhin, oder der Brief würde als unzustellbar zurückkommen.

Jetzt war ich so kurz vor meinem Ziel, aber es schien mir trotzdem noch meilenweit entfernt. Am gleichen Tag, es war der 1. Juli 2009, schrieb ich Werner einen Brief:

Hallo, lieber Bruder, lieber Werner,

ich bin's, Deine Schwester Brigitte. Ich freue mich so sehr, dass ich Dich endlich gefunden habe. Ich habe schon seit vielen Jahren nach Dir gesucht und Dich auch sehr vermisst. Wie wir beide wissen, ist das Leben nicht immer einfach und leicht, aber mir geht es gut. Ich hoffe, dass Du auf der Sonnenseite lebst und es Dir gut geht. Ich habe so viele Fragen und möchte Dir auch viel erzählen.

Du bist telefonisch nicht zu erreichen, oder hast Du eine Geheimnummer? Ich würde mich jedenfalls sehr freuen, Dich zu sehen, oder auch erst einmal von Dir zu hören.

Egal, in welcher Situation Du Dich befindest, ich bin für Dich da. Wir sind Familie. Meine Tochter Nicole ist verheiratet und hat eine dreieinhalb jährige Tochter.

Wenn Du möchtest, bist Du herzlich bei mir willkommen. Ich lebe seit einigen Jahren alleine, ich fühle mich wohl so.

Was machst Du so? Hast Du Familie? Wie viele Kinder, wie viele Frauen?

Ich könnte immer so weiter schreiben, aber ich hoffe auf ein Treffen.

Sei umarmt.

In schwesterlicher Liebe Brigitte.

P.S. Ich habe ein Auto, ich komme auch gerne zu Dir.

Ein Tag nach dem anderen verging. Am Montag, dem 6. Juli, kamen mir das erste Mal auch die Gedanken, dass Werner den Kontakt überhaupt nicht haben wollte, aus welchen Gründen auch immer. Da der Brief nicht als Unzustellbar zurückgekommen war, blieb auch noch die Überlegung, dass er sich womöglich im Urlaub befinden könnte. Werner hatte sich so sehr in meinem Kopf und in meinem Herzen eingenistet, ich konnte an nichts anderes mehr denken.

Am Dienstag rief mein Schwiegersohn mich von unterwegs an. Er hatte einen Geschäftstermin, der ihn auf dem Wege dorthin an Werners Wohnort vorbeiführte. Da er es zeitlich einrichten konnte, wollte er vor Ort herausfinden, ob das Namensschild tatsächlich an der Haustüre angebracht war. Er würde dann gegebenenfalls bei Werner klingeln. Ich gab Georg die Adresse durch und wartete ungeduldig auf seinen erneuten Anruf.

Werner wohnte dort, es machte aber niemand auf. Georg klingelte bei einer Anwaltskanzlei, die sich ebenfalls im gleichen Gebäude befand. Er fand heraus, dass Werner zusammen mit seiner Frau vor einigen Tagen fortgefahren sei. Ich war ganz begeistert, endlich hatte ich Gewissheit, er lebte tatsächlich dort. Er hatte meinen Brief noch gar nicht erhalten, das war der Grund, warum ich noch nichts von ihm gehört hatte. Die trüben Gedanken waren weg, ich fühlte mich beschwingt und glücklich. Georg berichtete noch von einer Bemerkung, die der Bewohner des Hauses schmunzelnd machte. Werner habe wohl die letzte Zeit einiges an Gewicht zugelegt. Er sei wohl ein recht „schwerer Junge" geworden. Mir war das völlig gleichgültig, Hauptsache, ich bekam meinen „kleinen" Bruder zurück.

Am Donnerstagmittag besuchte mich Nicole, nachdem sie Paula zum Kindergarten gebracht hatte. Sie wollte wissen, ob es etwas Neues von Werner gab. Wir waren beide guten Mutes, dass sich Werner, wenn er erst einmal meine Nachricht erhalten hatte, schnell melden würde. Nicole war gerade im Begriff wieder zu gehen, als das Telefon klingelte. Die Männerstimme am anderen Ende des Telefons war mir völlig unbekannt, doch der Tonfall berührte mein Innerstes. Noch bevor der Anrufer seinen Namen sagte, wusste ich er ist es, es ist Werner!

Wir redeten beide gleichzeitig, lachten und weinten, ich war von der großen Freude völlig überwältigt. Werner konnte es noch gar nicht fassen, er hatte meinen Brief erst vor wenigen Minuten erhalten. Es traf ihn wie ein Blitz aus heiterem Himmel, völlig unvorbereitet, er suchte förmlich nach Worten. Er erklärte mir, dass er während der Sommermonate mit seiner Frau Iris in Schleswig-Holstein als Dauercamper in einem Wohnwagen lebt. Eine Nachbarin schickt ihm seine angefallene Post so alle vierzehn Tage in einem großen Umschlag zu. Am Campingplatz trifft die Post erst so gegen Mittag ein. Auf dem Rückweg zum Wohnwagen öffnete er diesen Umschlag und schaute sich die einzelnen Briefe an. Meiner fiel ihm direkt ins Auge. Handschriftlich adressiert, fiel er aus dem Rahmen, Absender und Adresse waren ihm unbekannt. Er öffnete ihn jedoch als ersten, noch bevor er wieder am Wohnwagen angekommen war. Die Buchstaben verschwammen vor seinen Augen, die sich in dem Moment mit Tränen füllten als er las: „Hallo, lieber Bruder, lieber Werner".

Er stolperte die drei Treppen hoch und rief: „Iris, schnell, das Telefon!"

Ich blickte Nicole an, die immer noch wie angewurzelt vor der Haustüre stand. Auch sie hatte Tränen in den Augen, diese plötzlichen großen Gefühle hatten uns alle gepackt. Ich tanzte durch die Wohnung, war nicht mehr zu bremsen. Endlich hatten wir uns wieder, jetzt konnte uns nichts mehr trennen. Werner hatte vor, mit Iris am Wochenende zu mir zu kommen, er würde sich per E-Mail bei mir melden.

In der Nacht machte ich vor lauter Freude und Aufregung kaum ein Auge zu. So ein solides Leben hatte ich meinem kleinen Bruder gar nicht zugetraut. Er war immer noch mit seiner ersten Frau verheiratet, über die er sich am Telefon sehr lieb äußerte. Iris war durch einen Schlaganfall gesundheitlich sehr angeschlagen, er umsorgte sie, war ihr eine große Stütze. Dadurch, dass sie keine Kinder hatten, waren sie beide sehr aufeinander fixiert, machten alles gemeinsam.

Mein kleiner Bruder schien sich in eine ganz andere Richtung entwickelt zu haben, überhaupt nicht so wie er sich in meinem Kopf festgesetzt und dargestellt hatte. Wo war der Bruder Leichtfuß, der immer das bekam, was er wollte, der sich über die Wünsche anderer keine Gedanken machte? Ich war total gespannt darauf, wie es sein würde, ihn zu sehen und zu erfahren, wie es ihm in den vergangenen Jahrzehnten ergangen war.

Früh am nächsten Morgen fand ich folgende Nachrichten auf meinem Computer:

E-Mail vom 9. Juli 2009, 19:07 Uhr

liebe Brigitte

danke, daß es Dir gelungen ist, mich ausfindig zu machen.ich bin völlig aus der spur

ich kann gar nicht denken.ich vermisse Dich.ich rufe Dich morgen so gegen 10 uhr an. Ich drücke Dich!!!

werner

In der Nacht schrieb er folgende Mail:

E-Mail vom 10. Juli 2009, 01:58 Uhr

hallo schwester

vielen lieben dank daß du mich gefunden hast.

habe dich auch sehr vermißt, freude nicht zu beschreiben.

Drücke dich sehr

werner

Der Ärmste wartete sicherlich schon ganz ungeduldig auf eine Antwort von mir, also schrieb ich ihm Folgendes:

E-Mail vom 10. Juli 2009, 06:17 Uhr

Lieber Bruder,

ich bin immer noch völlig aus dem Häuschen, dass ich Dich endlich wieder habe.

Ich war schon um vier Uhr hellwach und kann es kaum noch erwarten,

Dich endlich wiederzusehen.

Ich freue mich auf Deinen Anruf.

Sei gedrückt

Deine Schwester Brigitte.

Fünfeinhalb Wochen

Der sehnsüchtig erwartete Anruf kam schon um kurz vor neun. „Wenn es dir recht ist, machen wir uns nach dem Frühstück auf den Weg zu dir. Wir machen hier noch klar Schiff, dann geht's los. Ich will keinen Tag länger warten!" Schon wieder kullerten auf beiden Seiten die Tränen, wir lachten und weinten in einem. Wir fühlten uns sehr miteinander verbunden, hatten dieses große Glück noch gar nicht richtig realisiert.

Endlich fuhr das Auto meine Einfahrt hoch, da war er, mein kleiner, fast zwei Meter großer Bruder, wir hielten uns lange fest umklammert, Iris stand wie hilflos daneben, weinte mit uns. Sie stieß immer wieder hervor: „Ich kann es gar nicht glauben, ich kann es gar nicht fassen. Es ist so unwirklich."

Wir saßen zusammen am Esstisch, hielten uns an den Händen, konnten den Blick nicht voneinander lösen. Werner schaute mich mit den Augen unseres Vaters an, die große Ähnlichkeit mit ihm war verblüffend. Das war für mich eine unglaubliche Überraschung, denn er sah als Kind unserer Mutter sehr ähnlich.

Das dunkle, lockige Haar war jetzt weg, er trug seinen Kopf kahl rasiert. Seine Gestik, der Tonfall, die Mimik, seine Art sich zu artikulieren, war ganz unser Vater mit seiner dominanten, weltmännischen Art.

Ich empfand es auch als merkwürdig, dass ich unserer Mutter sehr ähnlich sein sollte, meine Gesten und die Art mich zu bewegen, auch mein Aussehen erinnerten Werner sehr an sie. Da ich als Kind ganz auf meinen Vater kam, überraschte es mich sehr, dass meine Eigenwahrnehmung so unterschiedlich von dem war, wie ich von Werner gesehen wurde. Wir, als die einzigen Überlebenden unserer Familie, haben den Blick und das Gefühl sowohl für die Äußerlichkeiten als auch für die feinen Nuancen der Gestik und Mimik. Alte Erinnerungen, die in unseren Seelen Jahrzehnte wie ein Schatz bewahrt wurden, ließen uns nicht nur mit den Augen sehen. Ich war tief in meinem Herzen bewegt, durch unser Wiedersehen so reich beschenkt worden zu sein.

Werner erzählte, er habe auch versucht mich zu finden, Iris hatte ihn dabei auch sehr unterstützt. Sie wusste alles über unsere Kindheit in Köln-Klettenberg. Werner redete sehr oft mit ihr darüber. Als meine Schwägerin mir sagte, dass Werner mich sein ganzes Leben lang sehr vermisst hatte, berührte mich das tief. Sie konnte sich an keinen Tag erinnern, an dem er nicht über unsere Kindheit erzählt und dabei auch sehr oft geweint hatte.

Ich berichtete Werner auf sein Nachfragen hin, dass ich eine Detektei beauftragt hatte, um ihn zu finden. Er wünschte sich sehr, selber auf diese Idee gekommen zu sein, war sogar beschämt, dass er diesen Gedanken nicht hatte. Er wollte die Hälfte des Honorars übernehmen, was ich allerdings entschieden ablehnte. Werner wollte sich für mich im Gegenzug etwas Besonderes einfallen lassen.

Mir entgingen allerdings auch nicht die Blicke, die zwischen Iris und Werner hin- und hergingen, als ich den Detektiv erwähnte, dachte mir aber zunächst nichts dabei.

Werner hatte vor der Abfahrt noch meinen Standort „gegoogelt“, sah das freistehende Einfamilienhaus mit dem recht großen Garten. Er meinte dann zu seiner Frau: „Guck mal hier, Iris, das ist typisch Brigitte, stapelt tief, um mich nicht abzuschrecken, falls aus mir ein absoluter Looser geworden ist.“ Wir mussten alle drei fürchterlich lachen, als er berichtete, dass sie eine schwarze Stretch-Limousine in meinem Wohnort gesehen hätten, die in eine Seitenstraße abgebogen sei. „Iris, das muss Brigittes Auto sein, bei ihrer Bescheidenheit ist es das ganz bestimmt, denn sie hat ja schon geschrieben, dass sie ein Auto hat.“

Werner brauchte ständig meine Bestätigung, wollte von mir immer wieder hören, dass ich nicht von ihm enttäuscht war. Er fühlte sich nach eigenem Bekunden in seinem Körper sehr unwohl. Er hatte zwar schon sehr viel abgespeckt, aber er war immer noch ziemlich dick. Ich erfuhr zu meinem Entsetzen, dass er einmal vier Jahre nur gelegen und gegessen hatte. Er konnte nicht mehr aufstehen. „Ich war wie diese Monster, die du aus Fernsehreportagen kennst, ein fetter, bewegungsunfähiger Sack. Iris hat mich gewaschen und gefüttert, ich hatte auch manchmal Windeln an wie ein Baby.“

Ich war zutiefst erschüttert, sagte ihm aber auch, dass ich ihn für seine Kraft, da wieder herauszufinden, sehr bewundere. Dafür sah er wirklich ganz passabel aus. Er bekundete auch großen Ehrgeiz, weiter abnehmen zu wollen. Jetzt, wo er mich wiederhatte, würde er das auch ganz bestimmt schaffen, ich würde ihm Kraft geben. Er strahlte förmlich, als er das sagte.

Es war nicht das erste Mal, dass er sehr stark abnahm. Davor das Mal hatte er wochenlang nichts gegessen und sich so fast zu Tode gehungert. Sein Herz litt so stark unter dieser Tortour, dass er eine Herzinsuffizienz davontrug. Er lag monatelang in Norddeutschland im Krankenhaus, davon lange Zeit mit wenig Überlebenschance auf der Intensivstation. Er hat Gott sei Dank noch mal die Kurve gekriegt.

Iris sagte nicht viel, sie saß nur neben uns, lächelte, und schüttelte ab und zu in ungläubigem Erstaunen mit dem Kopf.

An diesem ersten Abend redeten wir von früher und teilten uns auch gegenseitig unsere Kindheitserinnerungen mit. Es war ganz erstaunlich, aber Werner und ich befanden uns wieder auf der gleichen Gefühlsebene, genau wie damals auf dem Klettenberggürtel, wir waren uns in diesen Momenten sehr nah. Werner sagte mit verschmitztem Lächeln, dass ich ja für Oma immer das Rabenaas gewesen sei, er aber war ja das knuddelige kleine Kerlchen, das immer seinen Willen bekam. „Du hast es einfach nicht verstanden, alle geschickt um den Finger zu wickeln, dazu warst du viel zu ehrlich und direkt", meinte er.

Dann erinnerte er mich an den Vater von meiner Schulfreundin Doro, der wütend das „schweinische" Buch, das ich seiner Tochter geliehen hatte, zurückgebracht und sich bei unserem Vater über mich beschwert hatte. „Da hat sich unser Vater ganz toll verhalten. Aber das war bei ihm einfach so, vor Anderen stellte er sich immer vor uns."

Es berührte mich sehr, dass sich Werner noch an meinen Konfirmationsspruch erinnern konnte. Er sah mich sehr ernst an und nickte dazu leicht mit seinem Kopf: „Weißt du noch, als der Pfarrer zu dir sagte, dass er einen sehr passenden Spruch für dich gefunden hat? Der passte wirklich gut, den werde ich nie im Leben vergessen. Selig sind die reinen Herzens sind, denn sie werden Gott schauen."

Dann wurde er ganz sentimental. Er war sehr traurig darüber, dass er als Kind dieses Fest nicht hatte feiern können. Er hätte so gerne einen eigenen Spruch gehabt. Aber über ihn und seine Gefühle hätte sich damals kein Mensch Gedanken gemacht.

An erster Stelle stand für uns beide aber unsere wunderbaren Erinnerungen an Opa Rudolf, der unser Leben durch seine bedingungslose Liebe und Fürsorge und nicht zuletzt durch seine Lieder und Geschichten von seiner Wanderschaft geprägt hat. Werner berichtete lachend darüber, dass Opa sich immer, wenn er seinen besten Freund und ehemaligen Zimmermannskollegen traf, seinen alten Ohrring wieder angesteckt hatte. Er sei dann sehr beschwingt und mit einem verschmitzten Lächeln aus dem Haus gegangen. Ich hatte daran keine Erinnerung, fand diese Geschichte aber zauberhaft, auch wenn sie sich möglicherweise nur in Werners Kopf abgespielt hat. Opa soll in jungen Jahren Kosake gewesen und nach der Oktoberrevolution Richtung Sachsen abgewandert sein. Er sei der erste Sachsengänger gewesen, der von der Hamburger Zimmermannszunft aufgenommen wurde. Während des zweiten Weltkrieges soll er an der Erbauung von falschen Flughäfen, die als Attrappe den Feind irreführen sollten, beteiligt gewesen sein.

Wir redeten begeistert über unsere Urlaube auf Wangerooge, die geprägt waren von Gefühlen der Freiheit, der Leichtigkeit und Unbeschwertheit, die leider für uns viel zu früh ein jähes Ende gefunden hatten.

Ich war sehr erschüttert als Werner mir erzählte, dass er als zwanzigjähriger junger Mann nach der Suche nach einem bestimmten Gefühl ganz alleine nach Wangerooge zurückgekehrt sei. Die Sonne schien an diesem Tag genauso warm wie damals. Er legte sich in den weichen, von der Sonne aufgewärmten Sand und drehte sich langsam auf den Bauch. Dann hob er leicht seinen Kopf und blinzelte Richtung Wellen, die Arme weit von sich gespreizt und leicht in den Sand eingetaucht, genau wie damals. Aber dieses einmalige, wunderbare warme Gefühl kam nicht wieder. Es war zu tief in seiner Seele vergraben, war verschüttet, unwiederbringlich verloren. Nur die Sehnsucht danach ist geblieben, schmerzte ihn wie eine offene Wunde.

An diesem Abend beschlossen wir, sehr bald ein paar Tage gemeinsam Urlaub auf Wangerooge zu machen. Wir freuten uns wie früher in unserer Kindheit auf diese Reise, planten, was wir dort alles unternehmen würden. Durch den Austausch unserer gemeinsamen Erinnerungen an diese wunderbare Zeit dort wurde das Erlebte noch einmal so lebendig, als sei es gestern erst gewesen. In seiner Begeisterung versprach Werner spontan, sich um das Organisatorische zu kümmern. Noch im Herbst sollte es losgehen.

Werner und ich hatten bei unseren wenigen Treffen nach meinem Weggang von zu Hause nie darüber gesprochen, wie es ihm ergangen war, was danach geschehen war. So, als ob wir beide an diese schmerzliche Zeit nicht erinnert werden wollten. Das wurde mir erst jetzt richtig bewusst, als ich Werner bat, mir alles zu erzählen, was sich vor über vierzig Jahren zugetragen hatte.

Mutter hatte sich nach einigen Wochen Aufenthalt im Landeskrankenhaus in Bonn, wohin ich sie am Tage vor meinem Auszug noch gebracht hatte, selber wieder entlassen. Die Ärzte hatten ihren Zustand medikamentös einigermaßen stabilisieren können.

Unser Vater kannte einen Metzgermeister mit einem eigenen Betrieb, bei dem Werner seine Ausbildung begann. Werner war zu diesem Zeitpunkt erst 13 Jahre alt. Dieser Chef verhielt sich aber seinen Lehrlingen gegenüber sehr schlecht. Werner vertraute sich dem damaligen Obermeister der Innung an, der zu ihm sagte: „Geh zu meinem Sohn in den Betrieb, der wird froh sein, einen guten Jungen gefunden zu haben.“ Außerdem könne er in dessen Haus, in dem sich unten auch die Metzgerei befand, ein möbliertes Zimmer beziehen.

Werner berichtete, sein zukünftiger Chef sei eines Nachmittags unangemeldet bei ihm zu Hause vorbeigekommen. Er wollte mit ihm noch einige Einzelheiten abklären.

Mutter sei dann seinem zukünftigen Meister nicht mehr von der Seite gewichen, hat pausenlos auf ihn eingeredet: was für ein schlimmer Kerl ihr Mann doch sei, wie brutal und herzlos er mit ihr umginge. Dann beschwerte sie sich über seine sexuellen Vorlieben und Wünsche, die ich hier nicht noch einmal näher erörtern möchte. Werner war entsetzt und hat sich vor seinem zukünftigen Chef furchtbar geschämt. Doch der legte seinen Arm um ihn und sagte: „Hol ein paar Sachen. Hier kannst du nicht bleiben."

Nach seiner Metzgerlehre, die er als Jahrgangsbester, jüngster Azubi Nordrhein-Westfalens, absolvierte, machte Werner noch eine Ausbildung als Koch, um den finanziellen Ansprüchen zu entgehen, die durch die ständigen Krankenhausaufenthalte unserer Mutter entstanden waren. Weil bei unserem Vater nichts zu holen war, hatte sich das Sozialamt an Werner gehalten. Die zweite Lehre schloss er bereits nach zwei Jahren ab.

Um mehr Geld zur Verfügung zu haben, arbeitete Werner während seiner Ausbildung nachts auf dem Schlachthof und schleppte Schweine- und Rinderhälften in die wartenden Kühlwagen. Das bezahlte man damals wohl bar auf die Hand. Werner behauptete, er hätte zu dieser Zeit ein „Sixpack" und Muskeln wie ein Bodybuilder gehabt. Danach verpflichtete er sich bei der Bundesmarine, um so allen finanziellen Verpflichtungen zu entkommen.

In der Metzgerei arbeiteten neben dem Sohn des Chefs noch ein Altgeselle, zwei weitere Lehrlinge und etliche Frauen, die vorne im Laden zusammen mit der Chefin als Verkäuferinnen tätig waren. Hinter dem Verkaufsraum war eine Küche, die mit einem großen Esstisch und einer Eckbank ausgestattet war, wo jeden Mittag gemeinsam gegessen wurde. Dort befanden sich auch die Handtaschen der Mitarbeiterinnen.

Eines Tages vermisste eine Kollegin zwanzig Mark aus ihrer Tasche. Alle Mitarbeiter wurden zu diesem Vorfall befragt. Es deutete wohl einiges darauf hin, dass Werner es gewesen war. Er stritt es aber vehement ab, beteuerte, dass er mit dem Diebstahl nichts zu tun gehabt hätte. Sein Chef rief unseren Vater an, der Werner ins Gewissen reden sollte. Werner erzählte mir mit großem Stolz, dass Vater ihm dann bei diesem Zusammentreffen direkt in die Augen geschaut und gefragt hätte, ob er es gewesen sei. Werner beteuerte nach wie vor seine Unschuld. „Ich glaube meinem Sohn", sagte mein Vater dann zu seinem Meister. Das war das letzte Mal, dass Werner unseren Vater gesehen hat, er hat auch nie wieder etwas von ihm gehört.

Nach seiner Zeit in der Marine heuerte Werner als Schiffskoch in der Handelsschifffahrt an, und war viele Jahre weltweit unterwegs. Danach arbeitete er lange Jahre als Küchenchef in großen Hotelrestaurants. Ich war ganz begeistert, dass sich Werner nach seinem schweren Start ins Leben so positiv entwickelt hatte, ich war sehr stolz auf ihn.

Werners Erinnerungen

Am Sonntagvormittag fuhr ich mit Werner und Iris nach Schleswig-Holstein zum Campingplatz. Ich war ganz gespannt darauf, wie mein Bruder sein Leben gestaltete, was ihm wichtig war.

Auf der Fahrt saß ich auf der Beifahrerseite. Ich musste Werner immer wieder ansehen, es war verblüffend, denn sein Profil erinnerte mich total an unseren Vater. Bei mir kam genau das gleiche Gefühl auf, wie ich es damals als Kind bei unseren Familienausflügen hatte. Werner legte eine von ihm mit Musik zusammengestellte CD ein. Er drehte die Lautstärke voll auf, als Tina Turner ihren Song „Help“ sang, Werners Lieblingslied, das ihn immer an mich erinnert hatte. Wir sangen den Song beide aus voller Brust mit, dabei hielten wir uns an den Händen und ließen unseren Tränen freien Lauf.

Auf dem Campingplatz stand der große Wohnwagen, in dem die beiden seit Jahren während der Sommermonate lebten. Außerdem hatten sie einen schnuckeligen kleinen Wohnwagen auf der gleichen Parzelle, mit dem sie im Winter für einige Wochen nach Frankreich in die Bretagne fuhren. Den hatte ich zur Verfügung.

Ich befand mich emotional immer noch in einem Ausnahmezustand. Ich war auf der einen Seite unglaublich glücklich, auf der anderen Seite beschlichen mich aber auch sehr ungute Gefühle. Mir gefiel es gar nicht, wie Werner mit Iris umging. Er gab ihr regelrecht Befehle, scheuchte sie herum. Meine Schwägerin folgte seinen Anweisungen widerstandslos, versuchte, es ihm möglichst recht zu machen. Sie benahm sich richtig unterwürfig. Als ich Werner deswegen zur Rede stellte, sagte er nur: „Iris braucht das, ich gebe ihr dadurch Sicherheit.“ Ich guckte ihn nur ungläubig an, worauf er mir noch weitergehende Erklärungen ankündigte, ich solle mich noch gedulden.

Am nächsten Morgen saß Werner schon erwartungsvoll auf seinem Platz am Esstisch und freute sich wie ein kleiner Junge, als ich endlich zum Frühstück zu ihnen herüber kam.

Werner erklärte mir, dass er vor vielen Jahren über Autismus gelesen habe. Das habe ihn tief berührt, weil er sich selber darin wieder erkannt habe. Mitgefühl für andere Menschen gehe ihm vollkommen ab, er kann diese Emotion nur über den Kopf gesteuert nach außen spielen.

Auf meinen verständnislosen Blick hin erklärte er mir Folgendes: „Während meiner Zeit in der Bundesmarine war ich auf einem Minensuchboot stationiert. Als Schiffskoch war ich auch gleichzeitig Sanitäter. Da kam es manchmal zu sehr unschönen Szenen, wenn um Helgoland herum die abgestürzten Starfighter-Piloten mit dem Minengeschirr gesucht wurden. Ich habe dann als Sanitäter zusammen mit dem Sperrmeister die Piloten in ihren Schleudersitzen bergen müssen. Dabei haben wir die zerschmetterten Körper mit einer Plane abgedeckt, weil der Anblick für die Besatzung sehr schwer zu ertragen war.“

Absolut geschockt wollte ich natürlich von ihm wissen, wie er mit diesen entsetzlichen Bildern und diesem hautnahen Erleben fertig geworden ist, ob er psychologische Unterstützung erhalten habe. Da schaute Werner mich nur an, zuckte mit den Schultern und sagte: „Das hat mich nicht im Geringsten berührt, danach konnte ich direkt zum Essen gehen.“

Spontan schoss mir der Gedanke durch den Kopf, dass mein Bruder derjenige war, der die gravierendsten Schäden an seiner Psyche durch unsere Kindheit davongetragen hatte. Er tat mir in diesem Moment nur unendlich leid.

Ich ging mit meiner Hündin Julie spazieren, brauchte etwas Abstand. Was ich da alles zu hören bekam, war schon sehr heftig. Aber ich wollte alles wissen, es gehörte zu Werners Leben, nein, es war sein Leben. Ich wollte das alles ertragen, wollte mit ihm oder auch für ihn fühlen, ich war bereit, mich darauf einzulassen. Vielleicht schaffte ich es sogar, ihn aus der Kälte herauszuholen.

Am Abend bestand Werner darauf, zu einem Restaurant nach Kappeln zu fahren, um dort Fisch essen zu gehen. Iris schaute Werner ganz überrascht an, als dieser Vorschlag kam. „Ich kann mich nicht mehr an das letzte Mal erinnern, dass wir Essen gegangen sind", sagte sie. „Das müssen mindestens fünf Jahre her sein."

Werner schien sehr gelöst und glücklich zu sein, als wir los fuhren. Wir fanden einen Parkplatz in unmittelbarer Nähe des Restaurants. Werner hatte jedoch größte Mühe, die paar Schritte zu laufen, bekam kaum Luft. Ich bekam es mit der Angst zu tun, wollte, dass wir wieder umkehren, damit er sich im Wohnwagen ausruhen konnte.

Was ich dann im Restaurant erlebte, war schon fast filmreif. Werner war der große Patriarch, wir sein Gefolge. Er ließ mit großer Geste die Speisekarten kommen und erkundigte sich nach den Fischgerichten und wie sie zubereitet würden. Dabei umgab er sich mit der Aura des erfolgreichen Küchenchefs, der sich in die Niederungen einer unbedeutenden Gaststätte herabgelassen hatte. Die gönnerhafte Freundlichkeit, die bereits Nachsicht für ein nicht ganz perfektes Gericht ausstrahlte, beeindruckte unsere junge Bedienung ganz ungemein, verunsicherte sie.

Ich war vollkommen fasziniert, fühlte mich in meine Kindheit zurückversetzt. Das war unser Vater, nein, noch viel übertriebener, perfektionierter. Das war wie eine Kopie unseres Vaters in seinen besten Zeiten, so wie Werner ihn verinnerlicht hatte. Ich sah, wie viel Freude er daran hatte, sich so zeigen zu können, er genoss seinen großen Auftritt.

Werner krönte seine Vorstellung, indem er jedem Küchenmitarbeiter einen Drink spendierte. Die traten dann tatsächlich alle an, um uns zuzuprosten. Das war in der Tat ganz großes Kino.

Später, zurück im Wohnwagen, Iris hatte sich schon ins Bett gelegt, berichtete ich Werner von Onkel Alfreds Anruf am Todestag unseres Vaters. Seine erste Reaktion darauf war, dass er sich sehr freue, dass Vater noch viele schöne Jahre gehabt hat und auch vom Alkohol losgekommen war.

Er meinte, Vater sei nie der klassische Alkoholiker gewesen, habe eher aus Frust und Enttäuschung über den Verlauf seines Lebens zu viel getrunken. Über Onkel Alfred wusste er zu berichten, dass Vater ihn aufgesucht hatte, als er bereits kurz vor seinem finanziellen Zusammenbruch stand, um ihn um Hilfe zu bitten. Werner, der mit Vater an diesem Tag unterwegs war, wartete vor dem Haus im

Wagen. Als Vater wieder zurückkehrte, war er leichenblass, sah vollkommen geschockt aus. Er sprach auch nicht mit Werner darüber, was im Haus zwischen beiden Brüdern geschehen war. Seitdem wurde der Name Alfred nie wieder erwähnt.

Ich hatte vollkommen vergessen, dass Werner sehr oft mit Vater gemeinsam zu Geschäftsterminen gefahren war, denn er war ja lange krank und konnte daher auch nicht zur Schule gehen. Unterwegs vertraute ihm Vater wohl vieles an, was er bis heute noch niemandem erzählt hatte.

Mein Bruder begann seine Schilderungen damit, dass Vater, wie immer vor Weihnachten, in seinem Auto, vollgepackt mit wertvollen Geschenken, zu seinen Kunden unterwegs war. Dabei wurde er wohl von zwei Ganoven verfolgt, die es auf diese Sachen, und vielleicht auch noch auf Bargeld, abgesehen hatten. Auf einer Landstraße hielt unser Vater dann an einer recht einsam gelegenen kleinen Tankstelle an. Vater stieg aus und signalisierte dem Tankstellenbesitzer, einem alten Mann, dass er Benzin brauchte. Dieser kam aus dem kleinen Häuschen und tankte den Wagen voll. Vater ging anschließend zusammen mit ihm dort wieder hinein, um zu bezahlen.

Als Vater wieder nach draußen trat, wurde er von einem der beiden Männer mit vorgehaltener Pistole bedroht, der andere machte sich schon an seinem Wagen zu schaffen. Der Mann mit der Waffe hatte augenscheinlich unseren Vater, der in seinem teuren Maßanzug nicht gerade sportlich aussah, völlig unterschätzt. Vater versetzte dem Mann einen so ungeheuren Schlag ins Gesicht, dass dieser wie vom Blitz getroffen ungefähr zwei bis drei Meter tief in ein Trümmergrundstück hinabstürzte.

Der alte Mann kam in dem Moment aus seinem Häuschen gelaufen, als der zweite Ganove sich über den reglos zwischen den Trümmern liegenden Mann beugte. Dieser muss wohl dabei die Pistole an sich genommen und anschließend versteckt haben. Als die Polizei einige Zeit später dazukam, war sie nicht mehr aufzufinden.

Der Mann unten am Boden war tot, es konnte nicht festgestellt werden, ob es von dem gewaltigen Schlag herrührte oder durch den Aufprall des Kopfes nach dem Sturz in die Tiefe. Der zweite Mann beschuldigte unseren Vater, den Toten grundlos angegriffen zu haben, bestritt die Darstellungen unseres Vaters.

Noch bevor der Tankstellenbesitzer seine, für unseren Vater ganz wichtige Aussage machen konnte, erlitt er aufgrund der ganzen Aufregung einen Herzinfarkt, an dem er wenig später starb.

Das Gehörte machte mich fassungslos. Stimmte das oder war das alles ein Hirngespinst meines Bruders? Aber die Geschichte ging noch weiter, wurde immer bizarrer.

Vater wurde wegen des Tötungsdeliktes angeklagt, es stand Aussage gegen Aussage. In seiner Not kontaktierte er eine ihm bekannte Person, die eine Größe im kriminellen Milieu war. Der schlug vor, einen Zeugen zu beschaffen, der die Szene mit der Pistole aus seinem vorbeifahrenden Auto gesehen haben soll. Dieser sollte dann erst durch die Presseberichterstattung erfahren, wie wichtig seine Aussage für den Ausgang des Prozesses sein würde. Er würde diesen „Zeugen" selber damit beauftragen, Vater brauche sich um nichts zu kümmern. Dieser Mann sei auch bisher in keiner Weise polizeilich in Erscheinung getreten. Vater stimmte in seiner Not zu und überreichte dieser Kontaktperson die geforderte Summe von 20 000 Mark.

Kurz vor Beginn des Prozesses verschwand dieser „Zeuge" und mit ihm auch das angeblich schon ausgehändigte Geld.

Der Kontaktperson aus dem Milieu war diese Entwicklung seinen Aussagen nach wohl auch sehr unangenehm und unterbreitete Vater einen neuen Plan.

Gemeinsam lauerten sie dem Komplizen des Überfalls eines Nachts auf, fingen ihn an einer einsamen Stelle ab und zerrten ihn in ein Auto. Dieser wurde dann von unserem Vater und seinem Helfer mit Drohungen derartig eingeschüchtert, dass er ihnen eine bereits vorbereitete schriftliche Darstellung des tatsächlichen Tathergangs unterschrieb. Direkt am nächsten Morgen ging dieser dann gezwungenermaßen zur Polizei und widerrief dort seine anfängliche Falschaussage.

Daraufhin wurde unser Vater im Prozess freigesprochen, weil er in Notwehr gehandelt hatte. Werner sagte noch, dass diese Summe von 20 000 Mark die Anzahlung für den Kauf des Hauses am Klettenberggürtel gewesen sein sollte. Dieses Geschehen hätte Vater bis ins tiefste Mark erschüttert, auch der finanzielle Verlust wäre für ihn sehr bitter gewesen.

Was Werner mir anschließend berichtete, konnte ich nicht glauben, es sprengte meine Vorstellungskraft. „Bevor unsere Eltern heirateten, lernte Vater die Erbin einer großen Dortmunder Brauerei kennen, die sich unsterblich in ihn verliebt hatte. Er und Mutter schmiedeten gemeinsam einen Plan, um an viel Geld zu kommen. Vater sollte durch eine Heirat und einer darauf folgenden schnellen Scheidung eine hohe finanzielle Abfindung für sich herausholen. Das passierte dann auch. Die beiden haben das aus Berechnung eiskalt geplant. Mutter hatte das später uns gegenüber ganz anders dargestellt, sie wollte sich durch ihre falsche Darstellung nur an Vater rächen."

Wir saßen uns längere Zeit schweigend gegenüber und hielten uns an den Händen aneinander fest. Werner war immer noch sehr ernst als er mit seinen Erinnerungen fortfuhr: „Weißt du eigentlich, dass Vater ein Kind auf dem Gewissen hat?"

An meinem entsetzten und fragenden Gesichtsausdruck erkannte er, dass ich völlig ahnungslos war. Mein erster Gedanke, der mir durch den Kopf schoss, war, dass Vater im besoffenen Zustand ein Kind überfahren hatte. Werner schüttelte den Kopf, als ich ihm meine Vermutung mitteilte.

„Du erinnerst dich doch an Omas Bruder Heinrich, dem Maler und Anstreicher. Der hat doch auch bei uns in Köln die Wohnung tapeziert und gestrichen. Du durftest ihm doch auch dabei helfen, die Wohnzimmertüre anzustreichen."

Ich erinnerte mich sehr gut an Onkel Heinrich und seine Frau, die zusammen fünf Kinder hatten, und in Essen in einer sehr großen, wunderschönen Altbauwohnung lebten. Ich fuhr gerne mit dorthin, es ging bei den Familienfesten bei ihnen immer sehr fröhlich und locker zu. Aber was hatte das alles mit unserem Vater und diesem Kind zu tun?

„Vater wurde von Onkel Heinrich um Hilfe gebeten. Seine Frau hatte mit fast fünfzig noch einen Nachzügler zur Welt gebracht. Der Säugling war körperlich und auch geistig schwerstbehindert. Die beiden waren völlig verzweifelt, wollten das Kind loswerden. Vater fuhr zu ihnen nach Essen, ich durfte mit. Das war in der Zeit, wo ich nach meinem langen Krankenhausaufenthalt zu Hause war und noch nicht zur Schule konnte."

Werner wurde dann aus dem Wohnzimmer geschickt, wo die Erwachsenen sich beraten wollten. Er tat so, als wäre er mit seinem Spielzeug im Nebenraum sehr beschäftigt. Er war wie alle Kinder sehr neugierig, spürte auch intuitiv, dass irgendetwas im Busch war. Keiner achtete auf ihn, als er den Erwachsenen folgte, die in den angrenzenden Raum gegangen waren, in dem sich der Säugling befand. Werner horchte an der angelehnten Tür und hörte wie Vater sagte: „Das ist ja wirklich entsetzlich. Mein Rat ist, ihr legt den Kleinen nackt aufs Bett und macht das Fenster weit auf. Das wird er nicht lange überleben. Dann zieht ihr ihn an und ruft den Arzt. Es gibt ja keine Spuren, der wird einen natürlichen Tod feststellen. Das ist in diesem Fall das Beste."

Werner sah meinen geschockten Gesichtsausdruck, senkte seinen Kopf und sagte mit leiser Stimme: „Die haben doch immer von mir gedacht, dass ich ein Dull bin, dass ich ja doch nichts mitkriege. Auf mich hat da keiner geachtet, die waren viel zu beschäftigt. Das ist auch das erste Mal, dass ich darüber gesprochen habe. Auch Iris hab ich davon nichts erzählt."

Es verging eine ganze Weile, bis Werner weitere Einzelheiten über die Zeit nach meinem Fortgang von zu Hause berichten konnte.

Wenige Monate nach meinem Auszug fand zu Hause eine polizeiliche Durchsuchung statt. Werner glaubte zu wissen, dass man bei Vater nach versteckten Unterlagen suchte, die mit seinem Konkurs in Verbindung standen. Die Verluste sollten sich in einem siebenstelligen Bereich befunden haben. Es wurde vermutet, dass unser Vater Manipulationen zum Schaden seiner Firma begangen hatte. Der Verdacht bestand, dass er eine hohe Summe für sich auf die Seite geschafft hatte.

Die Polizei schleppte kistenweise Unterlagen in die wartenden Polizeiwagen. Dann erzählte mir Werner von dem kleinen, uralten Lederkoffer, den die Beamten im Keller hinter dem Gestell, wo immer unsere Äpfel gelagert wurden, herausholten. In mir zog sich vor Grausen alles zusammen, als ich von dem Inhalt erfuhr. Es waren Menschenhäute mit Tätowierungen. Lampenschirme, einer mit Brustwarzen darauf, Tabaksäckchen aus Hoden.

Ich wollte keine Einzelheiten mehr hören, konnte überhaupt nicht fassen, was sich in unserem damaligen Zuhause befunden hatte. Mir wurde bei dem Gedanken übel, dass es unser eigener Vater war, der höchstwahrscheinlich diese grausigen „Andenken" aufbewahrt hatte.

Werner sagte noch, dass er es nicht geschafft hatte, nach diesem großen Schock sofort wieder ins Haus hineinzugehen. Er habe eine Nacht hinter den Büschen im Vorgarten geschlafen. Unser Nachbar, der Herr Kirschbaum, hat ihn dann zwei Tage bei sich aufgenommen, bis Werner in der Lage war, das Haus und die Wohnung nach dem entsetzlichen Vorfall wieder zu betreten. Kurz nach diesem Ereignis hat ihn dann sein Chef Gott sei Dank zu sich geholt.

Über unsere Mutter wusste Werner nur, dass sie im letzten Stadium ihrer Krankheit in eine Spezialklinik am Bodensee eingeliefert wurde, in dem sie wohl auch an den Spätfolgen ihrer unheilbaren Krankheit gestorben sei.

Eine Frau vom Sozialamt habe ihn kontaktiert und ihn aufgefordert, sich um seine Mutter zu kümmern, das sei doch seine Pflicht. Werner fühlte sich sein späteres Leben lang sehr schuldig, weil er dies nicht getan hatte. Er habe dies später bitterlich bereut. Ich versuchte vergeblich, ihm diese Schuldgefühle zu nehmen. Ich sagte zu ihm, dass er doch seine Kraft und Energie brauchte, sein eigenes Leben auf die Reihe zu bekommen, um uns hatte sich ja auch keiner aus der Familie gekümmert. Wir spürten beide die tiefe Traurigkeit, die wir in unseren Herzen trugen. Es gab keine Worte, diesen Schmerz zu beschreiben, nur unsere Tränen.

Am Samstag, dem 18. Juli, fuhren wir wieder zu mir nach Hause. Es waren für mich sehr anstrengende Tage gewesen, ich brauchte unbedingt wieder etwas Abstand, eine Rückzugmöglichkeit. Ich hatte das dringende Bedürfnis, aus dieser Achterbahn der Gefühle aussteigen zu müssen, wollte in Ruhe erst einmal alles verarbeiten.

Wieder zu Hause, beanspruchte Werner aber wieder sehr viel Raum, er hatte das Bedürfnis, ständig mit mir zu reden. Er sagte mir etwas sehr seltsames, was mir äußerst unangenehm war: „Wenn ich die Wahl zwischen dir und Iris hätte, würde ich mich immer für dich entscheiden, Iris ist mir völlig egal."

Was mich jedoch sehr schockiert hat, war folgendes Bekenntnis: „Ich habe dich immer geliebt, nicht nur wie ein Bruder. Aber wir können uns heute auf Augenhöhe begegnen, denn es ist ja Gott sei Dank damals nichts passiert, was ich heute bereuen müsste."

Ich versuchte, ihn in meiner großen Verlegenheit zu beschwichtigen. Ich sagte, dass Phantasien eines pubertierenden Jungen nichts mit der Realität im späteren Erwachsenenleben zu tun haben, dass solche Gefühle auch sehr oft mit der Mutter in Verbindung gebracht werden. Werner meinte jedoch, dass er sein ganzes Leben immer nach Frauen Ausschau gehalten hatte, die mir ähnlich waren. Das alles war fast zuviel für mich, es war mehr, als ein Mensch in so kurzer Zeit alles ertragen kann.

Nicole kündigte telefonisch einen kurzen Besuch mit Mann und Tochter bei mir an. Sie wollten Werner gerne kennen lernen. Werner geriet fast in Panik, als ich ihn davon in Kenntnis setzte. Während er hektische Bewegungen machte, sagte er immer wieder: „Du musst mir sagen, wie ich mich verhalten soll, gib mir Regieanweisungen. Wie soll ich mich verhalten, was soll ich sagen, was erwartet Nicole von mir?" Er konnte mit meinen beschwichtigenden Äußerungen überhaupt nichts anfangen: „Sei einfach du selbst. Wir sind Familie, hier erwartet doch keiner etwas von dir. Sei wie du bist." „Was heißt hier: du selbst? Ich brauche richtige Anleitungen, ich weiß sonst nicht, was du meinst."

Ich schaffte es, ihn etwas zu beschwichtigen, mit dem Resultat, dass er ununterbrochen auf Nicole und Georg einredete, versuchte, einen guten Eindruck durch seine Selbstdarstellung zu machen. Es war für uns alle sehr anstrengend.

Ich muss ganz ehrlich sagen, dass ich sehr froh war, als Werner und Iris dann endlich am Montag, dem 20. Juli, wieder zurück nach Norddeutschland fuhren. Von dieser geballten Ladung musste ich mich erst einmal erholen.

Am nächsten Tag schrieb mir Werner folgende E-Mail:

E-Mail vom 21. Juli 2009, 22:47 Uhr

hallo liebes,

ich habe iris belatschert am freitag nach hause zu fahren um einen grund zu haben bei dir vorbei zu kommen, sie ist so eingestellt wie du mit Nicole, nicht zu dicht damit es keinen streit gibt klammern und so weiter und das man sich nicht auf den geist geht, mir ist das ehrlich gesagt völlig scheiß egal wir waren so lange getrennt ich gehe dir gerne auf den geist, als ich weggefahren bin bei dir ging es mir total dreckig. ich habe aber vor iris so getan als wäre ich froh das ganze erst mal sacken zu lassen. Ich schreibe jetzt, iris schläft, werde also nicht gestört.

Ich vermisse dich ich könnte schreien allein schon da oben im besucherbett wäre ich am liebsten zu dir rüber gekommen und wir hätten gequatscht so wie früher obwohl ich total platt war auch wegen dem hungern und der ganzen achterbahnfahrt der gefühle , eindrücke, der lütten, der Nicole, dem Georg und nicht ganz unerwähnt den beiden wauwie's und ***DIR*** *sagenhaft, ich habe schon das gefühl, ist das nicht ein bis'chen viel glück!!!!*

aber ich glaube nicht, ich glaube wenn mann (frau), so hart und so zäh wie du daran gearbeitet hast muß ja so etwas tolles dabei rauskommen trotz ständiger selbstzweifel bestimmt nicht zu knapp. Aber laß dir sagen du hast vater und mutter rechts überholt. Der alte Knipper Dolling (opa rudolf) würde sich ins fäustchen lachen, seine brigitte samt tochter haben es dem pack gezeigt. Das ist klettenberggürtel. Ich weiß er schaut von oben zu, bestimmt ganz bestimmt.

täteräterä bald ist sonntag und ich drück dich, mein gott ist es schön, daß es dich gibt.

Werner, dein kleiner

Am nächsten Morgen fand ich diese Nachricht vor und antwortete ihm, wie folgt:

E-Mail vom 22. Juli 2009, 07:38 Uhr

Hallo, mein kleiner Bruder,

was für ein Glücksgefühl, dass es Dich wieder in meinem Leben gibt. Danke für Deine Mail, die mich total umgehauen hat, ich kann dieses große Glück auch noch nicht richtig fassen.

Ich freue mich total auf Sonntag, übernimm Dich bloß nicht mit der vielen Fahrerei am Wochenende, als fahr vorsichtig, nimm Dir Zeit.

Sei ganz fest umarmt

Deine Schwester Brigitte

Ich war hin und her gerissen. Natürlich freute ich mich, Werner zu sehen, ihn wiederzuhaben, aber zu viel davon auf einmal konnte ich kaum ertragen. Aber es blieben mir bis Sonntag noch drei volle Tage, an denen ich wieder etwas zur Ruhe kommen konnte.

Am nächsten Abend erreichte mich folgende Mail:

E-Mail vom 23. Juli 2009, 19:52 Uhr

rege dich bitte nicht auf weil ich deine ganze planung durcheinander bringe.

ich komme doch schon morgen mittag, also freitag, freu dich ein bischen

mit mir, meine güte bin ich doof. Täterätetä ich komme einen tag früher.

Ich darf dies, denn schließlich bin ich der kleine bruder, du als die ältere,

besonnenere bist vielleicht nicht so verrückt im Kopf wie ich aber ich habe

das gefühl dir geht es ähnlich.

Gruß dein kleiner bruder

Es war ein fröhliches Wiedersehen mit einer großen Überraschung. Mein kleiner Bruder hatte mir einen tollen, echten Seemannspullover, eine Pudelmütze und Gummistiefel als Geschenk mitgebracht. Und das alles in der richtigen Größe! Er freute sich sehr über seine gelungene Überraschung und meinte lachend, jetzt sei ich für unseren gemeinsamen Urlaub auf Wangerooge bestens ausgerüstet.

Das Geständnis

Es war schon recht spät an diesem ersten Abend, Iris hatte sich schon zum Schlafen ins Gästezimmer zurückgezogen. Werner war durch sein tagelanges Hungern noch völlig aufgedreht. Er wollte so schnell wie möglich wieder eine „gute Figur" machen und hatte in der Tat schon sichtbar abgenommen. Er war immer noch ein sehr gut aussehender Mann, sein Gesicht war glatt, nahezu ohne Falten. Lachend sagte er zu mir: „Mein hübsches Gesicht hat mir schon manche Türen geöffnet. Das ist mein Kapital, mit meinem Engelsgesicht und meinem treuen Blick erwecke ich in Menschen sofort Vertrauen."

Ich spürte, dass hinter dieser Aussage mehr steckte, schaute ihn fragend an.

Es war wie bei einem Schleusentor, einmal geöffnet, fließt alles heraus.

„Ein Club, den ich hatte, lag in einem Waldstück, etwas versteckt von der Hauptstraße. Ich habe dann ein Riesenschild malen lassen, mit einer alten Dampflokomotive darauf. Wo da oben aus dem Schornstein die Rauchwolken aufstiegen, habe ich in jede Wolke „Puff Puff Puff" 'reinschreiben lassen." Ich prustete los: „Hast du einen Puff gehabt?“

„Sei nicht so naiv, Brigitte, was heißt habe ich *einen* Puff gehabt? Ich war ein ganz Großer im Geschäft, ohne mich lief in Norddeutschland gar nichts. Iris hat mich in vielen Dingen unterstützt. Wenn ich spät nachts nicht da war, hat sie in den Läden die Abrechnungen gemacht und auch die Mieten für die Zimmer bei den Mädels kassiert. Manche Frauen haben versucht, ihre Gutmütigkeit auszunutzen. Wenn sie an mehreren Tagen wenige oder auch gar keine Freier hatten, beglichen sie ihre Mietschulden oder Telefongebühren nicht. Dann musste Iris sogar Zimmerkontrollen machen, um nach verstecktem Geld zu suchen. Da gab es schon manchmal sehr unschöne Szenen.“

Ich fiel aus allen Wolken, machte große Augen. In dem Moment wusste ich, jetzt geht's ans Eingemachte, machte mich auf einiges gefasst.

Der Grundstein für seine spätere „Karriere“ wurde bereits in Köln gelegt. Während seiner Lehre arbeitete er an den Wochenenden nachts als Türsteher in der bekannten Diskothek „Storyville“. Ein „Großer“ aus dem Milieu fand Gefallen an Werner, er beauftragte ihn zunächst mit kleineren Jobs, stellte seine Loyalität auf die Probe. Er nahm Werner unter seine Fittiche und führte ihn in die entsprechenden Kreise als seine Vertrauensperson ein. Mein Bruder war zu dieser Zeit in den einschlägigen Kreisen bestens bekannt.

Jahre später, nachdem Werner der Seefahrt adieu gesagt hatte, ließ er sich in Schleswig-Holstein nieder. Dort bekam er sehr schnell wieder Kontakt zu den entsprechenden Leuten im Milieu. Er nannte ihnen einige bekannte Namen aus der Kölner Szene als Referenz. Man kannte sich wohl untereinander, denn es wurden Erkundigungen über Werner eingeholt. Schon recht bald wurde er mit allen möglichen kriminellen Aufträgen betraut. Mit großer Energie und skrupellosem Durchsetzungsvermögen machte er bald Karriere.

Ich wollte natürlich wissen, was er alles gemacht hat, welche Verbrechen er begangen hatte. Ich werde seinen harten, durchdringenden Blick und seine eiskalten Worte nie vergessen, das war nicht mehr mein Bruder, sondern ein Raubtier vor seiner Beute. „Ich warne dich, frag mich das nie wieder.“

Mir wurde es auf einen Schlag eiskalt. Ich fühlte mich plötzlich wie damals als Kind vor unserem Vater, der kurz davor war, die Kontrolle über sich zu verlieren. Es waren die kalten Augen und die gewaltige Energie, die aus jeder Faser seines Körpers sprühte, wie eine Bombe kurz vor der Explosion. Ich war jedoch nicht bereit, mich zu ducken, mich zu verstecken. Ich musste die Flucht nach vorn antreten. „Wenn du glaubst, ich brauche all das, weil mein eigenes Leben so langweilig ist, dann hast du dich getäuscht. Aber nur Andeutungen zu machen, ist Scheiße, dann lass es lieber ganz und rede gar nicht darüber.“

Werner entspannte sich wieder und meinte nur, ich solle ihm noch Zeit geben, er würde mir vielleicht eines Tages alles erzählen.

In dieser Nacht fiel es mir sehr schwer, überhaupt ein Auge zuzumachen, meine Gedanken waren erfüllt von schlimmen Vorahnungen. Was bekam ich noch alles zu hören? Werner hatte an diesem Abend seine Maske für einen kurzen Augenblick fallen lassen. Was da zum Vorschein kam, ließ mich erschaudern. Bisher hatte ich meinen kleinen Bruder als Opfer der schlimmen Umstände in unserer Kindheit wahrgenommen. Mit den Lügengeschichten, dem Klauen und seinem Hang zur Selbstdarstellung konnte ich gut leben, ich liebe meinen Bruder. Wie weit ist Werner selber zum Täter geworden? Ich hatte das traurige Gefühl, dass sich ein Graben zwischen uns aufgetan hat. Würden wir einen Weg finden, wieder zueinander zu kommen? Wer würde diese Brücke betreten um an die Seite des Anderen zu gelangen?

Am nächsten Morgen fühlte Werner sich nicht wohl. Er zog sich nach draußen in den Garten zurück und saß dort die meiste Zeit rauchend und Kaffee trinkend im Strandkorb. Nachmittags fuhr er mit Iris nach Celle, um einige Besorgungen zu machen. Ich hatte den Eindruck, dass Werner sehr nachdenklich war und auch eine Gelegenheit gesucht hat, mit seiner Frau alleine zu reden.

Die beiden kamen gut gelaunt und voll beladen wieder zurück. Außer leckeren Sachen für unser Abendessen hatte Werner einige Spirituosen eingekauft. Es hatte den Anschein, als wollte er ein richtiges Fress- und Saufgelage abhalten.

Er empfahl uns wärmstens, sofort schon mit einem Becherovka (ehemals Karlsbader Becher-Bitter) anzufangen. Dieser bittere Kräuterschnaps sei sehr gesund, den habe er früher viel getrunken. Das sei ein richtiges Kult-Getränk und stamme aus Karlsbad. Für mich hatte er Gordon's Dry Gin und Schweppes Tonic Water mitgebracht, mein Lieblings-Sundowner im Sommer. Das überraschte mich sehr, denn ich konnte mich nicht daran erinnern, das überhaupt erwähnt zu haben. Die Flasche Linie Aquavit kam gleich ins Gefrierfach, wir waren also bestens ausgerüstet.

Die Stimmung war sehr gelöst, sogar ausgelassen und fröhlich. Es hatte für mich den Anschein, als hätte Werner eine Entscheidung getroffen.

„Ich war während der Seefahrt oft in Russland. Als ich das erste Mal russischen Boden betrat und dort einige Landsleute kennen lernte, hatte ich das Gefühl, endlich zu Hause angekommen zu sein. Ich spürte eine große Verbundenheit mit dem Land und der Mentalität der Menschen dort. Das melancholische, gefühlvolle in ihnen, das war ich auch, das war auch meine russische Seele. Ich lernte einen alten Mann kennen, der ganz gut Deutsch sprach. Der lud mich zu sich nach Hause ein, er wollte mich seiner Familie vorstellen. Ich habe ihm als Gastgeschenk zwei Dosen Leberwurst mitgebracht. Der hat mir die Hände geküsst und geweint, er sagte, das sei die Lieblingswurst seiner deutschstämmigen Mutter gewesen.

Drei Jahre später war ich wieder im gleichen Hafen. Ich beschloss, den Mann und seine Familie wieder zu besuchen." Werner fing an zu weinen, als er weiter sprach: „Die haben sich so riesig gefreut, es war für mich, als wäre ich zu meiner eigenen Familie zurückgekehrt. Dann wurde das Essen aufgetischt. Ich konnte es nicht glauben, sie machten mir zu Ehren eine der Dosen Leberwurst auf."

„Dass wir die meiste Zeit in Wohnwagen leben, ist auch eine Art Flucht." Werner erzählte mir, dass sie noch einen Wohnwagen nicht sehr weit von ihrem

Wohnort in einem Naherholungsgebiet stehen hätten. Den haben sie aber bisher noch nicht zum Schlafen genutzt, alle paar Wochen ließen sie sich dort mal sehen, brachten das Grundstück in Ordnung und fuhren wieder weg.

„Ich habe ein sehr großes Sicherheitsbedürfnis, traue niemandem. Nach unserem ersten Telefonat kamen mir nach einer Weile sogar richtige Bedenken. Mir fiel im Nachhinein auf, dass ich deine Stimme überhaupt nicht wieder erkannt hatte. Ich habe da zu Iris gesagt, das hätte auch eine Fremde sein können. Ich hätte ihr zur Sicherheit Fragen stellen sollen, die nur wir beide beantworten konnten. Der Name von unserem Kater, dem Mister Piller, zum Beispiel. Aber ich habe mich schnell wieder beruhigt, Iris meinte auch, dass sie ein gutes Gefühl hätte."

„Als du mir das mit dem Detektiv erzählt hast, wurde mir etwas mulmig zumute. Ich wusste nicht, dass es so leicht sein würde, mich aufzuspüren, denn unsere Mitbewohner im Haus habe ich ganz gut im Griff." Sofort fiel mir das merkwürdige Verhalten der Nachbarn wieder ein. Mein Gefühl hatte mich also nicht getäuscht.

„Im gleichen Jahr, in dem du 1982 aus England zurück nach Deutschland gekommen bist, wurde ich entlassen."

Er sah meinen fragenden Gesichtsausdruck und fuhr fort: „Aus dem Knast entlassen, ich saß fünf Jahre lang in Schleswig-Holstein im Gefängnis, davon drei Jahre in Isolationshaft." In diesem Moment wäre es mir lieber gewesen, mein Bauchgefühl hätte mich getrügt, aber Werner hatte tatsächlich für etwas, das ich noch nicht wusste, im Gefängnis gesessen. Jetzt war es ausgesprochen, und irgendwie spürte ich in diesem Moment eine gewisse Erleichterung. Warum er hinter Gittern und sogar in Isolationshaft war, wollte er mir an diesem Abend nicht sagen, meinte aber, er sei ein ganz böser Bube gewesen.

Ich wollte natürlich von Werner wissen, wie es ihm nach seiner Entlassung ergangen war, ob Iris erst einmal für ihn gesorgt hatte. „Iris hat mich im Knast nicht einmal besucht, sie hat sich nach meiner Verurteilung sofort von mir scheiden lassen."

Ich fiel aus allen Wolken, damit hatte ich nicht gerechnet.

„Sie hätte die Läden in Schleswig-Holstein ruhig weiterführen sollen. Sie hatte sich im Laufe der letzten Jahre diese Geschäfte ja selbst aufgebaut. Aber Iris hat auf ihre finanziellen Vorteile verzichtet und ist vor lauter Angst in ihre Heimatstadt zurückgekehrt."

„Einer der damaligen Leiter SOKO organisierte Kriminalität hat mich kurz nach meinem Prozess im Knast besucht. Er saß mir gegenüber und schob mir sein Päckchen Zigaretten zu. Er meinte zu mir, ich hätte alle möglichen Erleichterungen selber in der Hand, ich solle mich nur kooperativ zeigen, es läge nur an mir. Ich nahm langsam eine Zigarette aus dem Päckchen, grinste ihn ironisch an und zerbröckelte sie. Dann schob ich die Zigaretten mit einem Schwung vom Tisch."

Da war er wieder, Werner auf der Bühne seines Lebens, er spielte seine Rolle großartig bis zum bitteren Ende.

Werner erklärte mir dann, dass er dem Beamten zu seinem eigenen Bedauern nicht habe helfen können. Seine lapidare Antwort sei gewesen: „Ich als Koch kann Ihnen nur insofern behilflich sein, indem ich Ihnen mein Rezept für Erbsensuppe gebe."

„Mit meinen freundlichen Bemühungen hatte ich aber keinen Erfolg, denn wenn du erst mal im Knast sitzt, bist du denen da drinnen völlig ausgeliefert. Da gelten ganz andere Gesetze. Du kannst dich beschweren wie du willst, die sperren dich einfach in Isolationshaft, da hilft dir kein Mensch. Das einzige was sie machen mussten, weil das gesetzlich so geregelt ist, war die Stunde Freigang am Tag. Da war ich auch ganz alleine, habe nur die Wärter gesehen, aber die durften nicht mit mir reden. Die schieben dir dein Essen durch eine Klappe, die in der Tür ist, du bist da der letzte Dreck. Die können jederzeit Kontrollen in deiner Zelle vornehmen. Die erste Zeit haben sie das bei mir immer nachts gemacht, aus Schikane. Du kannst dir überhaupt nicht vorstellen, wie diese Zellen aussehen. Die Wände sind ungefähr einen Meter dick, mit Einwurfschlitzen für Tränengas und mit Schießscharten versehen. Wenn jemand deine Zelle betritt, guckst du in den Lauf von Gewehren. So gesichert ist das da."

„Ein paar Tage vor meiner Entlassung bekam ich das erste Mal Hafturlaub. Draußen vor dem Tor wartete eine große Limousine mit Fahrer auf mich. Der brachte mich dann zu meinen Leuten."

Es war für mich wie eine Szene aus einem Kriminalfilm, aber das wahre Leben schreibt ja bekanntlich immer noch die besten Drehbücher.

„Ich beschaffte mir dort die finanziellen Mittel, damit ich für die erste Zeit nach der Entlassung unabhängig war. Ich hatte ja auch noch meine Sommerwohnung, in die ich dann zunächst einmal einzog."

Werner brauchte auch eine geraume Zeit, um sich wieder zu fangen, denn die drei Jahre Isolationshaft hatten Spuren bei ihm hinterlassen.

Er schaute mich dabei sehr ernst an und nickte dazu leicht mit dem Kopf. „In den drei Jahren habe ich oft an meinen einjährigen Hausarrest denken müssen", sagte Werner mit leiser Stimme.

Ich guckte ihn fragend an, denn da konnte ich mich nicht mehr dran erinnern. „Soviel hat mir das damals nicht ausgemacht. Ich ging morgens zur Schule, musste dann anschließend aber sofort nach Hause gehen und durfte anschließend nicht mehr raus. Nur in den Garten bin ich gegangen, das durfte ich. In dem Jahr bin ich auch nicht mit nach Wangerooge gefahren, ich musste bei Oma und Opa zu Hause bleiben. In diesem Jahr habe ich sämtliche Bücher gelesen, die es zu Hause gab, dadurch lebte ich dann in einer anderen Welt, in meiner Phantasiewelt. Das habe ich dann auch im Knast so gemacht, dadurch bin ich nicht ganz verrückt geworden."

Ich wollte von Werner wissen, warum er denn so einen langen Hausarrest bekommen hatte, das schien mir unmenschlich zu sein, einem Kind eine so lange furchtbare Strafe zu geben. Für ein Kind ist ein Tag bereits eine Ewigkeit, aber ein ganzes Jahr? Werner meinte daraufhin, daran könne er sich heute nicht mehr erinnern. Fest in seinem Gedächtnis geblieben sei aber, dass Vater ihn an dem Tag, als der Hausarrest vorüber war, zum Büdchen geschickt hätte, um dort für ihn etwas einzukaufen. Er durfte sich dann auch ein Eis mitbringen. Werner glaubte, dadurch erkannt zu haben, dass es Vater leidgetan hatte, ihm so eine drakonische Strafe aufgebürdet zu haben.

Der nächste Abend bei Nicole war recht harmonisch, obwohl Werner anfänglich spürbar angespannt war. Er betrat mit diesem Besuch absolutes Neuland. Es schien alles fast zuviel für ihn zu sein. Der unbefangene, familiäre Umgang untereinander, die lockere Atmosphäre schienen ihm sehr zuzusetzen. Ich hatte das Gefühl, dass er mit den Tränen kämpfte.

Wir saßen draußen im Hof um den großen Holztisch herum, es wurden Salate und Gegrilltes gegessen, gelacht und fröhlich erzählt. So nach und nach wurde Werner lockerer, entspannte sich. Er gab sehr farbenfroh einige nette Anekdoten aus seiner Zeit als Küchenchef zum Besten, gespickt mit der ihm typische Form der Selbstdarstellung. Iris schüttelte ungläubig mit dem Kopf: „Ich kann es noch gar nicht fassen, dass wir hier alle zusammen sitzen, wir waren vorher noch nie irgendwo zu Besuch.“

Spät am Abend, wir hatten es uns bei mir im Wohnzimmer gemütlich gemacht, sprachen wir über Werners Tätigkeit als Küchenchef. Ich wollte von ihm wissen, wie er es geschafft hat, in diese verantwortungsvollen Positionen zu gelangen. Was dann kam, war wieder eine nahezu unglaubliche Geschichte, aber typisch für meinen Bruder.

„Während meiner Zeit in der Handelsschifffahrt war ich auch öfters in Afrika. Als Seemann brauchst du für kein Land der Welt ein Visum, du bekommst jedes Mal nur einen Einreise- und einen Ausreisestempel in deinen Reisepass. Das ist international so geregelt. Als ich aus dem Milieu aussteigen wollte, das war so ungefähr ein, zwei Jahre nach dem Knast, musste ich mir etwas überlegen, womit ich auf ehrliche Weise gutes Geld verdienen konnte. Mir fiel zufällig auf, dass bei der Abreise aus einem afrikanischen Land bei dem entsprechenden Ausreisestempel das Jahresdatum um zehn Jahre nach vorne verrutscht war. Ein Fehler, der mir vorher nicht aufgefallen war, den ich mir aber dann zunutze gemacht habe. Mir wurde blitzartig klar, dass da meine Chance lag, auf die ich gewartet hatte.“

Ich war ganz gespannt darauf, mehr zu erfahren, konnte mir überhaupt nicht vorstellen, wie sich durch diesen Fehler eine ganze Karriere aufbauen ließ.

„Ich schrieb eine Anfrage an die Regierung des Landes, welche auch immer, ich weiß das gar nicht mehr, und wartete auf das Antwortschreiben. Einige Wochen später hielt ich das Schreiben in den Händen. Mit offiziellem Briefkopf und einem Regierungstempel unter der Unterschrift. Da hatte ich, was ich brauchte.“

Werner stellte sich daraus sein eigenes „offizielles“ Briefpapier her. Darauf schrieb er sich selber ein Zeugnis aus. Danach war er für die Regierung des Landes zehn Jahre lang als Küchenchef bei offiziellen Anlässen tätig. Mit dieser Referenz und seinem äußerst selbstbewussten Auftreten war es ihm ein Leichtes, die entsprechenden Jobs in dieser Position in Deutschland zu bekommen.

In dieser Zeit kontaktierte er auch wieder Iris, die da bereits schon in der jetzigen Wohnung in Nordrhein-Westfalen lebte. Sie war zu dieser Zeit mit einem anderen Mann zusammen. Doch Werner wollte seine Iris wieder haben, kurze Zeit später heirateten sie zum zweiten Mal. Werner braucht einfach immer jemanden, der sich aufopferungsvoll um ihn kümmert, ich glaube aber, dass Iris ohne Werner ein zufriedeneres, erfüllteres Leben gehabt hätte.

Die Bombe platzt

Gemeinsam fuhren wir am Donnerstag, dem 30. Juli, wieder nach Norddeutschland. Werner wollte mir dort einige Orte zeigen, an denen er in früheren Zeiten gewohnt, beziehungsweise gearbeitet hatte. Auch Iris freute sich darauf, denn bisher sind sie nie wieder dorthin zurückgekehrt. Ich wusste sofort, welche Zeit er meinte, es bedurfte keiner Erklärung.

Werner wirkte wie aufgedreht, als wir gleich am nächsten Morgen nach dem Frühstück losfuhren. Zurück in Werners Vergangenheit. Er geriet direkt ins Schwärmen, als wir die gleichen Strecken fuhren, auf denen er sich in seinen teuren Sportwagen manches Mal mit der Polizei ein Rennen geliefert hatte. Er kannte immer noch sämtliche Wege wie seine Westentasche.

An einem einsamen, direkt hinterm Deich gelegenen alten, recht unscheinbaren Bauernhaus hielten wir an. „Das war mal meins", sagte Werner. Jetzt wirkte es völlig verwaist. „Hast du hier mal gewohnt?", war meine Frage. Er lachte, winkte ab. „Das war nur einer unserer Treffpunkte. Guck mal, wie viele Ausgänge dieses Haus hat, das war ganz besonders wichtig für uns, denn bei Polizeirazzien hatten wir so mehrere Fluchtmöglichkeiten. Obwohl wir auch überall an den Straßen unsere Wachen postiert hatten, war diese Vorsichtsmaßnahme ganz wichtig. Hier trafen sich nur die ganz Großen. Wir hatten überall Störsender eingebaut, man konnte uns nicht abhören, alles war gesichert wie in Fort Knox."

Ich musste schlucken, denn schon wieder befand ich mich in einer Szene aus einem Kriminalfilm mit Werner in der Hauptrolle. Nur wer hatte das Drehbuch geschrieben? Ich war mir jedoch ganz sicher, dass ich unmittelbar davor stand, herauszufinden, wer die Regieanweisungen gegeben hatte.

Wir fuhren einige Kilometer weiter, waren wieder auf der Landstraße. An einem kleinen Seitenweg hielt Werner an und stellte den Motor ab. „Hier hatte ich einmal ganz großes Glück, ich bin nur per Zufall einer Verhaftung entkommen, ich wäre sonst garantiert wieder im Bau gelandet."

Werner erzählte mir von einem mit Zigaretten voll beladenen LKW, den zwei seiner Jungs auf der Autobahn verfolgten, um ihn dann an einer Raststätte „klar" zu machen und hierhin in diesen Seitenweg zu bringen. Werner hatte bereits einige seiner Kumpels benachrichtigt, sich mit Pferdehängern so gegen Mitternacht nicht allzu weit von diesem Punkt entfernt in Bereitschaft zu halten. Sie würden dann entsprechend Nachricht erhalten, wenn der LKW dort eingetroffen sei. Das Umladen ginge immer sehr schnell, sagte Werner. Darin hatte man schon Übung. Werner saß in einiger Entfernung etliche Stunden wartend in seinem Wagen. Allerdings vergeblich, denn seine Jungs kamen erfolglos ohne LKW zurück. Werner blies daraufhin die ganze Sache ab. Er meinte, so etwas passiere schon mal, da müsse man immer mit rechnen.

Am nächsten Morgen, es war noch ziemlich früh, wurde er von einem seiner Kumpel aus dem Bett geklingelt. Der hatte erfahren, dass in der vergangenen Nacht ganz in der Nähe die Verhaftung eines lange gesuchten Sexualverbrechers stattgefunden hatte, und zwar mit einem riesengroßen Polizeiaufgebot. In dem Seitenweg, wo der gestohlene LKW abgestellt werden sollte, hatten einige Polizeiwagen gestanden und auf den Einsatz gewartet.

An diesem Abend ging ich früh in meinen Wohnwagen. Ich fühlte mich nicht wohl, wollte zeitig schlafen gehen. Doch die Geschehnisse des Tages liefen in Bildern vor meinem geistigen Auge hin und her. Dieser Film spulte sich wie von selbst ab, ich konnte ihn nicht stoppen. Es gab keine gesunde Distanz mehr zwischen mir und den Geschehnissen aus Werners Leben. Er schien auf das alles auch noch sehr stolz zu sein, brüstete sich mit seinen „Heldentaten". Diese Ausschnitte aus seinem „Wirken" kamen zu nah an mich heran und es tat mir nicht gut.

Am nächsten Morgen herrschte dicke Luft zwischen Werner und Iris. Als ich den Wohnwagen betrat, stand meine Schwägerin völlig verunsichert und zitternd an der Kaffeemaschine. Werner wütete herum, warf die Wurst, die Iris vergessen hatte, rechtzeitig aus dem Kühlschrank zu nehmen, weil sie ihm eiskalt nicht schmeckte, aggressiv quer durch den Wohnwagen.

„Ich bin hier ja nicht wichtig, was ich will, interessiert kein Schwein. Ich bin hier der Dull wie auf dem Klettenberggürtel, da hat sich auch keiner um mich gekümmert."

Mein Körper gab mir eindeutige Signale: bis hierhin und nicht weiter!

An diesem Tag gingen wir uns aus dem Weg. Meine Hündin Julie spürte, dass es mir schlecht ging, dass ich angeschlagen war. Sie war besonders anhänglich und liebevoll zu mir, sie gab mir Trost. Das lang ersehnte Wiedersehen mit meinem Bruder, das mit so großen Glücksgefühlen begonnen hatte, kehrte sich für mich um in eine riesige seelische Belastung.

Aber was macht man, wenn plötzlich der Bruder vor einem steht, mit einem Rucksack auf dem Buckel, der sehr schwer ist. So voller Scheiße, Selbstmitleid und Schuld, aber auch voller Sehnsucht nach Anerkennung, Liebe und Verständnis, nach Absolution?

Am Sonntagmorgen schien in jeder Beziehung wieder die Sonne, wir begrüßten uns sehr liebevoll. Ich war erleichtert, die schweren, dunklen Wolken waren verflogen, wir gingen wieder unbefangen miteinander um. Was ich da noch nicht wusste, war: Werner hatte in der vergangenen Nacht eine Entscheidung getroffen.

Iris räumte den Frühstückstisch ab. Ich wollte helfen, Werner bedeutete mir aber, sitzen zu bleiben, er wollte mit mir reden. Er erschien mir sehr ernst und überlegt, als er mir Folgendes erzählte:

„Du hattest mich ja mal gefragt, warum ich im Knast war. Ich hab gestern mit Iris gesprochen, ich hab ihr gesagt, dass du es wissen sollst. Ich bin damals wegen einer Falschaussage verurteilt worden. Das war für alle Beteiligten ganz offensichtlich. Aber es war ein Politikum, sie wollten mich dazu bringen, Auskunft über Hintermänner und mir bekannte Vorgänge zu geben. Um meine Situation zu verbessern, wäre ich denen auch entgegengekommen, aber leider hatte man mich völlig falsch eingeschätzt."

„Ich war wegen mehrerer Delikte in der Förderung der Prostitution, räuberischer Erpressung und Menschenhandels angeklagt. Die Zeugin der Anklage war zur Vernehmung aus Südafrika 1. Klasse eingeflogen worden. Dadurch erhöhten sich die Kosten des Verfahrens für mich sehr deutlich. Aber angesichts des Ergebnisses von 66 Monaten Haft spielte dieser Punkt auch keine Rolle mehr."

Werner schilderte mir, wie diese Zeugin während einer Pause den Verhandlungssaal betrat. Mit der Vorladung in den Händen trat sie auf ihn zu und fragte ihn, ob sie in der richtigen Verhandlung sei. Es war ganz offensichtlich, dass sie meinen Bruder überhaupt nicht kannte. Der Staatsanwalt war schon auf seinem Platz und hatte diese Szene mitbekommen. Ihm wurde dadurch klar, dass diese Zeugin vorher noch nie etwas mit Werner zu tun gehabt hatte. Seine Reaktion darauf war, dass er einen Strafantrag von 18 Monaten Haft stellte. Diese Strafe könne man, da keine Vorstrafen bestanden, zur Bewährung aussetzen.

Daraufhin stand der Richter mit den Worten auf: „Lassen Sie sich Ihr Lehrgeld wiedergeben. Wir sind zu einer anderen Erkenntnis gekommen. Wir verurteilen den Angeklagten zu fünfeinhalb Jahren Haft."

„Ich war sehr entsetzt, als ich das harte Urteil hörte, mit über fünf Jahren hatte ich im Leben nicht gerechnet. Auch Freunde und Bekannte, die im Gerichtssaal saßen, waren darüber sehr geschockt. Aber man wollte mich brechen, die wussten genau, dass die Anschuldigungen getürkt waren. Innerlich war ich auch sehr erleichtert, ich hatte die ganze Zeit über Sorge, dass sie mir noch andere Sachen zur Last legen würden. Aber diese Bedenken hat wohl jeder, vor allen Dingen wenn man weiß, wie viele ungelöste Fälle einem noch untergeschoben werden könnten. Man muss den Staat ernst nehmen, denn wenn man Pech hat, muss man auch mit einem ungerechten Urteil leben lernen. Mehr wirst du von mir darüber nicht erfahren." Er blickte mich bei diesen Worten in einer Weise an, die unmissverständlich war. Bis hier hin und nicht weiter!

Ich war von seinen Äußerungen ziemlich geschockt, es war recht harter Tobak, was da zu Tage kam.

Werner und Iris tauschten wissende Blicke aus und lächelten sich an.

„Ich habe nie im Leben eine Frau gezwungen, für mich zu arbeiten. Bei mir in den Clubs waren nur naturgeile Frauen. Die meisten hatten schon mit 12, 13 das erste Mal Sex. Sie verführten sogar ihre Onkels oder Väter, so richtige Früchtchen. Manche hatten schon mit acht Jahren für ein Eis den alten Opas im Park die Eier geschaukelt."

Mir sträubten sich die Nackenhaare. Ich widersprach ihm vehement, sagte, dass kein junges Mädchen freiwillig mit dem Onkel oder sogar dem eigenen Vater intim sein wollte. Ich war empört.

Werner meinte nur, ich hätte ja keine Ahnung, was es alles gäbe. Er hätte in alle menschlichen Abgründe, die es überhaupt gibt, hineingeschaut und auch davon profitiert. Er würde sich freuen, dass seine große Schwester so unverdorben sei, ich solle aber aus meiner heilen Welt mal über den Gartenzaun blicken.

Werner erzählte, dass selbst die gut verdienenden Frauen aus dem Milieu nie über einen gewissen Level hinaus kämen. Das schnell verdiente Geld würde sofort in eine Brust-OP, Klamotten, Reisen nach Ibiza oder ähnliches ausgegeben. Er selber habe nie Geld von Frauen angenommen, in solch eine Abhängigkeit hätte er sich nie gebracht. Die Frauen hätten in seinen Läden lediglich eine hohe Miete für die Zimmer bezahlt.

Über seine Zeit im Gefängnis erzählte Werner mit leuchtenden Augen. Seinem Bericht nach hatte er dort als ganz „Großer" alle möglichen Privilegien. Die Vollzugsbeamten zollten ihm viel Respekt, sie wussten, wen sie vor sich hatten. Als er aus der Isolationshaft entlassen wurde, erkämpfte er sich über den Petitionsausschuss das Recht, ausländischen Gefangenen beratend zur Seite zu stehen, da es bei deren Pflichtverteidigern sehr oft am notwendigen Antrieb fehlte. Einige dieser Häftlinge waren stark suizidgefährdet. Außerhalb ihres Kulturkreises und nur mit sehr geringen Deutschkenntnissen fielen manche in eine tiefe Depression. Werner hatte sich in der Isolationshaft sehr intensiv mit der Juristerei beschäftigt, er kannte sich seinem Bekunden nach in vielen rechtlichen Fragen und vor allen Dingen den gesetzlichen Lücken sehr gut aus.

Einem ganz „schweren Jungen", einem Türken, hatte er mit den richtigen Tipps und einem ausgezeichneten Anwalt, den er kannte, geholfen, frühzeitig aus der Haft entlassen zu werden. Dessen Vater, der als Kaufmann in Istanbul tätig war, lud ihn nach seiner Haftentlassung zu sich nach Hause ein. Werner nahm diese Einladung an, denn einen Urlaub in der Türkei könnte man ja mal machen, meinte er lächelnd. Der alte Mann zeigte seine Dankbarkeit in einer Weise, die für mich schwer vorstellbar war, er wollte Werner adoptieren.

Werner hatte Tränen der Rührung in den Augen, als er mir erzählte, dass dieser alte Mann ihn geliebt habe wie einen leiblichen Sohn. Seine eigenen zwei Söhne wären ihrem Vater gegenüber sehr ehrfurchtsvoll und unterwürfig gewesen. Wenn sie den Raum verließen, gingen sie aus Ehrerbietung rückwärts, drehten ihrem Vater nie den Rücken zu. Aber er, Werner, sei von ihm bevorzugt behandelt worden, was sogar die eigene Familie sehr erstaunte. Ich wollte wissen, wofür der Sohn überhaupt im Gefängnis gesessen hatte. Werner meinte, das sei ein ganz roher, abgestumpfter Totmacher gewesen, der Executor seines Vaters.

„Es war das erste Mal nach meiner Isolationshaft, als ich gemeinsam mit den anderen Häftlingen draußen meinen Rundgang gemacht habe. „Hallo Werner", sagte ein alter Bekannter freundlich lächelnd zu mir. Ein kleines Licht in der Szene, aber der hatte mich mal beschissen. Das war nicht viel, das waren Peanuts, aber keiner bescheißt Werner, wo kommen wir denn da hin? So etwas darf man nicht durchgehen lassen, das ist eine Frage der Ehre.

Zwei Tage später war der so zugerichtet, dass er die nächsten Wochen auf der Intensivstation versorgt werden musste. Der lag da auf Messers Schneide, da hatte er meine Antwort auf sein scheinheiliges „hallo Werner".

Völlig geschockt wollte ich wissen, wie er es geschafft hat, ihn so zuzurichten, ohne dabei erwischt zu werden.

„Ich ihn zugerichtet? Brigitte, du verstehst immer noch nicht, ich mache gar nichts. Es genügt nur ein Blick, eine Handbewegung von mir, dann wird das gemacht. Ich brauche es noch nicht einmal auszusprechen, da gibt es eindeutige Zeichen für. Einmal hatten meine Jungs versehentlich einen Club angesteckt und bis auf die Grundmauern niedergebrannt. Ich hatte mich in ihrer Gegenwart unvorsichtig über den Pächter geäußert, die hatten das dann fehlinterpretiert. Aber wen juckt das? Der Club wurde von uns wieder aufgebaut.

Allerdings hat der Gefängnisdirektor große Probleme gekriegt. Den haben sie für diesen Vorfall verantwortlich gemacht. Der kannte ja genau die Akten und hätte wissen müssen, dass es zu einem Eklat kommen würde. Der hätte ein solches Zusammentreffen auf jeden Fall verhindern müssen. Aber vielleicht wollten die ja dadurch was in Erfahrung bringen."

Es wurde für mich immer deutlicher, wie Werner seine hohe Intelligenz sehr kreativ dazu nutzte, alle Menschen um ihn herum zu manipulieren.

In meinen Augen hatte sich Werner durch seine Schilderungen der letzten Tage in keiner Weise von seinem früheren Leben distanziert. Im Gegenteil, für ihn gab es nur das Recht des Stärkeren. Wer Schwächen zeigte, war es selber schuld, Opfer zu sein. Werner kannte keine Reue, keine Gnade, er war völlig darauf fixiert, seinen Willen durchzusetzen. Ich hielt das nicht länger aus, brauchte unbedingt Abstand von Werner und Iris. Aber wie sollte ich aus dieser Situation wieder rauskommen, welche Lösung konnte es für uns geben?

Der Einblick in diese Milieu-Welt mit all ihren Seiten, die mein Bruder mir sehr unverblümt schilderte, war für mich erst einmal nicht zu verarbeiten.

Am nächsten Morgen, es war der 3. August, ging es mir so schlecht, dass Werner und Iris mich zurück nach Hause fahren mussten, damit ich dort zum Arzt gehen konnte. Auf der Fahrt redeten wir kaum ein Wort miteinander. Werner spürte, dass er mich mit seinen Schilderungen vollkommen schockiert und überfordert hatte. Die Beiden kamen auch nur ganz kurz mit ins Haus und fuhren sofort wieder los, zurück nach Norddeutschland.

Mein Herz war schwer, denn ich sah keinen Ausweg aus dieser Situation, Werner stand auf der einen Seite des breiten Grabens, ich auf der anderen. Meine Hoffnung, dass Werner sich auf mich zu bewegen würde, war nach den letzten Tagen für mich völlig utopisch geworden, das würde nicht geschehen. Ich musste auch mit Nicole über alles sprechen, wollte keine Geheimnisse vor ihr haben. Mir fällt es allerdings sehr schwer, über Dinge, die mich sehr belasten oder beschäftigen, zu reden. Ich würde den richtigen Zeitpunkt schon finden.

Werner rief mich nach einigen Tagen an und erkundigte sich sehr lieb nach meinem Befinden, schien ehrlich besorgt zu sein.

Nach diesem Telefonat hatte ich das Gefühl, dass Werner auch Normalität in unserer Beziehung anstrebte und eine gesunde Distanz zwischen uns bringen wollte. Das wäre die Lösung, dachte ich erleichtert. Bloß keine weiteren Skelette mehr ausgraben, keine weiteren Enthüllungen mit Seelenstriptease und Selbstdarstellung. Ich war plötzlich sehr zuversichtlich, dass wir es auf diese Weise schaffen würden. Wir brauchten einfach nur in der Gegenwart zu leben und behutsam miteinander umzugehen. Alles andere würde sich dann von selbst entwickeln.

Eine Woche später kam erneut ein Anruf von Werner. Er hatte in seinem Wohnort im Ruhrgebiet zu tun und wollte auf dem Rückweg für ein paar Tage mit Iris vorbeikommen.

Es war bereits Spätnachmittag, als die Beiden am Mittwoch, dem 12. August, bei mir eintrafen.

An zwei Nachmittagen kam Paula uns besuchen, wollte die ganze Zeit mit Onkel Werner spielen. Er beschäftigte sich auch sehr nett mit ihr, Iris und ich „erlösten" ihn zwischendurch immer mal wieder. Werner, der über die Aufmerksamkeit der Kleinen sehr gerührt war, fehlte aber die Kraft, mit meiner lebhaften, intelligenten Enkelin lange zu spielen, es überforderte ihn.

Abends meinte er, dass er richtige Angst vor Weihnachten hätte. Die Nähe zu mir könne er gut ertragen, aber eine ganze Familie längere Zeit um sich zu haben, könne er sich nicht vorstellen. Ich fand seine Ehrlichkeit sehr positiv, tröstete ihn, dass es bis Weihnachten ja noch eine Zeitlang dauern würde, er solle sich nicht jetzt schon darüber der Kopf zerbrechen. Er meinte, er bräuchte von mir allerdings dann auch richtige Regieanweisungen, damit er sich sicherer fühlen könnte. Ich spürte, dass Werner viel Bestätigung und Rückhalt brauchte, war sehr traurig darüber, dass er gegen so viele Defizite anzukämpfen hatte.

Am Sonntagabend lud ich beide zum Essen in das Restaurant „Bähre" in Ehlershausen ein. Wir saßen draußen unter den alten Bäumen, die Stimmung war sehr gelöst, und das Essen dort ausgezeichnet. Werner genoss es sichtlich, von unserer netten Bedienung hofiert zu werden, im Mittelpunkt zu stehen. Es war ein sehr schöner Abend.

Werner wollte mir später, wir hatten zu Hause noch den einen oder anderen Absacker getrunken, noch einige Ausschnitte seines Lieblingsfilms zeigen. Den hatte er auf seinem Laptop mit dabei. Mir fielen allerdings bereits die Augen zu, ich war sehr müde. Nach meinem Infekt fühlte ich mich auch immer noch nicht topfit, brauchte einfach nur meine Ruhe. Iris und ich gingen Schlafen, Werner war noch zu aufgedreht, er blieb unten im Wohnzimmer sitzen.

Ich hatte den Frühstückstisch bereits gedeckt, als Werner und meine Schwägerin gemeinsam erschienen. Sie brachten ihre gepackten Reisetaschen gleich mit und stellten diese unten an der Treppe ab. Sie hatten beschlossen, nach dem Frühstück gleich loszufahren.

Werners Gemütszustand war hochexplosiv, er kritisierte Iris, scheuchte sie herum, sie sollte ihm sofort seine Medikamente zurechtlegen, ihm dies und jenes schnellstens machen, Iris wurde immer zittriger, Werner immer wütender. Ich ging zu ihm hin, umarmte ihn, um ihn etwas zu besänftigen. „Du hast mich gestern auch einfach hier so sitzen lassen, dich interessiert auch nicht, wie ich mich fühle, was ich möchte. Das ist es ja, ich zähle hier überhaupt nicht!“

Ich schaffte es nur sehr mühsam, ihn etwas zu besänftigen, ihn zum Hinsetzen zu bewegen. Er fing an, mir vorzuwerfen, ich hätte überhaupt keine Ahnung, wie er sich fühle, ich lebe in meiner heilen, bürgerlichen „Barneby“-Welt, da sei augenscheinlich alles in Ordnung. Aber wehe, wenn man mal hinter die Fassade gucken würde, dann sähe man in die allertiefsten Abgründe.

Ich wusste gar nicht, wie mir geschah, wollte von ihm wissen, was er mir damit sagen wollte.

„Die Schlimmsten sind doch die ganz Hochangesiedelten aus euren bürgerlichen Kreisen. Richter, Staatsanwälte, da war alles dabei. Das waren doch die perversesten, was die alles mit den Frauen und kleinen Kindern getrieben haben.“

„Iris, wusstest du das, konntest du so etwas mitmachen?“, war meine entsetzte Frage.

Werner wurde fuchsteufelswild: „Iris, du beantwortest keine Frage!“

Er schaute mich drohend und durchdringend an. Mir wurde es auf einen Schlag eiskalt, war wie erstarrt. Doch dann erhob ich mich wie ferngesteuert vom Tisch, ich hielt es mit Werner in einem Raum nicht mehr länger aus. Oben im Badezimmer ließ ich mir kaltes Wasser über meine Arme und Hände laufen, um wieder zu mir zu kommen. Es war, als wollte ich mich von dem Schmutz und der Schuld meines Bruders säubern.

Ich hörte Werner aggressiv rufen: „Komm, Iris, wir gehen!“

Kurz darauf fiel die Haustüre ins Schloss.

Werner hat sich nicht wieder bei mir gemeldet, der Alptraum ist endgültig vorbei, wir sind beide wieder frei.

Nach vielen Jahren voller Sehnsucht nach einander bleiben nur noch die Erinnerungen an diese gemeinsamen fünfeinhalb Wochen. Jeder bleibt alleine auf seiner Seite des tiefen Grabens zurück.

Ich bin jedoch sehr froh darüber, dass es mir gelungen ist, Werner zu finden. Es wäre für mich eine zu große Seelenqual gewesen, nur mit der Sehnsucht nach meinem Bruder leben zu müssen. In den Augenblicken, in denen ich noch einmal einen kurzen Blick auf den kleinen Jungen mit der verletzten Seele erhaschen konnte, der sich nach Liebe und Anerkennung sehnt, war ich tief erschüttert.

Unsere Seelen werden auf ewig verbunden bleiben. Gott möge meinen kleinen Bruder beschützen und ihm Liebe und Einsicht schenken.

Nachwort

Nachdem ich angefangen hatte, mir alles von der Seele zu schreiben, erhielt ich von meiner Familie und meinen Freunden sehr viel Zuspruch. Ich war selber überrascht, wie meine Familiengeschichte, und damit auch meine eigene, während des Niederschreibens plötzlich wieder lebendig wurde. Ich erlebte alles noch einmal, mit allen dazugehörigen Höhen und Tiefen. Es kamen oft die gleichen Gedanken und Gefühle wieder an die Oberfläche. Überwältigende Gefühle großer Dankbarkeit über den Verlauf meines Lebens. Ich bin überzeugt davon, dass ich ohne die schrecklichen Ereignisse in meiner Kindheit niemals so erfolgreich mein Leben gemeistert hätte. Wenn ich vor schwierigen Situationen gestanden habe, die von mir eine Entscheidung abverlangten, habe ich immer erst alles von allen Seiten beleuchtet und auch das kleinste Detail berücksichtigt. Immer dann, wenn sich bei mir ein positives Bauchgefühl und eine große Erleichterung einstellten, wusste ich, dass ich die richtige Lösung gefunden hatte.

Ich konnte dann immer völlig angstfrei meine Entscheidungen treffen, denn was konnte im schlimmsten Fall schon passieren? Das Schlimmste in meinem Leben hatte ich schon früh gemeistert, es konnte nur besser werden. Das Rüstzeug, das ich mir durch die Bewältigung dieser Ereignisse erworben habe, hat mich sehr stark geprägt und mir für mein weiteres Leben gute Dienste erwiesen. Meine Wurzeln sind sehr früh herausgerissen worden. Ich hatte danach keine Muße, sie irgendwo anders auf Dauer einzupflanzen, war ständig in Bewegung, immer auf der Suche nach einem sicheren Ort, nach einem Stück Heimat. Dadurch habe ich einen ungeheuren Reichtum in meinem Herzen. Die vielen Stationen in meinem Leben sind wie farbenprächtige Mosaiksteine, die sich zu einem kostbaren Kleinod zusammenfügen. Ich bin meinem Schicksal sehr dankbar. Ich möchte mit keinem Menschen auf der Welt tauschen.

Nach einem Telefonat mit meiner „ältesten“ Schulfreundin Marion, die mich am Sonntagabend Ende Januar anrief, war ich in zweifacher Hinsicht tief berührt und glücklich. Sie hatte noch einige schöne Fotos aus unserer Schulzeit gefunden, die sie mir für mein Buch zur Verfügung stellen wollte. Das war für mich natürlich eine riesengroße Freude.

Was dann kam, haute mich aber fast um, denn Marion sagte zu mir: „Das freut mich wirklich sehr, dass du ein Buch über alles schreibst, das ist ja dein Ding, das konntest du ja immer schon sehr gut. Weißt du noch, wie der Hartmann (unser Deutschlehrer) deine Aufsätze vorgelesen hat? Auch mit der richtigen Betonung und so, das war immer so lustig und lebendig geschrieben, die ganze Klasse hat dann gelacht und sich darüber gefreut. Besonders der Aufsatz über einen Tag in unseren Schulferien, den wir schildern sollten, ist mir immer noch in Erinnerung geblieben. Du schriebst, wie du deine zwei Männer versorgt hast, weil deine Mutter im Sanatorium war. Das war so komisch und liebevoll geschildert, der Hartmann war da sehr stolz auf dich und hat dich sehr gelobt. Aber du hattest immer schon sehr viel Phantasie und ein richtiges Talent zum Schreiben.“

Ich bin meiner lieben Freundin Marion unendlich dankbar dafür, dass sie mir durch ihre Schilderung wieder Zugang zu einem kleinen, aber für mich unendlich kostbaren Teil meiner verschütteten Erinnerungen verschafft hat.

Am Donnerstag, dem 4. März, setzte ich mich nach dem Frühstück an meinen Laptop um erst einmal meine E-Mails abzurufen. Zu meiner größten Überraschung hatte Werner sich gemeldet.

E-Mail vom 4. März 2010, 03:34 Uhr

Verzeihung schwester

bitte maile mir doch was ich falsch gemacht habe. Ich kann nicht wie sonst immer weglaufen und allem aus dem wege gehen was mir nicht passt.

Bitte melde dich Brigitte

werner

Mein erstes Empfinden war das der Freude. Es hatte für mich den Anschein, als hätte Werner sehr viel über sich und sein Verhalten nachgedacht. Für mich war dies ein erster aber auch sehr wichtiger Schritt für ihn, endlich aus seinem alten Verhaltensmuster aussteigen zu wollen. Ich hatte aber das Bedürfnis, erst einmal in Ruhe mit Nicole und meiner Freundin Calla über diese plötzliche unerwartete Wende zu reden. Ich musste für mich Klarheit schaffen, wie ich mit dieser erneuten Annährung umgehen sollte, nach allem, was geschehen war. Ich wollte meinen Bruder aber nicht einfach so hängen lassen, weil ich ja seine Ungeduld kenne und schickte ihm vorab folgende Mail:

E-Mail vom 4. März 2010, 9:29 Uhr

Bitte gib mir etwas Zeit, ich melde mich dann.

Brigitte

Nicole war zunächst gar nicht begeistert, sie hatte gehofft, dass Werner sich nicht mehr melden würde, nach allem, was geschehen war. Sie zeigte allerdings großes Verständnis dafür, dass ich meinen Bruder, den ich liebe, jetzt nicht so einfach abservieren konnte. Sie wollte mit ihrer Familie aber erst einmal außen vor bleiben und abwarten, wie sich unsere Beziehung weiterentwickeln würde. Auch meine Freundin riet mir, es langsam angehen zu lassen und nicht wieder so intensiv aufeinander zu hocken, wie es vorher gewesen war. Auf jeden Fall verdiente mein Bruder eine zweite Chance.

Ich musste nach meinen Gefühlen handeln, also schrieb ich Werner Folgendes:

E-Mail vom 4. März 2010, 11:46 Uhr

Hallo Bruder,

ich musste erst einmal verdauen, dass Du Dich überhaupt wieder bei mir gemeldet hast. Aus Deinen Schilderungen habe ich ja gewusst, dass Du immer sofort allem, was Dir nicht angenehm ist oder gepasst hat, aus dem Weg gegangen bist. Ich rechne es Dir sehr hoch an, dass Du über Deinen Schatten gesprungen bist, und diesen Schritt auf mich zu gemacht hast. Ich weiß, wie schwer es Dir gefallen sein muss. Ich freue mich aber darüber. Lass es uns ganz langsam und behutsam angehen. Ich schlage vor, dass wir uns erst einmal per Mail mitteilen, was wir denken und fühlen. Die Vergangenheit ist unwiederbringlich vorbei, al-

so lass uns an Heute anknüpfen, die Gegenwart genießen und sehen, was das Leben noch alles für uns an Überraschungen parat hat. Ich meine natürlich nicht, dass wir nicht über unsere Kindheit reden sollten, Klettenberggürtel ist natürlich ein großer Teil von uns. Das hat uns geprägt.

Ich hoffe, Dir und Iris geht es gut.

Liebe Grüße

Deine Schwester Brigitte

Am gleichen Abend rief Werner mich an. Er war den ganzen Winter über schwer krank und lag fünf Wochen im Krankenhaus, davon drei auf der Intensivstation. Er hatte alle seine Tabletten einfach abgesetzt, weil er sich gut fühlte und sein Gewicht durch strikte Diät auf 114 Kilo reduziert hatte. Er meinte, das wäre ganz typisch für ihn, Dinge radikal zu verändern, auch wenn es unüberlegt und im Grunde genommen dumm sei. Er nahm dann, trotz reduzierter Nahrungsaufnahme, plötzlich wieder ganz stark zu, wog nach einigen Wochen über 170 Kilo. Werner erklärte sich diese Gewichtszunahme mit dem bekannten Jojo-Effekt. Seine Beine schwollen so stark an, dass er bald nicht mehr laufen konnte. Er saß wochenlang in seinem Bett, weil er beim Liegen keine Luft mehr bekam. Vor Weihnachten war sein Zustand so schlecht, dass Iris den Notarzt anrief. Werner wurde mit Hilfe von fünf Sanitätern unter größter Kraftanstrengung von der vierten Etage (ohne Aufzug) in den bereitstehenden Notarztwagen gehievt, der ihn dann ins Krankenhaus verbrachte. Es hatten sich über 50 Liter Wasser in seinem Körper angesammelt und so massiv seine Gesundheit gefährdet.

Dort hat er Iris jeden Tag gefragt, ob ich mich gemeldet hätte. Durch den Krankenhausaufenthalt hatte er viel Zeit zum Nachdenken. Er sagte, dass er sich wie ein Schwein verhalten hätte und dass es ihm sehr Leid täte.

Als ich ihm sagte, dass ich in der Zwischenzeit ein Buch über uns und unsere Familie geschrieben und Nicole auch meine Aufzeichnungen zu lesen gegeben hätte, war er auf der einen Seite positiv überrascht, auf der anderen Seite aber auch sehr beunruhigt. Er verstand allerdings auch, dass ich Nicole das alles nicht vorenthalten wollte, dass es sonst zwischen uns stehen würde.

Er wollte sich bei der nächsten Begegnung mit meiner Tochter nur nicht schämen müssen, ansonsten vertraue er darauf, dass ich das Richtige getan hätte. Ich schlug Werner vor, mein Buch irgendwann einmal gemeinsam zu lesen. Er freute sich sehr darauf, auch über meine „Schandtaten" zu erfahren. Werner berichtete mir, dass er nach seiner abrupten Abfahrt von mir die Strecke nach Norden wie in Trance gefahren sei und so gut wie keine Erinnerung mehr daran habe.

Am nächsten Morgen erreichte mich seine Mail:

E-Mail vom 5. März 2010, 3:53 Uhr

Hallo Brigitte,

ich bin froh, das du meine mail beantwortet hast. Ich bin ein wenig in sorge was du bei den kindern hast durchblicken lassen über mich. Du weißt ja aus meiner vergangenheit. Na ja du wirst es schon wissen was du Nicole zumuten kannst.

Ich will mich nur nicht schämen müssen falls ich ihr mal gegenüber stehen würde. Denn das einzige problem was ich mit dem gesetz hatte war 1981 also vor 29 jahren.

Iris geht es auch ziemlich gut, sie ist wohl erleichtert das wir wieder begonnen haben kontakt aufzubauen. Sie fühlt sich natürlich als aussenstehende will mir nicht reinreden, hat sich aber sichtlich über mein langes telefonat gefreut. Ich möchte dir meine anteilnahme bekunden zum verlust deiner alten lady. (meine kleine Hundedame starb am 28. Dezember) na ja es hilft nicht viel aber mir tut es sehr leid für dich. Ich bin heute für 14 tage auf dem anderen campingplatz muß dort ordnung schaffen sonst hätte ich in norddeutschland keine ruhe.

So erst einmal tschüß

werner

Nach dem Alptraum beginnt so wieder ein vorsichtiger Kontakt zwischen uns. Werner erklärte mir in einem weiteren Telefonat, dass er sofort gewusst habe, was ich mit „Vergangenheit ruhen lassen" gemeint hatte. Geprägt durch unsere enge Verbundenheit in der Kindheit, wo wir uns gegenseitig unsere geheimsten Gedanken und Gefühle mitgeteilt hatten, wir füreinander wie ein Rettungsanker waren, habe er die Grenzen des Erträglichen weit überschritten. Es täte ihm alles sehr leid. Er hoffe nur, dass ich keine Ängste ausgestanden, mich von ihm bedroht gefühlt hätte, das habe er nie gewollt. Er wäre bei seinem Verhalten wieder in ein Muster verfallen, das er selber an sich abscheulich findet.

Diese unverhoffte Einsicht, die mein Bruder zeigte, hat mich sehr berührt. Ich erwarte keine Wunder von ihm, ich werde mich über jeden noch so kleinen Schritt, den er in ein neues Selbstverständnis macht, freuen. Es wird sicherlich immer mal wieder einen Rückfall in sein altes Verhaltensmuster geben. Werner wird aber auf seinem neuen Weg meine Unterstützung und Liebe haben. Ich hoffe, dass er nicht aufgibt, an sich selber zu arbeiten und daran zu wachsen. Die Zukunft hat gerade erst begonnen.

Manuskript Rabenaas – verletzte Seelen

Bei unseren Treffen hatten Werner und ich sehr intensive Gespräche. Als ich ihm Details von meinem Buch erzählte, das ich zwischenzeitlich geschrieben hatte, zeigte er zunächst keine Regung, schaute eine Zeitlang vor sich hin.

„Ich weiß auch schon, wie dein Buch ein Bestseller wird." Ich schaute ihn lächelnd und fragend an. „Du solltest jetzt nicht lächeln, das ist gar nicht lustig, was jetzt kommt." Seine Mimik wurde ganz hart, und er lächelte zynisch, als er fortfuhr: „Wenn dein Buch erschienen ist, werde ich bei Domian in seiner Nachtsendung anrufen und mich dort mit meinem richtigen Namen melden. Ich werde ihm dann von meinen großen psychischen Problemen schildern. Du seiest plötzlich nach über 40 Jahren aus dem Gebüsch gekrochen, und alles fängt wieder von vorne an. Ich werde ihm dann von deinem Buch erzählen und den falschen Darstellungen. Du hast mich damals als Kind sexuell missbraucht und jetzt habe ich furchtbare Angst, dass alles wieder von vorne losgeht. Er wird mich dann gleich aus der Live-Sendung nehmen und mich mit einem der Psychologen dort verbinden. Missbrauch ist ja im Moment **das** Thema. Wenn es einmal in der Öffentlichkeit ist, wird das von allen Medien aufgegriffen. Was wird Nicole dazu sagen, wie wird das für Paula im Kindergarten sein?"

Komischerweise berührte mich das Gehörte nicht. Es faszinierte mich jedoch, was Werner für Ideen hatte, welche Überlegungen er anstellte. Ich durfte ihn auf keinen Fall unterschätzen. Er war hochgefährlich. Unsicherheit oder sogar Angst zu zeigen, musste ich auf jeden Fall vermeiden. Ich schaffte es, ihm recht gelassen darauf zu antworten.

„Werner, ich muss das Buch nicht um jeden Preis veröffentlichen, ich habe mir alles von der Seele geschrieben, das war für mich sowieso das Wichtigste. Ich nehme auch den Teil, wo wir uns nach über 40 Jahren wieder sehen, nicht raus. Das ist doch ein ganz wichtiger Punkt in meinem Leben. Auch wie sich unser Treffen für mich so nach und nach in einen Albtraum verwandelt, weil ich mit allem völlig überfordert war, das gehört auch dazu. Wenn du mir die Veröffentlichungsgenehmigung nicht erteilst, bin ich dir auch nicht böse. Das ist dein gutes Recht. Lies es doch erst einmal, dann kannst du mir auch Änderungen vorschlagen, die für dich wichtig sind."

Bisher hatte er mein Manuskript noch nicht gelesen, er scheint es richtig vor sich her zu schieben. Ich glaube, er hat Angst davor.

„Ich bin doch stolz auf dich, dass du es geschafft hast, ein Buch über dein Leben zu schreiben. Das scheint dir ja auch wichtig gewesen zu sein. Deshalb kommt das auch gar nicht in Frage, dass du das Manuskript einfach in eine Schublade steckst. Ich will nur nicht, dass ich durch das, was du über mich geschrieben hast, nachträglich noch Ärger bekomme."

Am 20. September war ich schon sehr früh wach. Ich hatte eine unruhige Nacht hinter mich gebracht, in der ich mir viele Gedanken gemacht hatte. Wie würde Werner reagieren, wie würde er meine Darstellungen unseres Wiedersehens mit allen Höhen und Tiefen aufnehmen? Werner hatte am Vorabend telefonisch sein Kommen angekündigt. Er wollte endlich den Teil des Manuskripts lesen, der auch ihn betraf. Ich war voller Sorgen, denn mein Bruder war in seinem Verhalten völlig unberechenbar. Würde er erkennen, dass ich ihn durch meine Darstellung nicht verunglimpfen, nicht anklagen wollte? Würde er sehen, dass ich ihm mit klarem Verstand, aber auch mit viel Liebe und Verständnis gegenüberstehe? Diese Gedanken gingen mir durch den Kopf, als Werner endlich eintraf. Ich bemerkte sofort, dass er auch sehr aufgewühlt war. Ich hatte meinen Laptop bereits an, und Werner setzte sich hin und fing an zu lesen.

Er hatte einige Änderungswünsche, die er mir auch sofort mitteilte. Ich schrieb diese auf einen bereitliegenden Block. Bei manchen meiner Darstellungen hat er schon ziemlich gezuckt, aber hat sie letztendlich so akzeptiert. Mit seinen Änderungswünschen bin ich sehr einverstanden, weil er in den meisten Fällen noch viel detailliertere Angaben gemacht hat.

Dann sagte er etwas, was ich so nie erwartet hätte: „Iris trat in den Clubs als meine Schwester auf, um Eifersüchteleien zu vermeiden. Jede einzelne ‚meiner'

Frauen dachte nämlich, sie würde irgendwann einmal Chefin sein. Sie haben sich alle sehr ins Zeug gelegt um mir zu gefallen, das ist halt das Spiel."

„Du weißt ja gar nicht, wie viele ‚normale' Frauen in meinen Läden als Huren gearbeitet haben. Die waren da so zurechtgemacht, dass sie sogar von ihren eigenen Ehemännern nicht erkannt wurden. Denen hat das sogar großen Spaß gemacht, ihre Macht über Männer auszuüben. Stell dir doch mal vor, da kommt der Kerl, der dich als Chef immer getriezt, dich mies behandelt hat, in den Puff, und will unbedingt mit dir vögeln, ist unheimlich scharf auf dich. Dann lässt du ihn erst mal hängen, spielst mit ihm, bis er so geil ist, dass du alles von ihm haben kannst. Gutes Geld verdienen ist eine Sache, aber Macht ausüben spielt auch eine große Rolle."

„Die richtigen Granaten unter den Frauen verdienen eine Menge Kohle. Die verstehen es, die Männer derartig einzuwickeln, dass diese alles für sie tun würden. Sie geben jedem einzelnen von ihnen, selbst den fürchterlichsten Typen, das Gefühl, sich in ihn verliebt zu haben und dass er im Bett der Tollste ist. Da fahren die Kerle total drauf ab. „Bei dir komme ich jedes Mal, das ist mir bisher noch nie passiert, du machst mich total geil. Du bist so gut, ich will auch von dir kein Geld. Wenn meine kranke Mutter nicht wäre, würde ich sowieso nie anschaffen gehen."

„Das ist eine dieser Maschen. Der Freier gibt ihr doch jetzt sehr viel mehr, als sie normalerweise verlangt hätte. Die nimmt den regelrecht aus wie 'ne Weihnachtsgans, bis der Typ pleite ist. Dann kommt diese Frau ganz einfach in einen meiner anderen Clubs, und das Spiel beginnt da von neuem. Wenn du mehrere von diesen Granaten in einem Club hast, kann es sein, dass das ganze Dorf bald pleite ist. Das ist auch nicht gut, denn dann bekommst du auch Ärger. Den richtigen Mittelweg zu finden, ist eben die Kunst."

Am 24. September erhielt ich von Werner eine E-Mail mit der Veröffentlichungsgenehmigung meines Manuskripts:

hallo brigitte,

ich wünsche dir für dein buch erfolg auf ganzer linie.

soweit es mich betrifft sowie fotos aus der jügend und von der familie hast

du meine genehmigung zur veröffentlichung .

ich hoffe dir dabei unterstützung genug geleistet zu haben,jedoch

solltest du noch weitere fragen an mich haben sei meiner zuneigung sicher.

dein bruder

werner

Am 6. Oktober rief Werner kurz an, um seinen Besuch am Vormittag anzukündigen. Er habe noch bei *toom* einiges zu erledigen und wolle anschließend mit ein paar Hefe-Teilchen vorbeikommen. Er erschien mir wesentlich entspannter als sonst. Ich hatte den Eindruck, dass er durch das Lesen meiner Darstellung seiner Person und meiner Schilderung über unser Wiedersehen mit allen Höhen und Tiefen recht beruhigt war. Im Innersten hatte er sicherlich eine Verurteilung meinerseits oder Schlimmeres befürchtet. Werner drückte sich sogar so aus: „Was du da geschrieben hast, ist ja fast *Rosamunde Pilcher*, ich verstehe auch überhaupt nicht, wieso du so geschockt über diese Dinge warst. Für mich ist das völlig normal, es gibt in meinem Leben nichts, was ich bereue. Ich habe meinen Anwalt allerdings schon gefragt, was es mich kosten würde, das Erscheinen deines Buches gerichtlich zu stoppen zu lassen. Aber das ist ja nicht nötig."

Flashback

Werner kam auch wieder auf früher zu sprechen. Ich wurde richtig wütend, als er unseren Vater regelrecht verherrlichte. Ich sagte zu ihm: „Für mich ist er ein großes Arschloch. Wie kann man seine eigenen Kinder einfach so im Stich lassen. Mich hat er der Fürsorge übergeben, wollte sogar, dass ich in ein Erziehungsheim komme. Danach hat er einfach nichts mehr von sich hören lassen, ich war ihm doch egal. Bei dir ist er sogar zu deinem Meister gegangen und hat sich dein Gehalt geben lassen, weil er Geld fürs Saufen brauchte. Das ist für mich ein absolut asoziales Verhalten, ich könnte noch im Nachhinein kotzen, so abscheulich finde ich das!"

Werner schaute nach unten, grinste schief, als er zugab, dass es seine Art und Weise sei, mit dem Verlust fertig zu werden, er male alles, was Vater betrifft, in rosaroten Farben. Nur der Gedanke an unsere Mutter mache ihn wütend. Er gäbe ihr die ganze Schuld am Zusammenbruch der Familie, obwohl er wisse, dass sie sehr krank war. Er könne einfach nicht anders, das seien seine Gefühle, die immer wieder nach oben kommen. Er erinnerte sich an eine Begebenheit, das war in der Zeit, als er Keuchhusten hatte. Mutter fuhr mit ihm in der Straßenbahn in die Kölner Innenstadt, wo sie mit Werner bei einem Arzt in eine Unterdruckkammer ging, die damalige Behandlungsmethode bei Keuchhusten. Werner ging es gar nicht gut, auf der Fahrt dorthin saß Werner auf dem einzigen freien Sitzplatz, Mutter stand neben ihm. Eine Frau wollte diesen Platz für sich beanspruchen und sagte spitz zu Mutter: „Ist das denn nötig, dass der Kleine auf diesem Platz sitzt, ich möchte mich dort hinsetzten." Das sei das einzige Mal gewesen, dass Mutter sich für ihn eingesetzt habe. Sie habe die Frau in ihre Schranken verwiesen und ihr gesagt, Werner bliebe sitzen. An das gute Gefühl, das in ihm durch Mutters Verhalten entstanden war, könne er sich bis heute erinnern.

„Ich habe dich in meiner Erinnerung immer als die Starke gesehen. Die paar Mal, an denen wir uns nach deinem Weggang von zu Hause getroffen haben, hast du auf mich immer den Eindruck gemacht, als würdest du keine Hilfe brauchen. Für mich warst du ein richtiges Vorbild. Du warst mit Uwe in Persien, standst voll im Berufsleben, da kam nie der Gedanke auf, dass du mit all dem nicht richtig klar kamst. Das habe ich auch Vater gesagt, dass er sich um dich keine Sorgen machen braucht."

„Jetzt, wo ich nach all den Jahren höre, wie schwer das für dich war, dass das Auseinanderbrechen der Familie dein ganzes Leben beeinflusst hat, konnte ich das erst gar nicht glauben. Erst jetzt, wo du dich mir gegenüber mehr öffnest, erkenne ich dich in deinem Kern genau wieder. Du hast dir im Laufe der Jahrzehnte so eine Mauer aufgebaut, die man auf den ersten Blick überhaupt nicht bemerkt. Erst wenn man ganz dicht rankommt, wird sie erkennbar."

Bei Werner kamen ganz plötzlich alte Erinnerungen an die Oberfläche. Der Bruder einer meiner Schulkolleginnen habe ihn damals, die beiden waren am Bahngelände in Zollstock unterwegs, mit einem großen Klappmesser bewaffnet, töten wollen. Der große Junge wollte wissen, wie es ist, einen Menschen zu töten, wollte herausfinden, wie sich das anfühlt. Werner war noch recht klein, der andere Junge bereits so 15, 16 Jahre alt. Werner hatte Todesangst ausgestanden, er erkannte die Mordlust in den Augen des anderen. Er konnte sich nicht mehr daran erinnern, wie er sich aus dieser Situation hatte befreien können. Er wusste lediglich, dass er nur mit knapper Not entkommen war. Werner war vor diesem Ereignis des Öfteren bei dem Jungen zu Hause gewesen. Dort soll es sowieso wie bei Sodom und Gomorrah zugegangen sein. „Die haben doch quer durch die ganze Familie gepoppt, das war bei denen völlig normal."

Eine andere Situation kam ihm in diesem Zusammenhang auch wieder ins Gedächtnis. Werner wurde von einem Mann beim Äpfelklauen erwischt. Dieser Mann habe ihn dann festgehalten und gesagt, wenn er ihm drei Schläge auf seinen nackten Hintern geben dürfe, würde er ihn wieder laufen lassen. Werner wurde es in diesem Moment blitzartig klar, dass er sich in einer sehr gefährlichen Situation befand, er blieb deshalb ganz ruhig und täuschte Gelassenheit vor. Es war auch sonst weit und breit niemand zu sehen, der ihm hätte helfen können. Er vertraute dann aber auf diese Abmachung zwischen ihm und dem älteren Mann. Er zog seine Hose bis auf die Knie runter und beugte sich nach vorne. Der Mann stand ganz dicht hinter ihm und begann zu keuchen. Nach den drei Schlägen zog Werner seine Hose wieder hoch und ging, ohne sich noch einmal herumzudrehen, schnellen Schrittes von dannen. Auch von dieser Begebenheit hörte ich zum ersten Mal. Werner hatte über diese Vorfälle damals mit niemandem reden können. Diese Situation hätte ihn nicht nur äußerst geschockt, sondern auch sehr beschämt.

Was mich besonders schockierte, war Werners Ausbruch mit regelrechten Hasstiraden auf unsere Mutter. „Die alte Fotze, ich konnte ihretwegen bis heute keine schwarzhaarigen Frauen poppen." Er berichtete mir darüber, dass er einmal bei unserer Mutter in der Pension auf der Berrenrather Straße übernachtet habe. Spät nachts, Werner schlief bereits, kam Mutter mit einem ihm unbekannten Mann ins Zimmer und legte sich mit ihm auf die freie Seite des Doppelbetts. Zu Werners Entsetzen wälzte der Mann sich dann auf Mutter und stieß brutal und vehement mit seinem Penis immer wieder in sie hinein. Werner hatte Angst um Mutter, die merkwürdige Laute von sich gab. Er wollte ihr helfen und versuchte, den Mann von Mutter herunter zu stoßen. Er trommelte mit den Fäusten auf den Rücken des Mannes ein, der sich davon aber nicht beirren ließ. Der rollte sich schließlich von Mutter herunter und verließ wieder das Zimmer. Mutter habe dann versucht, ihn dazu zu bringen, intime Dinge mit ihr zu machen. Werner schüttelte sich während seiner Darstellung, machte ein angeekeltes Gesicht. Er wollte nicht weiter darüber sprechen, machte vollkommen dicht.

In mir kam bei Werners Schilderungen eine Erinnerung hoch, die mich damals als junges Mädchen sehr geschockt hatte. In der oberen Hälfte unserer Toilettentüre waren kleine Butzenscheiben aus geriffeltem Milchglas. Bei einer der heftigeren Streitereien zwischen Werner und mir ging die untere linke Scheibe dieser Tür dabei zu Bruch. Seitdem war eine Spanngardine vor dem Türglas angebracht. Mutter kam damals mit einem anzüglichen Grinsen zu mir in die Küche. Sie erzählte mir, wie sie die Gardine ein wenig zur Seite geschoben habe, um so Werner auf der Toilette zu beobachten. Dieser habe mit sich selber „gespielt" und dabei ein sehr ansehnliches „Rohr" ausgefahren. Dabei machte sie eine sehr deutliche Handbewegung. Ich halte es durchaus für möglich, dass Werner mir an diesem Tag die schreckliche Wahrheit über unsere Mutter gesagt hat.

Die Zukunft beginnt

Bei unseren weiteren Treffen war Werner die meiste Zeit ausgesprochen gut drauf, eine gewisse Normalität schien eingekehrt zu sein. Wir sprachen die meiste Zeit von früher, als wir noch als Familie zusammen auf dem Klettenberggürtel wohnten. Werner erinnerte sich noch genau an einen bestimmten Sonntagmorgen. Der Frühstückstisch in unserer großen Wohnküche war sehr liebevoll gedeckt, und wir saßen alle gemütlich zusammen. Er konnte sich noch an dieses schöne Gefühl erinnern, das er damals gehabt hatte. So ganz frei von Unbehagen, hervorgerufen etwa durch eine verhauene Klassenarbeit, die noch Vaters Unterschrift benötigte. Oder Angst vor Entdeckung irgendwelcher „Schandtaten", die er ausgefressen hatte. Er fühlte sich komplett sans soucis, wie er sich ausdrückte. Sein Blick fiel rein zufällig auf das Fenster neben der Terrassentüre. Draußen auf der Fensterbank saß Mr. Piller. Werner wollte sich wieder seinem Brötchen widmen, als er wie erstarrt blitzartig erneut unseren Kater anschauen musste. Da war doch etwas anders als sonst. In dem Moment stieß er einen lauten Schrei aus, denn er bemerkte plötzlich, was an Mr. Piller anders war. Sein linkes Auge hing an seinem vernarbten Katergesicht herunter. Den alten Kämpfer hatte es dieses Mal wirklich schlimm erwischt. Das gemütliche Frühstück nahm ein jähes Ende. Oma versorgte ihn, säuberte die Wunde mit Borwasser getränkten Wattebäuschen.

Unser Vater war es, der ihn als kleinen, süßen Kerl mit nach Hause brachte. Er genoss es sichtlich, immer wieder die Geschichte zu erzählen, in der Mr. Piller der Fischfrau auf dem Wochenmarkt, der zweimal wöchentlich auf dem Klettenberggürtel abgehalten wurde, die Makrele stibitzte. Mit stolzgeschwellter Brust sagte er dann: „Mr. Piller sprang mit einem Satz auf die Theke, packte den größten Fisch und verschwand in Windeseile mit seiner Beute!" Den „Schaden" hatte er selbstverständlich der Marktfrau bezahlt.

Eine Sache an der Geschichte machte mich plötzlich stutzig. Werner sprach das erste Mal von unbehaglichen Gefühlen, sogar Ängsten, die er in der Kindheit verspürte. So hatte ich ihn als Kind nie reden hören. Für mich war mein kleiner Bruder immer völlig angstfrei. Er schien sich auch nie Sorgen gemacht zu haben. Daran konnte ich mich überhaupt nicht erinnern.

Werner schaute mich recht überrascht an, als ich ihm mein Erstaunen darüber mitteilte. Es war, als blickte er selber noch einmal in sein Innerstes, horchte in sich hinein.

„Ich weiß genau, was du meinst. Natürlich hatte ich auch diese Gefühle, aber nur ganz tief da drinnen. Da habe ich mit niemandem drüber gesprochen, selbst mit dir nicht. Wir haben uns zwar gegenseitig immer alles mitgeteilt, aber du warst doch diejenige, die diese furchtbaren Ängste hatte. Du sahst doch hinter allem immer das Schlimmste, machtest dir unheimlich viele Gedanken. Da konnte ich doch nicht auch noch mit meinen Scheißgefühlen kommen. Ich wollte schließlich wenigstens ein bisschen Zuversicht verbreiten. Das war mit dir ja schon so, als zu Hause noch alles in Ordnung war. Du warst aber tatsächlich dermaßen sensibel, unsere Eltern hätten dir in Gesprächen viele deiner Ängste nehmen müssen. Doch die haben sich über uns keine großen Gedanken gemacht. Heutzutage weiß man, dass besonders intelligente Kinder, die in ihrer Entwicklung nicht vernünftig begleitet werden, ziemliche Qualen ausstehen, weil sie sich über Dinge echte Sorgen machen, die sie aber auf Grund ihres Alters und fehlender eigener Lebenserfahrung nicht richtig einordnen können. Wir waren da, funktionierten mehr oder weniger, das war für die Erwachsenen ganz normal so. Sie wussten es einfach nicht besser, da kann man unseren Eltern keinen Vorwurf machen. Guck dir doch dein Leben an. Wenn du jetzt zurückblickst, war das doch ein voller Erfolg."

Wieder einmal überraschte mich mein Bruder. So eine detaillierte und fast philosophische Betrachtungsweise hatte ich ihm gar nicht zugetraut. Hinter seiner Fassade, die Oberflächlichkeit und Selbstverliebtheit ausstrahlt, verbirgt er seine hohe emotionale Intelligenz. Zum ersten Mal offenbarte er mir einen kurzen Einblick in sein Innerstes.

Danksagungen

Allen, die mich motiviert haben, meine Geschichte niederzuschreiben, möchte ich danken:

meiner Tochter Nicole

meinen Freundinnen

Marion

Calla

Claudia

Ein besonderer Dank gilt dem Historiker, Journalisten und Buchautor Matthias Blazek. Ohne seine Unterstützung wäre das Buch ein Wunschtraum geblieben.

Adelheidsdorf, im April 2012

Brigitte Neill

Edition Noëma
Melchiorstr. 15
D-70439 Stuttgart

info@edition-noema.de

www.edition-noema.de
www.autorenbetreuung.de

Zeitfracht Medien GmbH
Ferdinand-Jühlke-Straße 7
99095 Erfurt, Deutschland
produktsicherheit@kolibri360.de